Initial Public Offering

IPOのリアル

上場を目指す経営者が
知っておきたいこと

一般社団法人
実践コーポレートガバナンス研究会 ［監修］

渡邉豊太 ［著］

一般社団法人 金融財政事情研究会

監修にあたって

実践コーポレートガバナンス研究会

　実践コーポレートガバナンス研究会（ICGJ）は、日本の企業経営とコーポレートガバナンス改革を社会的な課題として取り組むべく、2009年に一般社団法人として設立された。会員の自主的な活動として、2023年度から分科会を開始したが、その最初のテーマを「IPO（Initial Public Offering：株式公開）の諸問題」とした。日本経済の活性化のためにも活発な起業が望まれ、その成長戦略の途上のステップとしてIPOは重要な課題である。ICGJの理念「コーポレートガバナンスの実践知を結集し、社会課題の解決に寄与する」に基づき、IPOについての幅広い関心と知見をもつ会員が参加する自主的な研究の場をつくることを目的とした。

　研究会は、当初より、ファミリービジネスを含む非上場企業のコーポレートガバナンスについては関心があったが、分科会開始の直接の動機は、研究会メンバーがIPO準備の会社の社外常勤監査役等に就いたときに遭遇するチャレンジや諸課題を洗い出し、考え方を整理しサポートできる体制をつくることであった。具体的には、監査役として赴任しても、社内規則づくりや内部統制の整備等が不十分で、このような監査役業務以外の力仕事をしてほしいと企業経営からの（コストもあまりかけられないといったような）プレッシャー（?）がある状況が散見され、これらについて頭の整理をしたいとの思いがあった。また研究会の企業向け研修では、IPO準備企業の取締役研修の機会もあり、IPO準備企業の経営やコーポレートガバナンスの課題を整理しておきたいとのニーズもあった。

　分科会では、まずはIPOの成功例を調査することとし、3つのタイプの会社にインタビュー調査を行った。具体的には、IT系の新興企業、伝統と競争力のある電子機器会社で長年非上場であった企業、大企業のグループ子会社であったがカーブアウトされ企業投資ファンドの下でIPOを実現した企業の

i

ヒアリングを行った。一方、IPOが不調に終わった企業について、業績が不振で収益の見通しが不透明で経営計画が立てられない、不祥事の発生等でIPOを断念した事例、成長戦略が描けない、内部統制の不備等で東証や幹事証券による上場審査基準を満たせなかった事例等についても分析した。

そして、多くの企業で株式公開後の株価が停滞する現実もみえてきた。長期的な成長戦略を当初よりしっかり議論し、IPO後のIR（Investor Relations）体制の整備とともにIPO準備段階から成長計画や収益性について、投資家を説得できるエクイティストーリー（どのような企業戦略で収益をあげ、企業価値を形成するか）の明示が必要なことを痛感した。資本政策に関しては、成長や競争戦略をエクイティストーリーに落とし込み企業価値をどのように予想するか、そのために資本や外部借入がいつ、どのように必要となるかについて具体的なイメージをもつことの重要性を確認した。資本政策、成長戦略の充実や企業経営体の体制や規律の強化のためには、PE（プライベートエクイティ）やVC（ベンチャーキャピタル）等のファンドや外部からの出資が有効である一方で、投資家や市場関係者のプレッシャーにより経営者がIPOに拙速に動き、最適な公開の戦略やタイミングとならない問題も浮かびあがってきた。

IPOを成功させるために必要な経営と企業組織の課題についての議論も深めた。IPOを自己目的化するのではなく、経営理念と戦略をもち、ステークホルダーにエクイティストーリーを説明できる経営者の能力と姿勢は必須である。サステナビリティ企業となる覚悟と自社のコア・コンピタンスの確認、その高い志、高潔な人格とともに戦略的な思考が経営者には求められる。パーパスを踏まえIPO後の継続的な成長を視野に入れること、内部統制の整備をコスト（安ければよい）と考えずにサステナビリティ経営の必須の要件と考える姿勢が、経営者には求められる。

また、IPOを成功させるには、社長の下でCFO（Chief Financial Officer）、内部統制責任者等が役割分担を明確にし、内部コミュニケーションをしっかり確保できる強力な経営執行のチームが欠かせない。IPO後も継続的に成長

監修にあたって

できるように、会社ごとにクリティカルなポジションに実力者を配置すべく、積極的な人事管理、採用政策も確立しておく必要がある。

コーポレートガバナンスの点からは、ワンマン経営から取締役会の機能確立が重要な課題となる。IPOは非公開会社が公開会社となる大変重要なマイルストーンであり、会社法は公開会社に対しては、最も基本的な機関設計として取締役会と監査役を必置としている。IPOを目指す社長は、成長戦略とコーポレートガバナンスにふさわしい取締役会のあり方、社外取締役を含めた取締役会の構成を十分考えておく必要がある。

以上のような論点は、経営、組織、管理と動機づけの面で、日本経済の活性化や企業成長の鍵である既存企業での新規事業やコーポレートベンチャーキャピタル（CVC）業務の参考になると考える。本書を一般社団法人金融財政事情研究会から出版する機会を得たことで、金融機関の戦略からの論点にも配慮した。銀行によるベンチャー・ファイナンスや地方銀行経営にとっての企業経営支援の観点である。地方銀行にとって、地方経済・産業や地元企業の成長支援は最重要の課題であり、融資のみならず、株式投資、コンサルティング等、総合的な経営支援を行う姿勢と能力が問われている。そのために企業経営者と向かい合って経営課題を語り合う、エクイティストーリーを共有できる銀行員が求められている。本書で取りあげたさまざまな論点は、IPO準備企業のみならず、取引先企業との関係を強化するためのエッセンスでもあり、現場の銀行員の問題意識とスキル向上にも役立つことを願っている。

（文責：創立理事　門多　丈）

iii

はじめに
IPOという成功体験

　株式上場は、経営者の誇るべき成功体験であり、社会から大きな敬意を得られる成果である。その取組み現場ではどのようなことが実際に起こっているのだろうか。想起されるのは、トルストイの名著『アンナ・カレーニナ』の有名な冒頭「幸福な家庭はすべて互いに似かよったものであり、不幸な家庭はどこもその不幸のおもむきが異なっているものである」（トルストイ著、木村浩訳、新潮社）である。

　極端な例をあげよう。IPOでの取組み実績をあげたいという希望であり、3カ月から1年ぐらいで転職を何度も繰り返す職歴の方から、「IPOとは簡単に成功しないものなのです。いろいろなトラブルが起こり非常に難しいのです」という訴えを聞いた。一方、「IPOなんて誰でもできるよ。簡単でしょ」という声も複数名から聞いている。当初、各社固有の事情と聞き流していた情報も、ネットワーキング等でさまざまなケースをうかがう機会が積み重なると、この双方の極端な見解が併存する意味の深さを感じさせられる。

　トルストイではないが、家庭と同じように企業もさまざまであり、この条件が整えばIPOは大丈夫といった機械的な方程式は存在しないことは明らかである。しかし、企業の生い立ち、経営環境、事業環境、IPO準備体制および内外関係者等をセットで捉えれば、IPOの成功確率を高めることはできるし、いまはその時期ではない会社もあるだろう。IPO実現の関連要素とあるべき姿に対する考察は、コーポレートガバナンス研究と重なる部分が多く、経営者の目線で広く多面的にIPOの本質を捉えることは、企業成長に向けて非常に有用なアプローチであると感じている。

　企業は資本市場での資金調達機会を通じて飛躍できる機会を得られるが、公開企業になるという本質を理解しないままに舵取りを誤れば、企業の存続すら脅かす事態も招きかねない。IPO準備で浮かびあがってくる重要課題を克服するためには、会社全体を俯瞰した理解や将来目指すイメージが必要なことも多い。そうした課題をその場しのぎや現場判断の処理でフタをしてし

まえば、解決どころか、傷を深めていくリスクがある。IPOに限った話ではないが、重要な経営判断を要する事項が経営トップにあがらない状況は、重大な不祥事が組織の存在自体を大きく揺さぶる問題事例と同根である。IPO準備で浮き彫りとなる課題に根深さやその兆しを感じれば、経営者が自らの考えを正しながら、経営力の強化につなげていくことができるものもある。そうした観点でさまざまなリアルを捉え、経営者をはじめ、IPO準備に関わる方々の参考となる切り口を提供できればと思い、本書を執筆した。IPOに関する書籍は、上場承認への準備実務に関する手引書が大半であり、本書の内容はやや異なるものである。

　株式上場では、上場日を境にいきなり会社が変わるわけではない。IPO準備とは、上場後も見据えて、ステップバイステップで上場後の舞台が整っていくプロセスであり、その舞台のうえで会社代表として世間に声を発するのは経営者自身である。一般投資家（聴衆）からは、企業（経営者が立つ舞台）は、経営者自身が主導して築いたものと映る。経営者が企業のイメージと自らが合致しているかどうか、丹念に確認することは当然である。

　現在、おそらく1,000社近い日本企業が取り組んでいるIPO準備には共通フレームワークがあり、枠組み設定から予行演習、本番とステップアップしていく仕組みが用意されている。この仕組みはよくできているが、いったん定めた方針、ルールのうち、特に重要なものは容易に後戻りできず、仮に見直す場合には大きな犠牲を覚悟する必要がある。会社の創業後、成長の初期フェーズに機動力、柔軟性を強みとし、経営者個人の剛腕による事業活動や組織運営がうまく働き、今日の成功まで至っている企業は多いだろう。しかし、IPO準備に取り組むということは、企業のライフステージが変わり、役職員のみえる風景が変わっていくことであり、会社経営の舵取りを洗練させるフェーズに入ることを意味する。

　IPO準備とは企業の成長期待を実現させるプロセスであり、経営者だけではなく関係者全員の前向きな気持ち、ワクワク感を高める効果をもっている。IPOに取り組む関係者のエネルギーが効果的、効率的に活かされ、より多くの企業、経営者が、さらなる成長という成果を確実に獲得してほしいと

願っている。

　本書の記載内容については守秘性に配慮する必要があるため、抽象化した説明を中心とせざるをえない面もあるが、できる限り多面的に捉えること、多くの事例の共通要素を吸いあげることを目指した。読者の皆さまが「自社特有」と感じているケースは、実は複数の他社でも発生していることが多い。成功・失敗のさまざまなケースから、参考となる教訓、先手や未然防止のヒントが得られるようであれば幸いである。

　本書は、筆者が所属する一般社団法人実践コーポレートガバナンス研究会の分科会活動で行った報告が契機となっている。同研究会の所属会員へのインタビューをはじめとする貴重な機会をいただいた、創立理事 門多丈様、代表理事 大谷剛様、常務理事 河野真紀様、分科会担当理事 矢田堀浩明様、貴重な事例紹介をいただいた濵典幸様、面談機会をいただいた皆さまに深くお礼を申しあげる。また、本書の執筆にあたっては、一般社団法人Fintech協会事務局長の小田徹様、一般社団法人金融財政事情研究会の江口珠里亜様より数々のご支援、貴重なアドバイスをいただき、大変お世話になった。この場を借りて厚くお礼を申しあげる。

　なお、本書に記載の所見、意見は筆者個人によるものであり、所属する組織、団体によるものではないことをお断りしておく。

著者紹介

渡邉　豊太　Watanabe　Toycta

AMBL㈱常勤監査役
一般社団法人実践コーポレートガバナンス研究会 IPO分科会座長

早稲田大学政治経済学部経済学科卒。1987年三菱商事㈱入社。2012年香港三菱商事会社 副社長、2017年MCUBS MidCity㈱（現・㈱KJRマネジメント）社長、2019年三菱商事アセットマネジメント㈱（現・三菱UFJオルタナティブインベストメンツ㈱）社長、2021年三菱商事都市開発㈱ 常勤監査役、2022年AMBL㈱ 常勤監査役。公益社団法人日本監査役協会 調査事業推進会議 委員。

一般社団法人 実践コーポレートガバナンス研究会
INSTITUTE OF CORPORATE GOVERNANCE, JAPAN

日本のコーポレートガバナンス改革に個人が主体的に関わる目的のために、2009年に一般社団法人として創立された。「コーポレートガバナンスの実践知を結集し、社会課題の解決に寄与する」ことを創立の理念とし、会員の自己実現、研鑽の組織を目指す。約150名の個人会員と19社の法人会員を有し、会員以外の方も出席できる月例勉強会、会員限定の勉強会・分科会、企業向けの取締役・監査役研修、企業と会員を対象にした社外役員人材紹介コンサルティングの活動を行っている。
URL　http://www.icgj.org/

目　次

第 1 章
IPOを取り巻く現状

第 1 節　IPOのメリット ————————————————— 2

1 IPOとは何か　2

2 IPOのメリット　3

第 2 節　IPOマーケットの現状 ————————————— 13

1 IPOマーケットの状況　13

2 東証の市場再編　16

3 どの市場区分を目指すのか　22

第 3 節　IPO準備の仕組み ——————————————— 28

1 IPO準備の流れとスケジュール　28

2 IPO審査の内容　34

3 IPO準備の確度向上に向けて　38

第 **2** 章
経営トップの判断と決意

第 **1** 節　成長の源泉 ——————————————— 46

　1　経営者の旅　　46
　2　数々の通過儀礼　　52
　3　経営者の資質　　57

第 **2** 節　IPOを目指せる組織なのか ——————— 59

　1　組織風土　　59
　2　組織文化　　62
　3　IPO成否の重要なバロメーター　　64

第 **3** 節　ライフステージの判断 ——————————— 68

　1　企業のライフステージ　　68
　2　経営者の視座　　70
　3　ライフステージとIPO　　71

第 **4** 節　内部統制を捉える ————————————— 73

　1　なぜ内部統制なのか　　73
　2　リスク管理強化の意味　　74
　3　経営者と内部統制　　77

第 **5** 節　IPOを具体的に考える ——————————— 80

　1　IPOの成功確度を高める　　80
　2　経営トップの判断と決意　　82
　3　IPOが難しい場合　　83

目 次

第 **3** 章
IPOに関わる人々

第1節 IPOビジネスの性格 ———————— 90

1 IPOビジネスのエッセンス　　90

2 内製化か外部委託か　　91

3 手当てが必要となるリソースの例示　　92

第2節 社内の体制構築 ———————————— 94

1 社内体制構築のポイント　　94

2 経営者とIPO　　97

3 IPO準備責任者の舵取り　　100

4 管理部門責任者と組織デザイン　　101

5 その他の社内重要ライン　　105

第3節 社外専門家との連携 ———————— 109

1 監査法人は「確認者」　　109

2 幹事証券は「指南役」　　112

第4節 IPOコンサルタント等の外部専門家 —— 119

1 IPOコンサルタント　　119

2 その他の外部専門家　　122

第5節 外部ベンダーを使ったDX ———————— 127

1 外部ソフトの重要な役割　　127

2 外部ソフトのメリット・デメリット　　127

3 外部ソフト導入の主要分野　　131

4 外部ベンダー活用とDX　　134

xi

第 6 節　**費用管理** ———————————————— 136

 1 IPO準備の費用はいくらかかるのか　136

 2 無駄な費用の抑制　136

第 **4** 章

ガバナンス

第 1 節　**IPOとコーポレートガバナンス** ———————— 140

 1 権威とガバナンス　140

 2 自らの権威と権力に対する意識　141

第 2 節　**社外役員選定の切り口** ———————————————— 144

 1 社外役員に求められる独立性　144

 2 形式要件の充足　145

 3 経営者ロールモデルとしての役割　149

 4 経営者を評価する役割　151

第 3 節　**社外役員に対する役割期待** ———————————— 154

 1 コーポレートガバナンス・コード　154

 2 社外役員の効用　155

第 4 節　**監査役等** ———————————————————————————— 163

 1 監査役等とは　163

 2 監査役の選定　165

 3 三様監査　166

 4 企業の成長フェーズと監査役　169

第5節 **機関設計と会社の動かし方** ———— 172

1 会社法上の機関設計の3タイプ　172
2 監査役会設置会社　173
3 監査等委員会設置会社　174
4 指名委員会等設置会社　176
5 IPO準備企業に対する示唆　179

第 **5** 章

資本政策

第1節 **資本という経営資源** ———————— 184

1 資金管理と資本政策　184
2 ビジネスモデルと資本政策　186

第2節 **ステップが重要な資本政策** ———————— 189

1 資本政策の策定　189
2 後戻りの難しさ　190
3 上場後の経営スタイル　193
4 既存株主の見直し　193

第3節 **株主構成と流通株式** ———————— 197

1 株主の変化　197
2 株主構成タイプ　198
3 流通株式の意味　199
4 流通株式対応と留意事項　200
5 ユニコーン企業とIPO　202

第4節 資本・業務提携 ——————————— 205

1 アライアンス戦略　205
2 アライアンスと資本政策　207
3 IPO成功企業の具体例　209
4 アライアンスにおける留意事項　211
5 上場とアライアンス戦略見直し　213

第5節 ファンド ——————————— 215

1 ファンドとIPO　215
2 さまざまなPEファンド　219
3 事業再編・大型IPOにおける事例　222
4 ハンズ・オン型経営支援における事例　226
5 事業価値増大の方策　227

第6節 金融機関 ——————————— 229

1 成長企業と金融機関　229
2 銀行系VCとIPO準備企業　231
3 事業の信用力　233

第7節 ストックオプション ——————————— 236

1 役職員へのインセンティブ　236
2 IPO準備企業の「誘因」と「貢献」　238
3 ストックオプションのメリット　240
4 ストックオプションの留意事項等　241
5 従業員持株会　244

目 次

第 **6** 章

上場審査と株式公開

第1節 **引受審査と公開審査** ———————————— 250

1 幹事証券審査 250

2 証券取引所審査 253

3 上場審査に関わる主な論点 254

第2節 **公開価格設定と株式募集・売出** ———————— 258

1 株価算定と投資家需要 258

2 公開価格の設定プロセスを
より柔軟性をもたせた価格設定プロセスへ 260

第3節 **株式上場** ———————————————————— 262

1 新株主の登場・個人投資家 262

2 大口投資家 263

3 オファリングサイズと株価動向 265

4 株価を動かすもの 268

第4節 **IR体制の戦略的構築** ———————————— 273

1 IR活動のはじまり 273

2 経営者とIR 275

3 投資家と対話のフェーズ 276

4 IR体制の戦略的構築 281

xv

第 **7** 章

成長戦略の実行、そして未来へ

第1節 エクイティストーリー ———————————— 290

    1 エクイティストーリーと資金使途　290

    2 どこまで先を見通せるのか　292

    3 成長の種類　295

第2節 内部成長 ———————————————————— 296

    1 着実な半歩先の未来　296

    2 できることは何か　298

    3 実績、信頼の積みあげ　299

第3節 外部成長 ———————————————————— 302

    1 自社の強みの再確認　302

    2 外部成長は強みの延長線上に　303

    3 新たな障害を乗り越える　307

第4節 2050年の視点から ———————————— 311

    1 2050年の視点　311

    2 技術革新と労働力の流動化　316

    3 未来組織のデザイン　318

    4 現在の仕法——IPO準備　321

    終わりに——「公開」のもう1つの意味　329

目 次

　　　管理体制の整備は凸凹道？　　42
　　　セイコーエプソンの上場におけるトップの決断力　　86
　　　進化するコーポレートガバナンスの担い手　　181
　　　100年企業と資本政策　　246
　　　気持ちよいIRのポイント　　285
　　　未来の会社組織とは　　327

〈本書の留意事項〉
① 本書に含まれる情報は、筆者が執筆時点までの各種情報をもとに作成したものですが、その内容および正確性、完全性、有用性等について保証するものではありません。本書に含まれる情報の利用の結果として何らかの損害が発生した場合、筆者および出版社は理由のいかんを問わず、責任を負いません。
② わかりやすさを優先するために、一部、省略・簡略化した表現を用いています。
③ 意見にあたる部分は筆者個人の見解であり、筆者が所属する組織を代表するものではありません。

xvii

第 **1** 章

IPOを取り巻く現状

IPOとはそもそも何なのだろうか。IPOにはどのようなメリットがあるのか。また、現状のIPOマーケットはどのような状況なのか。IPO準備とは、どのような取組みなのか。本章で、IPOを概観する。

第1節

IPOのメリット

1 IPOとは何か

　「企業は社会の公器である」とは、松下幸之助翁の言葉と伝えられる。会社は誰かのものではなく、社会に貢献するために存在するものであるという意味で、上場企業であるかどうかを問わず、会社という組織そのものについて発せられた言葉といわれる。企業の社会的責任は、三菱グループの「三綱領」、近江商人の「三方よし」等、古くから意識されてきた概念であるが、近年のESG、SDGs、若者における「利他主義」の尊重等、公益性の意識はますます高まりをみせている。株式公開を目指す企業にとって、真に「社会の公器」となるという意識を高めることは当然の時代となっている。

　IPO（Initial Public Offering）とは、未上場企業が株式を証券取引所に新規上場させることである。会社がどのような事業活動を行っているかを社会に開示し、その公開情報をもとに一般投資家が株式を証券市場で売買できる企業となることを意味する。上場企業として株式が売買される資格、条件を満たしていることは、証券会社、証券取引所が上場審査を通じて確認し、承認するプロセスが必要であり、その要件を満たす作業がIPO準備と呼ばれる。

　IPO準備では、上場企業として必要な体制の構築・整備に向け、広範囲にわたる作業を行わなければならない。不安定な状況のなかで楽観的で主観的な衝動を生み出すエネルギー、いわゆるアニマル・スピリットが、IPO準備を進める原動力である。ITをはじめとする技術の急速な進化と価値観の多様化は、ビジネスの新陳代謝を急速に進め、多くの事業機会をもたらしているが、事業を立ちあげ大きく成長させる、組織の一部門を独立して運営できる企業にして事業を拡大させるなど、上場企業が誕生するさまざまな取組みにおいては、果敢な挑戦、アニマル・スピリットの発揚が必要となる。

　相応の費用をかけてIPO準備を開始した企業のなかで、実際に上場できる企業は1割にも満たないのではないかとの見方もある。「IPOを考えている」

と単に口にする段階の企業を対象に考えれば、実際に株式上場に至る企業はほとんどないともいわれる。IPOのプロセスの途中でさまざまな重い課題が出てくることは常であり、そうした状態を知ったうえでも企業が大きく飛躍できる機会、あるいは、企業経営の成功を示す証しとして、IPOへの取組みを支えるのは、これまでの企業経営同様、アニマル・スピリットである。アニマル・スピリットは楽観的な衝動ではあるが、その衝動を起こさせる成果、メリットとはどのようなものであろうか。

2 IPOのメリット

◆メリットとコストは表裏

IPOのメリットとしては一般に、株価を通じた時価総額による企業価値の可視化、資本市場を通じた資金調達、株式売却等による創業者利益、企業の知名度・信用力の向上、社内体制の整備、役職員の士気向上等があげられる。

一方、上場企業のステータスを維持するためには、企業の経営状態の継続的開示と投資家、アナリスト等向け説明や、迅速な法定開示ができる体制や内部管理体制の維持といったコストが生じる。

これらのコストはデメリットとしてあげられることが多いが、メリットを得るための前提となる作業にかかる負荷であり、メリットとコストは表裏関係にある（図表1-1）。また、いずれのメリットも「企業活動・組織運営の

図表1-1　IPOのメリット

市場		社会的認知度		社内体制	
資金調達	株式売却	知名度	信用力	体制整備	士気向上
株価 ⇔ IR		認知度 ⇔ 情報開示		信頼・安心 ⇔ 内部統制	

法定開示	適時開示
有価証券報告書等	決定事実、発生事実、決算情報

企業活動・組織運営の
可視化・透明化

可視化・透明化」をベースとして得られるものといえる。

　IPOのメリットとそのために必要なコストの内容を、市場、社会的認知
度、社内体制の３つの観点で大くくりに捉え、掘り下げてみよう。

◆市場の観点 ── 資金調達の多様化・円滑化等

　株式上場後、経営者は自社の株価が相当気になるのではないだろうか。株
価を気にするということは何を意味しているのだろうか。市場の観点で整理
してみよう。

① 企業価値の可視化と経営者の意識

　株式上場前、経営者は自社の競争優位性や潜在力にさまざまなイメージを
思い描いていたかもしれないが、上場後、企業価値は市場を通した客観的な
数値として時価総額で示され、日々洗い替えられる。投資家、株式市場の評
価はまちがっていると感じる経営者は多いかもしれないが、毎日の株価はリ
アルである。

　時価総額が示す企業価値は、創業者等の既存大口株主が保有する資産の可
視化でもあり、保有資産の価値が明確となること自体が、創業経営者等の大
口株式保有者に一種の安心感を与える面があるともいわれている。株式売却
で現金化するか、株式をできるだけ保持しようとするか、経営者の本音・ス
タンスはさまざまだが、創業者・経営者が実際に保有株式をどう扱うかは、
今後、経営者がその企業にどのように関わっていくつもりかを明確に示すも
のと受け止められる。上場時の売出は別としても、上場後に行われる創業
者、経営者の保有株式の売出は、株価下落を誘発する懸念が高く、市場売却
は慎重な扱いとならざるをえないのが通常である。

　上場後の時間経過、経験とともに経営者の姿勢は徐々に変わっていく可能
性もある。上場で一種の達成感を得た経営者も、その後の株式市場との接
点、投資家との良質な対話、上場企業トップとしての経験の広がりを通し
て、経営者のアニマル・スピリットがさらに刺激され、企業理念の実現への
取組みにドライブがかかれば、企業価値の一層の向上、そのための優良投資
家の取込み等、意識が深まっていくことは自然である。企業は生き物といわ

第1章　IPOを取り巻く現状

れるが、経営者や経営のあり方が企業を変えていく。企業の成長・発展において重要となる経営者の資質については、第2章で触れたい。

②　資金調達の多様化

　企業価値は時価総額（株価×発行済株式数）であらわされるが、企業価値を大きくするためには、株価を高めるだけではなく、発行株式数を増やす思考が重要である。事業実績を裏づけに事業拡大の蓋然性を示しながら、増資を重ねることで、企業価値を継続的に成長させることができる。新市場開拓、新製品開発、企業買収、優秀な人材獲得等、事業拡大のために追加資金を要する場合、資本市場を通じて不特定多数の投資家からの資金調達ができる機能が、上場企業の最大のメリットと目される。株式市場を通じた資金調達源は、既存の大口株主、金融機関等の特定の資金の出し手への依存度を下げ、成長の現実味や実感を広く市場に訴求することでもあり、元気な企業成長を支える重要な要素となる。

　新規上場時に一定の流通株式が存在することが上場の条件でもあるが、常に不特定多数の一般投資家を意識することで、企業活動の規律が守られると同時に、資本市場の機能を通じて、客観的・合理的な資金調達条件を生むこととなる。銀行借入等の他の資金調達手段もあるなかで、複数の資金調達手段から最も有利な選択ができるということである。経営資源はヒト、モノ、カネといわれるが、カネの観点からIPO準備段階でどのようなポイントを考えておくべきかは、第5章で後述する。

③　創業者利益

　企業のライフサイクルの重要な節目である株式上場において、創業者、経営者をはじめとする関係者への報酬、アニマル・スピリット発揮の対価として、保有株式売却やストックオプション行使による利益獲得の機会を得られる。

　新規上場は、上場企業のスタートであり、これからの中長期的な成長への取組みを宣言するものであるが、会社創業、IPO準備から上場までに起こる諸課題への取組みは並大抵のものではなく、上場成功時における対価、原動

5

力として成功報酬は必要である。

　ただし、新規上場時の創業者利益は、中長期的な創業者利益の一部にすぎないという観点が重要である。上場時に株式の一部売却を行っても、創業者、経営者は大半の株式をそのまま保有するケースが多く、その後、企業の中長期的な成長とともに、創業者利益はさらに増殖していく。既存株主だけでなく、VC（ベンチャーキャピタル）、ファンド等、新規上場時の株式売却益の恩恵を受けたい者も多く集まってくる。IPOだけでなく、中長期的な目線で企業価値向上への貢献をどのように捉え、株主の整理、株式の譲渡・割当や上場後の売却への備えをどのように考えるべきなのか、IPO準備における最適な株主構成に向けた取組みについては、第5章で後述する。

④　IR・情報開示

　決算業績、事業戦略・計画とその進捗をはじめとする開示情報が、その企業の株価を形成する。日々の株価はマクロ経済、金融政策、地政学リスク等で動くことが多いが、中長期的な個別企業の株価形成は、事業実績・IR（Investor Relations）を含む企業活動を反映したものである。機関投資家のみならず、個人投資家を含め、その企業のファンとなる投資家をつくれるかどうかが重要であるが、開示情報で企業運営・事業活動の透明性が保たれていることが大前提となる。上場審査は、この大前提ができているかどうかの確認であり、上場後も、この前提を維持できることが上場企業の要件となる。上場企業のなかには、高度な経営判断や守秘性等のため、一般投資家への説明、適時適切な理解を得ることが難しいといった理由で非上場化するところもある。著しく機動性の高い活動を志向する企業は、自社は一定の透明性・安定性が求められる上場企業としてふさわしくない、求められる開示義務等のコストに耐えられないと判断したということでもある。

　企業活動の柔軟性をどのように保ちたいのかは、そもそも上場すべきかどうかの判断の根幹であり、第2章で触れる。また、上場後の成長戦略の実行、実態に即したIR等も見据え、IPO準備段階でも知っておいたほうがよいと思われる事項については第6章、第7章で後述する。

⑤　被買収リスク

　上場企業の事業収益が好調で内部留保が蓄積し、手元現金資産は潤沢になっているが、株価は割安なまま放置されているといった状態である場合、アクティビストファンドの投資対象となり、配当等の株主還元、経営改善の要求が行われるかもしれない。外部投資家の存在により、経営の規律が高まるのは一概に悪いことではないが、これまで取締役会、経営幹部同士といった仲間内意識が高く、内輪の論理が重視されてきた組織にとっては非常に厄介な課題となる。上場企業であるがための課題であるが、自社の組織をどのようにしていきたいと考えるかは、中長期的な経営判断によるものである。本来、目指す組織のあり方は、上場に取り組むべきかを考えるうえでの重要要素であり、第2章で述べたい。

　また、独立役員による意見やIR等を通じた投資家への対応には、内輪の論理の問題、いわゆる集団凝集性の脆弱性を克服するヒントが含まれている。こうした観点については第4章で述べたい。

◆社会的認知度の観点 —— 企業の知名度の向上等

　次に、上場企業となるメリットとコストについて社会的認知度の観点から触れてみよう。

①　知名度の向上

　はじめての関係先との打合せで「いま、当社ではIPOを準備中でして……」と話をした瞬間に、相手先の雰囲気が変わることを経験した方は多いのではないだろうか。

　自社がどのような存在であるのか、パーパスや理念を企業名であらわしたり口頭説明で伝えたりすることは容易ではない。カタカナ、アルファベットの企業名も増えていることから、企業名だけでは一体何をする会社なのか、ますますわかりにくくなっているという声もよく聞かれる。

　株式上場により、その企業名がすぐに世間に広く知られるようになるわけではないが、日本の上場企業、約4,000社に仲間入りする、という社会的に信頼性が高い会社のステータスは、即効性の高い情報として価値があるだろう。

また、会社を説明する場はさまざまである。商談、さまざまな交流会、知人・友人への説明等、役職員が所属する会社について説明する内容はTPOで異なってくるだろう。上場企業であれば、企業理念、経営方針・事業計画のみならず、社会貢献活動を含め、さまざまな企業活動を説明する資料がIR、広報、統合報告書等として用意され、また、それらは公開情報として信頼性の高い情報でもある。定期的にアップデートされる情報でもあり、役職員全員が会社のスポークスマンとして、会社に関する正しい情報、認識を広める情報基盤が整っているということでもある。

②　最新情報の発信と新規取引の機会

　情報開示、IR活動による情報更改は、最新情報の発信とともに、自社の取組みを定期的に細かく見直すことでもある。開示情報、IR活動、ウェブサイト上での公開情報は、デジタル情報となって世の中に拡散されるが、それは自社の関心、ニーズにマッチングする情報の照会を受ける機会でもあり、問合せ窓口等の対応の工夫を通じて、ビジネス拡大の新規創出につながる潜在力を有している。照会する側にとっても、アプローチ先が上場企業であるというステータスだけでなく、さまざまな関係者にとって豊富な公開情報は重要な判断材料であり、ビジネスマッチング、新規取引機会を増加させる潜在力を高めることは、上場企業の大きなメリットである。

③　信用評価と円滑な与信審査

　上場企業であっても新規取引における信用力調査の対象となるであろうが、上場企業の場合、有価証券報告書、決算短信等から会社の主要情報を容易に入手できることから、非上場企業に比べて入手できる情報量が格段に異なる。豊富な情報、しかも信用性の高い情報は、取引先の自社に対する与信審査を円滑なものとする。また、株価情報は、現時点の企業評価だけでなく、時系列での評価推移も会社を取り巻く状況を示しており、取引先の候補選定や与信審査の判断における参考情報として使われているであろう。自社の事業活動に対する評価は、情報の透明性、豊富な情報がさまざまな連関をもって、多面的に考察されることになる。

第**1**章　IPOを取り巻く現状

　上場企業としてのステータスは、新規取引先の開拓のみならず、購買・調達、オフィス賃借、集客力等、事業活動を円滑に進める環境をもたらすことが期待される。

◆ 社内体制の観点
── 社内管理体制の充実と従業員の士気向上等

　社内体制の視点では、次の点があげられる。

①　社内管理体制の充実

　上場企業に求められる管理体制が備わっていることは、財務報告数値の信頼性だけではなく、労務管理、コンプライアンス等、経営のみならず、従業員にも安心感の高い就労環境を与えるメリットがある。社内ルールの整備、システム導入、業務の定型化・マニュアル化等の管理体制の充実は、管理部門だけではなく、営業部門も含めた全社ベースで業務の効率性を高めるメリットもある。社内ルールの整備は、経費精算、労務管理、業法対応、迅速な報告等、役職員全員の日々の業務に直接影響を及ぼす。

　株式上場後にはIR、情報開示等が本番となることも加わり、企業価値の向上に向けた業務効率性、機能性を強化し続けることは重要である。また、管理体制の整備、強化は、社内の規律を健全に保つメリットもある。このような体制の構築、気風の形成が「内部統制システム」が機能しているということであり、IPO準備はこの「内部統制システム」を構築することである。ただ、実務詳細は膨大であり、本書では求められる経営者目線については第2章、社内体制の構築については第3章で触れる。

②　従業員の士気向上

　株式上場は、会社の成長が次のステージに入ったことの証しであり、数年をかけたIPO準備の成功は役職員の士気を高める。自分の所属組織が上場企業となれば、自分のキャリア形成においてもポジティブな情報として記録できる。

　IPO準備の過程で、これまで自由だった行動が徐々に制限されていくと感

9

じる役職員も多いであろうが、規律内容は世間一般の標準、円滑な業務遂行に必要な内容であり、そうした規律の下で役職員の活動が洗練されると同時に、役職員に企業の成長を感じさせる面もあるだろう。また、自らもIPO準備に関わった一員としての感覚をもち、株式上場を自分事としてうれしく受け止める面もあるだろう。

役職員のなかでもIPO準備に関わった者は、ビジネスキャリア上で大きな勲章となる。IPOを目指す企業は多いが、成功体験を有する人材は限られている。その経験が評価され、ノウハウを求められる機会は多いだろう。

株式上場の重要な節目においては、経営者側から従業員へのメッセージ発信等、将来に向けて従業員の士気を一層高める内容を伝えることが重要である。また、上場はゴールではなく、将来のさらなる発展に向け、経営陣、経営幹部が率先して模範となる言動を意識し、従業員に示し続けることが大切であろう。

③　優秀な人材の確保

株式上場のメリットとして優秀な人材を集めやすくなることもよく取りあげられる。上場した途端に採用状況が実際に大きく改善するかどうかは、関係者の意見が分かれるところではあるが、ここで、大学生が望んでいる「働き方」のイメージを説明しよう。

厚生労働省の調査によると、**図表１－２**のとおり、大学生の「働きたい組織」の特徴としては、安定性、堅実性、正確性、幅広い顧客との関係構築、現場主導の事業運営があげられる。これらは実際には上場と直接紐づくものではないが、上場企業には「福利厚生が比較的よい」というイメージがあり、就活生が好感を抱くことが多いようである。

新卒入社、転職者にとって、労務管理、コンプライアンス対応等の面において環境が整備されている点は、上場企業に勤務する直接のメリットである。何かの発生に備えた社内ルール、レポーティングラインの明確化、内部通報制度の利用等のインフラは、若い社員や転職者の増加とともに、入社研修・ルールの周知で、徐々に規定どおりの運用が備わっていく、実態がルールにそったものに改善していく面もある。優秀な若者が口コミで優秀な仲間

10

第1章 IPOを取り巻く現状

を呼び込む好循環、逆に優秀な若者が連鎖して辞めていく悪循環は、業務インフラだけの話ではないが、働く基盤がますます重要となっている状況に経営者は感度を高めるべきである。しっかりした会社であること、そして、その状態の維持をコストと考える向きもあるが、次代を担う若手社員が前向きに働こうと思うか、早々に転職を気にしはじめるかによって、会社業績にも大きな違いが生まれるのは当然である。

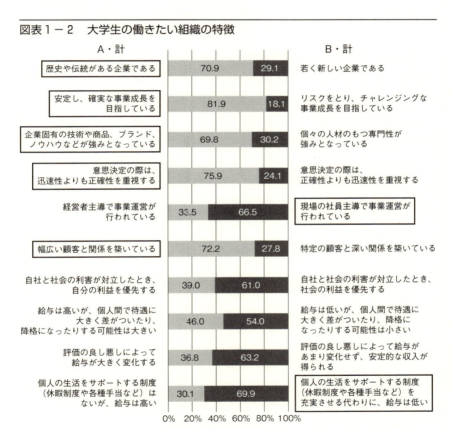

図表1-2　大学生の働きたい組織の特徴

(注1) 各項目について、A／Bの対立意見について、「A」「どちらかといえばA」「B」「どちらかといえばB」の4つの選択肢のなかから自身の考えとしてあてはまるものを、1つ回答する形式で聞いたもの。「A」「どちらかといえばA」を合わせた「A・計」、「B」「どちらかといえばB」を合わせた「B・計」を示している
(注2) □ は65％以上の項目（筆者）
※(株)リクルート就職みらい研究所「大学生・大学院生の働きたい組織の特徴（2022年卒）」
(出所) 厚生労働省「新しい時代の働き方に関する研究会　報告書　参考資料」より作成

11

若者が好ましいと感じる「現場への権限委譲」の状況は、体制の整備が進んでいるかを測る1つのメルクマールであり、現場の自律と全社の統制のバランスが最適であるか、経営者の意識と目配りが重要である。

④　新たな組織文化への機会

　IPO準備は数年内に会社体制を急ピッチで整える特殊プロジェクトであるため、そのプロジェクトが完了した株式上場後には、IPO準備プロジェクトの特命ミッションで集まったプロ人材だけでなく、優秀な幹部、スタッフの社外流出が発生するかもしれない。一方で、社内人材育成や新たな優秀社員の採用等もあり、まとまった人員変動が株式上場の前後で起こりうる。企業を支える人材の新陳代謝、優良な母集団形成という観点でも、優秀な人員を引きつける体制の維持・改善が重要である。そのためにコストが発生する面もあるが、競争優位性を生み出す人的資産の活用につなげていくことは中長期的な差別化要因にもなる。従業員の健全な士気向上は組織文化と密接な関わりがある。IPO準備のみならず、良質な組織文化をつくりあげていく意識は、組織運営に関わる重要事項である。

第2節

IPOマーケットの現状

1 IPOマーケットの状況

◆新規上場企業数の推移

　IPO準備企業にとって、新規上場時の時価総額が大きく、創業者利益も多いほうが望ましいのは当然であり、IPO準備企業は公開株価が高いタイミングでの上場を望んでいる。実際にどのくらいの数の企業が毎年、新規上場に成功しているのであろうか。日本で新規に上場した企業数の2016年以降の推移は図表1－3のとおりである。成長企業を対象とするグロース市場を中心に年間100社前後の上場企業が誕生している。

◆IPO市場の動向

　2020年はコロナ禍が発生したが、IPO件数は底堅い伸びを示した。リーマン危機等の大きな経済危機の際にはIPO件数は急減する動きがあったが（2008年49社、2009年19社）、コロナ禍発生時には低金利・カネあまりだけでなく、働き方や生活様式の大きな変化に伴う新たなビジネスニーズが急速に広がる期待も高まり、図表1－3のとおり、2020年は前年比増の結果となった。2022年4月に東京証券取引所における再編を控え、旧区分の最終年であ

図表1－3　IPO件数の推移

(単位：企業数)

市場区分	2016年	2017	2018	2019	2020	2021	2022	2023
第一部／プライム	8	11	7	1	6	6	3	2
第二部／スタンダード	5	8	5	11	9	8	14	24
マザーズ／グロース	54	49	63	63	63	93	70	70
JASDAQ	14	18	14	6	14	16		
その他(注)	2	4	1	5	1	2	4	
（年度合計）	83	90	90	86	93	125	91	96

(注)　東証以外の地方証券取引所（東証との重複上場は除く）。TOKYO　PRO Marketを除く
(出所)　日本取引所ウェブサイトより作成

図表1−4　東証グロース市場250指数（2016年1月〜2024年9月）

（注）　破線は筆者
（出所）　Kabutan by MINKABU

　る2021年に上場申請が集中したほか、物価上昇を背景としたアメリカ金利上昇等から株式市場の低迷を先読みする動きもあり、2021年は125社とさらに増え、2006年（188社）以来15年ぶりの高水準となった。
　新規上場に向けた公開株価設定は市場の株価水準に影響されるため、上場準備が整っていても予想株価が低い場合、売出タイミングを先送りする会社もあるといわれる。2022年は市場の予想どおりに米金利が上昇し、図表1−4のとおり、グロース市場企業の株価は低迷が続き、上場タイミングを先送りした会社も多いといわれるが、それでも91社の新規上場があった。
　そして、2023年は96社と前年比5社増となった。2023年の特徴は、オファリングサイズが6,418億円と前年（2022年3,400億円）の2倍近い規模に拡大した点があげられる。これは図表1−5のとおり、2023年はKOKUSAI ELECTRIC、楽天銀行、住信SBIネット銀行、トライト等の大型上場が重なったためである。もう1点の特徴は、2023年はグロース市場の株価低迷が続くなか、上場後初値が公開価格を下回るなどの状況への警戒も高まり、投資家のグロース市場の新規上場企業に対する選別色が強まった点があげられる。

第**1**章　IPOを取り巻く現状

図表1−5　2023年新規上場の大型銘柄（オファリングサイズ500億円超）

（単位：億円）

会社名	業種	上場市場	オファリングサイズ
KOKUSAI ELECTRIC	電気機器	プライム	1,245
楽天銀行	銀行	プライム	896
住信SBIネット銀行	銀行	スタンダード	572
トライト	サービス	グロース	552

2023年上場 全96社総額	6,418
2022年上場 全91社総額	3,400

◆IPOへの取組みが堅調な背景

　IT／デジタル関連では、ビッグデータ、IoT、RPA、生成AI等、世間の耳目を集めるバズワードが次々とあらわれている。コロナ禍のはじまり、リモートワークによる新しい働き方の本格的なはじまりは、奇しくも5G（第5世代移動通信システム）の開始（2020年3月）と重なっていた。新たなデジタルツールの利用の急速な普及、人、企業等の接触のあり方の変化のなかで、未来社会が急速に近づきつつある印象を多くの人が抱いたであろう。身近なデジタルサービスも、会社の設立でみればAmazonが1994年、Googleが1998年、Meta（旧Facebook）が2004年と、ITバブル崩壊を挟んだ前後の時期となっている。ITバブルと呼ばれた時期は、多くの人がインターネットを利用した新規ビジネスが大きく広がるだろうという見通しで熱狂したが、実はそのイメージはまちがっていなかったものの、現実に超優良先に発展する企業の選別・選択が非常に難しかったといえる。日本でもよく目にするUberのアメリカ本社設立は2010年であり、未来社会への変化の動きを捉えた新サービスは、短期間で利用が広がる時代となった。コロナ禍による行動制限は、世界中の人々によるデジタルサービス活用を必然とする流れを後押しし、その結果として、デジタルテクノロジーの進化とそれを利用した新サービスの広がりへの予想と期待が高まっていくことは自然である。事業環境の変化はイノベーションを生み出す機会でもあり、IPO企業の上位業種の変遷をみても、情報サービス、その他サービスの割合が高まっている（図表1−6）。

図表1-6　IPO企業上位業種（2011年および2021年）

	2011年				2021年		
1	情報サービス ● 情報提供サービス 5社 ● パッケージソフト 2社 ● ソフト受託開発　1社 ● 情報処理サービス 1社	9社		1	情報サービス ● ソフト受託開発　　17社 ● パッケージソフト　11社 ● 情報提供サービス　　5社 ● 他の情報サービス　　3社 （ビッグデータプラット フォーム運営等）	36社
2	不動産 ● 不動産代理・仲介 1社 ● 貸事務所　　　　1社 ● 建物売買　　　　1社 ● 土地売買　　　　1社	4社		2	その他サービス ● 他の事業サービス　　15社 （再生可能エネルギー事業や マッチングプラットフォー ムなどといったデジタルプ ラットフォームの運営等）	15社
3	化学品製造 ● ゼラチン接着剤 　製造　　　　　　1社 ● 医薬品原薬製造　1社 ● 医薬品製剤製造　1社	3社			金融 ● その他の投資業　　　13社 （グループ会社の経営管理等） ● 生命保険媒介　　　　1社 ● 証券投資顧問　　　　1社	15社
4	金融 ● 普通銀行　　　　1社 ● その他の投資業　1社	2社		4	専門サービス ● 経営コンサルタント　12社 ● 技術提供　　　　　　1社	13社
4	機械製造 ● 他産業機械装置 　製造　　　　　　1社 ● 半導体製造装置 　製造　　　　　　1社	2社		5	広告関連 ● その他の広告　　　　2社 ● 広告代理　　　　　　1社 ● 屋外広告　　　　　　1社 ● ディスプレイ　　　　1社	5社

（出所）　帝国データバンク「2021年のIPO動向」より作成

② 東証の市場再編

◆東証の市場再編

　東京証券取引所には「市場第一部」「市場第二部」「マザーズ」「JASDAQ（スタンダード、グロース）」の4つの市場区分があったが、市場再編が行われ、2022年4月からは、図表1-7のとおり、「プライム市場」「スタンダード市場」「グロース市場」の3つの市場区分に変更されている。

上場は社会的認知度の高さを示すステータスでもあるが、以前の市場第一部、市場第二部といった市場区分は階層構造のように上場企業を捉え、昇格、横並びといった観念で安定性、存在感を表象し、序列的な概念に基づく分類という印象を与えていた。

　グローバルな経済成長のなか、GDPだけでなく、株式市場の時価総額等でも日本企業の相対的な存在感が低下する流れからの脱却を図るため、日本を代表する優良企業へのグローバルな投資資金の取込みを想定するプライム市場、上場企業の健全性を保ち持続的な成長を続けるスタンダード市場、社会経済の急激な変化におけるイノベーション機会を捉え、高い成長の実現に取り組むグロース市場という新たな組分けで、それぞれが独立した市場として、日本の資本市場の活性化を図り、日本経済の成長・発展に貢献するという骨組みと理解されている。

　また、投資家の企業活動に対する期待レベルに応じた新市場区分に再編することで、大手機関投資家から個人投資家までさまざまな投資家に、より多くより多様な投資機会をわかりやすく提供することが企図されている。市場

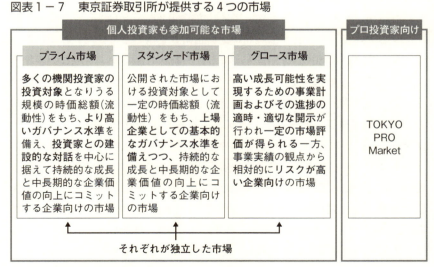

図表1－7　東京証券取引所が提供する4つの市場

（出所）　日本取引所グループウェブサイト

再編に伴い、企業側は投資家の期待に応える体制構築を明確に意識することで、事業活動の視座が定まってくる側面も期待されている。

◆新市場区分の揺籃期

この市場再編は非常に大きな意義をもった変革であるが、変化のはじまりにすぎないかもしれないという兆しが出ている。当初、日本を代表する企業としてプライム市場に属する企業は相当に絞られるイメージであったが、市場再編直後、プライム市場に属する企業は1,839社と、市場第一部に属した企業2,176社から337社の減少にとどまった。経過措置が容認されているという事情もあり、その後のスタンダード市場への移行等により、2023年12月末には1,621社に企業数は減少しているが、「プライム市場」に「市場第一部」の残像を引き続き抱いている人はいまだに多いのではないだろうか。一方、グロース市場はマザーズとJASDAQグロースの合計上場企業数（463社）とほぼ同数の466社で新区分がはじまり、565社（2023年12月末）に企業数を増やしている。

日本企業はグローバルな機関投資家の関心を集めにくいといわれるが、日本の上場企業はそもそも他国に比べて多すぎるという議論もある。**図表1－8**のとおり、イギリス、ドイツ、アメリカでは上場企業数はピークから大幅に減少している一方、日本は順調に上場企業数を増やしている。欧米における上場企業の減少理由は、M&Aによる企業統合もあるが、一般に上場維持コストが高いために非上場化の動きが増しているといわれる。日本でも東芝、大正製薬等、さまざまな事情を背景に非上場化の動きがみられる。短期の業績変動が株価変動を通じて将来不安を煽動する懸念、アクティビストファンドへの警戒等が底流にあるものと思われるが、大胆な投資戦略や事業ポートフォリオ組換え等に投資家理解を得られるのは容易ではなく、企業活動の柔軟性を高めるための非上場化との説明が多い。情報開示・IRの実務作業で人員・実務処理が必要という販管費負担とは異なる次元のコストである。「上場コストが高い」と簡単に説明されるが、企業が何を目指しているか、中長期的な事業方針が明確か、その着実な実行に取り組んでいるかを上場企業は投資家・資本市場に示す必要があり、企業運営の実態と投資家・市

第 1 章　IPOを取り巻く現状

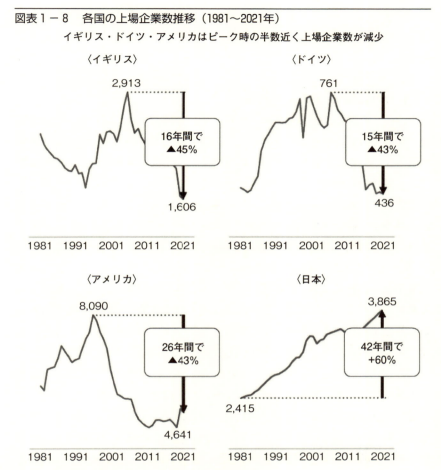

図表1−8　各国の上場企業数推移（1981〜2021年）
イギリス・ドイツ・アメリカはピーク時の半数近く上場企業数が減少

（注）　上場企業の内数は自国の企業のみ、海外企業は含めず
※WFE、World Bank
（出所）　Frontier Eye Onlineより作成

場の乖離が大きくなり、市場との関係の再構築を求められる状態が「非上場化」であると筆者は考える。株式市場・一般投資家をステークホルダーとして取り入れることがIPOであり、ステークホルダーから外すことが非上場化である。株式市場・一般投資家をステークホルダーに取り込むことがよいかどうかは、各企業の状況によるのでよいとも悪いともいえないが、上場・非

上場の後に再上場を図るような場合には、その企業が株式市場に対して、どのような考え、姿勢を抱いているのか、証券取引所の公開審査で慎重に確認を求められることが予想される。

◆「量」の議論と「質」の議論

　グロース上場企業においては「小粒上場」が議論となっている。株式公開後、増資等の資金調達機能を活かし、企業の成長を実現させることが上場の本来の狙いである。特にグロース市場では高い成長が求められることと裏腹に、上場時の時価総額の入口基準が低く設定されている。しかし、上場後の事業成長が計画どおりに進まず、投資家への訴求力が乏しいまま、時価総額が上場時から伸び悩み、株価の低落傾向が続き、市場売買の流動性も乏しくなっていく企業がある。

　「量」という意味では、時価総額、市場売買高だけでなく、小規模な時価総額の上場企業の「数」が増えていくこと自体にも問題がある。小粒な上場企業が多くを占める市場は、当初の志は高くても結果を出せない企業の存在が常態化する、優良企業の選別が難しくなる、中長期的な保有が敬遠されるなどの弊害が生じることが懸念される。

　「質」の観点では、時価総額が小規模にとどまる企業は、上場企業としての内部統制システム維持のためのコスト、時価開示・投資家対応の負荷を払い続ける意思を維持できるか、自己規律が緩んでしまうのではないか、という懸念もある。懸念が現実のものとなると、個別上場企業の信頼性のみならず、同じ市場に上場する他企業の規律への疑念を高める連鎖も生じかねない。

　小粒上場企業をなくすための方策としては、上場前の時点から時価総額をより大きなものとするべく、スタートアップ企業を機関投資家の投資対象にするなど、投資家とスタートアップ企業のつながりの強化を求める議論が今後深まっていくことが予想される。しかし、現実的に機関投資家の投資対象となる、資産・資本の規模を大きい会社に成長させていくうえでは、経営力の洗練、組織運営基盤強化といった点で、IPO準備と同じような目線での取組みが結局のところ、スタートアップ企業にも求められる。時価総額や総資産、資本金額の増大が実際に組織運営の質向上を自然に伴うわけではない。

20

事業の本質・本題に寄り添う形で組織運営の品質を一定水準に整備することが必要であり、機関投資家がスタートアップ企業に資金投入すればよいという単純な話ではない。機関投資家からの資金受入れと同時に、スタートアップ企業の体制整備を効率的かつ効果的に進める観点が重要である。

グロース市場の新規上場の際の数値基準見直しの検討や上場維持基準の引きあげ等の議論は続いている。上場で目標達成感を満たしてしまう「上場ゴール」の企業を減らし、上場後の企業価値増大を本気で目指す企業の動きを促すため、上場維持基準を引きあげる方向で上場資格を保持できる企業の自然淘汰を進める向きの議論が優勢である。

また、日本でIPOが多い理由は、未公開企業を評価、投資する機会が極めて限られるためであるとして、未公開企業の売買や、機関投資家等による未公開企業投資を支援する仕組みの検討が進められている。機関投資家のスタートアップ企業への投資と同じく、未公開企業の組織運営の不透明性が企業評価の大きなディスカウントの要素であり、このディスカウントを小さくする観点でも、IPO準備と同じ視点での組織整備が企業評価向上につながることへの理解が広がっていくことが期待される。

小粒上場については、第6章で、上場審査に関わる論点においても再び触れることとする。

◆上場企業の非上場化

非上場化はIPO準備と真逆の動きだが、上場企業を非上場化する事例は少なくない。どのような背景があるのか、いくつかのパターンを例示しよう。

最初のパターンは、新規上場自体が目標化、いわゆる「上場ゴール」化しており、企業、経営者に上場後の成長のモチベーションが弱い場合である。IPO準備にさまざまなハードルが生じ、そのハードシップを克服するなかで、新規上場自体が目的化する人間心理が高まっていくケースがある。上場後の事業成長が絵に描いた餅に終わり、業績の伸び悩み、株価低迷で一般投資家の関心も薄れるなか、企業価値を大きく底入れさせる方策もなく、時価総額の縮小が続くケースは多い。株価が割安に放置されるとき、適正な時価総額に復活させたいと考える経営者もいるが、上場で達成感をもつ経営者の

場合、経営者自身が安値で自社株を買い戻しして、配当等で株主還元をもたらす経済合理性を考える場合もある。

　もう1つのパターンは、事業モデルや収益実績の伸び等が評価され、関連準備も円滑に進んで上場できたものの、上場後の収益は伸び悩むなか、経営者はまったく別の新規事業モデルを思いつき、既存事業への執着が薄れていくケースである。経営支配権をもつ株式を別会社に売却し、その後の経営方針で上場廃止となるパターンもある。上場を企業成長の1つのステータスと捉え、上場企業の意味を深く理解していないケースと考えられる。

　別のパターンは、上場企業としての歴史はあるが、上場を維持するメリットよりも、投資家対応、対外説明等の負担を現在の経営者、経営陣が嫌い、社内関係者で運営できる自由度を高めたいと考えるケースである。

　いずれのケースでも、上場企業となる意味、意義への経営者の理解が疑問視される。経済合理性の高い選択であるかもしれないが、一般投資家を株主に迎え入れたくないという判断であり、仮に同じ経営者・経営陣等が上場申請を行った場合、事業モデルの刷新および一般投資家に資本を開放する意味への理解、熱意が十分かどうか、証券取引所は厳正に審査するであろう。

③ どの市場区分を目指すのか

◆各市場区分で求められる企業のコミット

　東京証券取引所による新しい市場区分を説明した前出の図表1−7には、上場検討にあたって企業に求められるコミットメントが示されている。

　新区分の揺籃期にあるという認識のもと、現状の実態がどうかということはさておき、本来想定される姿はどのようなものであるか、投資家の目線およびIPO準備を進める企業側の目線から、各区分は次のように捉えることができる。

① プライム市場

　日本を代表する上場企業として、グローバルな機関投資家の投資先候補となりうる企業が対象と想定される。巨額資金を運用する機関投資家は、精度

の高いポートフォリオ投資を行っており、分散投資の対象先として、投資家が求める開示項目が整備されていることはもちろん、高度の専門能力をもつ投資家の目線で常時、同業他社と比較分析が行われる。定量面のみならず、定性面においても、経営陣が投資家との建設的な直接対話に積極的に臨むスタンスであることも評価の対象となる。ESG、SDGsのような企業のシチズンシップ、統制の効いたガバナンスのほか、企業に求められる多岐にわたる要件はすべて、標準以上の水準で満たしていることが期待される。

また、投資検討における入念な企業分析は当然として、投資後のフォロー作業も必要となるので、機関投資家の運用・管理コストを勘案すると一定の収益リターン額を期待できる規模感をもった投資が前提となり、株式売買の執行コストがかからないように、十分な市場流動性があることも投資条件となる。

プライム市場を念頭にIPO準備を進める企業は、もれのない万全な体制を構築するため、必要とされる専門機能を十分にもつ組織体制の構築が求められる。新規上場であれ、グロース市場等からの移行であれ、事業運営方針、計画前提、進捗状況、計画と実績の乖離分析等、事業活動を適切にモニタリング・報告できる組織運営等、十分な信頼性をもって説明できる状態が求められる。

② スタンダード市場

特定商品・サービスの提供、独自の取引基盤等、既存ビジネスでの強み、ノウハウを活かすことで、他社と差別化した事業活動の実績をもち、持続的な成長に取り組む企業が対象と想定される。資本調達において、特定の投資家だけでなく、株式市場を通じて広く、一般投資家に投資機会を提供する観点をもって適切な情報開示、健全なガバナンス等、上場企業として組織運営面での要件を満たしている企業が想定される。

株式市場における一定の流動性をもち、投資家が株式売買を執行できる状態にあることも必要である。大量の株式売買が株価に及ぼす影響は大きいが、継続的な成長可能性や配当利回り等の投資収益面、事業における対象商品・サービスの魅力、社会貢献等に魅力を感じる投資家は中長期的に株式を

保有する可能性もあり、自社の活動に魅力を感じてもらえる投資家への訴求、有力投資家を厚くする意識は特に大切である。

スタンダード市場を念頭にIPO準備を進める企業には、一定の規模感と成長可能性をもつ事業活動の実績、組織運営において上場企業として瑕疵のない状況、株式公開を意識する運営について強い意思が存在することを説明する準備が必要である。

③　グロース市場

今後、高い成長が見込まれる事業分野に取り組んでおり、事業成長の蓋然性が高く、また、上場企業としての組織運営に問題がないと認められる企業が対象と想定される。事業成長の蓋然性の根拠は、高度の専門性に裏づけられた先端技術・商品による事業成長の合理性、著しい収益伸長の実績と今後の見込みであり、将来計画においても企業評価の大きな伸びが期待される。投資家にとって適正なバリュエーションの見極めは容易ではないため、事業計画進捗、収益実績等の継続的情報開示によって妥当なバリュエーション、株価水準が形成されていく面もあり、不安定要素を抱える部分もあるため、ハイリスクハイリターンの分類での投資と認識されることが多い。

グロース市場を念頭にIPO準備を進める企業には、事業計画の蓋然性・合理性の高さの十分な説明が求められる。また、高い成長の取込みの裏腹で、事業の取組み期間が比較的短いことも多く、上場企業に求められる管理体制等の組織運営も短期間で整備が進められるケースが多い。情報開示、IR等、上場後から正式な取扱いが開始する業務もあり、そうした経験の浅い分野に対する備え、社内体制構築の徹底等で、上場企業としての要件を問題なく発揮できる状態を説明する必要がある。オーナー会社等、これまで特定の株主に支配されている会社は、一般投資家等の少数株主を尊重する株主平等の原則への理解等、株式公開会社としての十分な意識をもつことも求められる。

◆市場区分を巡る議論等

前述の各市場区分の説明には、現状との大きなギャップを感じられた読者

が多いかもしれない。実際に市場区分別でみたIPO企業の財務数値の規模は**図表１−９**のとおりであり、特にIPO時のファイナンス規模、新規上場時にどれだけの新規資本を市場から調達したか、という項目においては、成長資金を株式市場から調達しようとどれだけ本気で考えているのかなど、多くの議論が出るところである。

　新市場区分を揺籃期と捉えると、新規上場企業のみならず、既存の上場企業も含めて、市場制度の見直しを通じた整備がこれからも進み、より多くの優良なグローバル機関投資家の資金流入等、本邦資本市場の活性化につながる取組みの継続が期待される。

図表１−９　IPO企業の規模（市場区分別、2023年）

上段：最大値 中段：中央値 下段：最小値	売上高	経常利益	純資産の額	初値時価総額	IPO時のファイナンス規模^(注1)
プライム	2,457億円 1,759億円 1,060億円	559億円 419億円 279億円	2,065億円 1,837億円 1,609億円	4,875億円 4,015億円 3,156億円	1,245億円 1,070億円 896億円
スタンダード	835億円 71億円 6億円	233億円 7億円 1億円	1,454億円 34億円 1億円	1,843億円 100億円 27億円	572億円 20億円 5億円
グロース	461億円 25億円 0億円	56億円 1億円 ▲40億円	210億円 11億円 0億円	1,286億円 130億円 20億円	552億円 24億円 3億円
TOKYO PRO Market	253億円 15億円 3億円	19億円 1億円 ▲0億円	114億円 4億円 1億円	112億円 12億円 2億円	0億円 0億円 0億円

（注１）　IPO時のファイナンス規模＝公募＋売出（OA含む）
　　　　　なお、TOKYO PRO MarketのIPO時のファイナンス規模は、特定投資家向け取得勧誘または特定投資家向け売付勧誘等を指すが事例なし
（注２）　１億円未満四捨五入
（注３）　IFRS採用企業については、「売上高」＝「売上収益」、「経常利益」＝「税引前利益」、「純資産の額」＝「資本合計」を記載
（注４）　プライム市場は２例のみのため、中央値欄には２社平均を記載
（出所）　日本取引所グループウェブサイト

25

◆どの市場区分を目指すのか

　IPO準備の検討開始に際して、目指す市場区分についてのポイントは、①どの市場が最も上場しやすいか、②どの市場での評価が最も高いか、といった実務目線で行われる議論がほとんどである。①はIPO成功の可能性、②は企業成長のためにより多くの資金を得る、もしくは創業者利益を大きくする観点であり、企業の本来目指す姿という議論は後回しとなり、経営者の中長期的な目線で胸に秘めるのがリアルである。

　前述の各市場区分での企業イメージに基づき、オペレーションやガバナンス等で相対的にハードルが低くみえるグロース市場への検討が行われるケースが多く、実際、グロース上場の企業が他市場区分に比べて圧倒的に多い。市場評価では、グロース、スタンダードのどちらが高い評価を得られるかということであるが、高い成長が期待される市場、特に注目を集める事業分野のほうが市場評価が高くなるので、この点でもグロース上場のほうが魅力的に目に映る。

　一方、グロース上場を目指すのであれば、高い成長を目指すエクイティストーリーとそのストーリーに合った事業活動に重点を置くという流れになりがちである。企業にとって、IPOと中長期的成長をはかりにかけた場合、中長期的成長のほうが重要であることは明らかである。経営者目線でエクイティストーリーに違和感がなければまったく問題はないのだが、短期的収益の押しあげで無理をする、なじみの薄い新規事業に手を広げるといった取組みが強行され、後日、想定どおりの結果を生み出せずに、場合によっては企業の存続そのものに懸念が出るようであれば本末転倒である。客観的事実、合理性の裏づけが乏しいエクイティストーリーのオーバーランが、IPO失敗を招いたケースは数知れないとみられる。中長期的に持続的に取り組める内容か、自社の強み活用とのブレはないかなど、経営目線とのすり合わせが重要である。

　コア事業の拡大に専念する経営戦略であれば、収益基盤の着実な拡大と組織運営の体制構築にじっくり取り組むという姿勢で、スタンダード上場を目指す選択肢がある。スタンダード上場は、組織運営面で瑕疵のない体制構築とともに収益計画の精度が高まるが、その準備には実績と時間を要するの

で、グロース上場と比べると一長一短がある。

　プライム上場は、相当の収益基盤、もれのない組織運営体制が既に備わっている前提である。外部専門家のみならず、社内にも相当の専門人材を抱える体制が一般的である。

　個別企業の背景、事情によるが、IPO実現に向けて何らかのボトルネックがある場合、課題克服が容易ではない根深い理由が考えられ、経営トップが本気でその課題の払拭を決断できるかどうかが、IPO準備のハードルの高低を大きく変化させる。

◆ 経営者のコミットとIPO準備の価値

　繰り返しとなるが、東京証券取引所による市場区分（前出の図表1－7）では、上場を検討する企業に求められる「コミット」が記載されている。企業の「コミット」を示すのは経営者であり、上場後、会社としての最終コミットを求められるのも経営者である。したがって、まず、経営者自身が思い描くエクイティストーリーにそって、上場を目指す「市場区分」を捉えることが重要である。経営者をサポートする社内関係者も、まずは経営者の十分な理解と確認が得られる関連情報を説明し、経営方針を確認することが必要である。

　IPO準備の1次目標は、上場承認である。同時に、IPO準備は、経営者のコミットの必要性、重要性がより明確に認識されるプロセスでもある。IPO準備は上場企業に資する形式要件を整えるプロセスであるが、経営者コミットをはじめとして、さらなる成長のために企業を優れた筋肉質に鍛えあげていくプロセスづくりのはじまりでもある。仮に上場承認に進まなかった場合でも、IPO準備を通じて得られた体制整備という大きな効果を活用して将来成長につなげることができるか、単なる一過性のコスト流失で終わらせてしまうか、両者を分けるものは経営者の問題意識である。

　続いて、IPO準備とは具体的にどのような作業であるのかを説明したい。

27

第3節

IPO準備の仕組み

1 IPO準備の流れとスケジュール

◆IPO準備のモデルケース

　上場申請において、外部関係者が関わる主要な条件は、監査法人の「無限定適正意見」の監査報告書、幹事証券による上場指導の完了確認である。第3章以降で関係先、準備プロセスの詳細に触れることとし、ここでは大まかな流れを説明する。

　証券取引所への上場申請期はN期と呼ばれ、直前期はN－1期、直前々期はN－2期、その前はN－3期と呼ばれる。

　実際のタイミングは個々の会社事情によって異なるが、モデルケース（図表1－10）では、株式上場への取組みを決めた企業は、N－3期に監査法人とのインタビュー（ショートレビュー）で会計監査人（候補）を決め、前後して株式公開に向けた支援を受ける証券会社（幹事証券）を決める。N－2期では、会社の機関設計、管理体制等の主な枠組みづくりを実行し、N－1

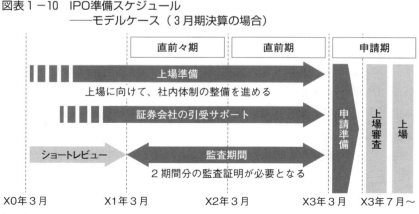

図表1－10　IPO準備スケジュール
　　　　　――モデルケース（3月期決算の場合）

（出所）　日本取引所グループウェブサイトより作成

期には、組織運営、オペレーションが想定したとおりに実行できることを確認する。上場に向けた主要課題を明らかにし、それらの課題を克服することで、N期に監査法人による2期分（N-2期、N-1期）の監査結果および幹事証券による上場指導の完了確認を用意のうえ、IPO準備企業は証券取引所への上場申請を行う。

◆会社基盤の構築・整備の約3年間

上場検討の開始時点における会社業務の推進体制は、会社発足の背景、事業活動の年数、役職員の経験や構成等によってさまざまであるため一概にはいえない。これまで日常の業務活動で特に大きな問題はないと考える企業が多いが、上場企業としての形式要件を整えるために必要な体制をN-3期末から約3年間で構築することは、相当な業務負荷が発生するプロジェクトである。上場審査の要件を満たす体制の構築には、これまで問題意識がなかった項目への対応が多く含まれているためである。

なお従前は、会社内部でのノウハウ蓄積、自前のITシステム整備等で時間を要するケースが多かった。現在、ゼロからのスタートではないにせよ、多くの新興企業が限られた期間内で上場企業に求められる水準まで体制整備を進めることができるのは、デジタルテクノロジーによる技術的対応力と人材の流動性等による人的対応力が高まった影響がある。

◆体制構築フェーズを経営目線で捉える

スケジュールに合わせた管理体制を構築できればそれでよいではないか、管理実務の話であろうと考える経営者は多いが、社内体制構築のフェーズの考察は、経営者にとって重要な意味をもつ。会計監査人候補、幹事証券等の重要な決定をトリガーとして、上場企業に求められる社内体制を自社でどのようにつくっていくかを考えるにあたっては、次の3ステップを意識したい。会社の成長フェーズや成熟度で取組みには相違があるが、ここでは、スタートアップ企業を想定して説明しよう（**図表1-11**）。

① **グランドデザインの決定 ── 主な基本事項の決定**

　取締役会運営スタイルをイメージし、会社の機関設計を定める。一般には、監査役会設置会社、監査等委員会設置会社、指名委員会等設置会社から最適な機関を選択する。同時に、社外役員に求める役割期待、要件を定め、候補者の選定をはじめる。

　そして、全社業務の重要な意思決定を行う機関の構造を決める。具体的には、経営会議、リスク管理委員会、コンプライアンス委員会、人事委員会等の会議体を策定する。

　また、通常業務における適正な執行体制を確保するために、社内ルール体系を定め、基本ルールのすべての見直しと改訂、不足する基本ルールの新規制定を行う。

　現行の重要なシステムが将来の事業拡大における処理能力に問題がある場合、もしくは属人的な処理に依存している場合は、システムの導入を検討する。

　会社の将来発展に向けて足場を固め、自社の屋台骨のデザインを決めるフェーズであり、管理面のみならず、経営の意思決定、ライン統制、営業も含めた基本ルール等、主要な活動のベースを固めるタイミングである。経営方針と活動実態に不一致、違和感があれば、将来の企業活動に大きな障害が生じるおそれがあるため、経営による舵取りが重要である。

図表1-11　会社運営基盤の構築・整備フロー（イメージ）

グランドデザインの決定	オペレーションの確認	本番稼働
主な基本事項の決定	**実際の運用と課題の洗出し**	**有効性の確認と課題克服**
● 意思決定機関設定 　（監査役会、委員会等） ● 基本規程（社内規程等） ● 重要なシステム導入等	● 機関の運用開始 ● 内部統制システムの稼働 ● 規則、規準、マニュアル等 ● 外部デューデリジェンス等	● 機関活動の実績（確認） ● 内部統制の有効性確認 ● 専門機能の稼働確認 ● 課題克服と進捗確認

法令等遵守／リスク管理／情報セキュリティ／業務の効率性／企業集団管理
必要な人員・システムの手当てと稼働、習熟

② オペレーションの確認 —— 実際の運用方針と課題洗出し

　取締役会、重要会議等、グランドデザインで定めた運営を開始し、想定どおりに稼働、機能するかどうか、改善すべき課題は何かを確認しながら、より円滑な運用で実践力を高めていくフェーズである。基本規程は抽象度の高い概念を定めるものが多いことから、日常業務活動に落とし込んで、規則・細則、マニュアル等を作成し、業務の標準化や安定化、社内周知を通じた機能発揮と業務効率向上等、組織対応力を強化する。

　労務、情報セキュリティ等、詳細な専門知識が必要な分野では、外部専門家によるデューデリジェンス実施等での確認、助言を通じて重要な課題を洗い出し、対応策を講じていく。

　社外役員、経験者採用等の人事面の手当ては、外部環境によるものもあり、システム対応等の重要課題の克服には時間を要するものもあるため、早めの対応と進捗確認が有用である。運用状況の改善のみならず、営業体制、開発体制、管理体制等における主要幹部への権限委譲、内部人材育成等、組織のあるべき姿に向けた課題が中長期的な経営目線でより明確に浮かびあがってくるので、対応方針を定めていく。

③ 本番稼働 —— 運用の有効性と課題克服の確認

　上場を意識した業務活動に問題が生じていないか、その運用の有効性を確認するフェーズである。取締役会をはじめ、重要会議の議事録、主要対象項目を把握するリスクマップ、内部監査の結果報告と改善指導状況、財務報告に関わる内部統制の結果確認等、これまでの運用がデータ化され、また、客観的に有効性を確認できる状態とする。情報開示、IR等の上場後に本番稼働する業務についても、円滑な対応ができるように事前準備を進める。

　この時点で完全に払拭できない課題には、重要な問題を発生させないように、予防的な対応を進める必要がある。このフェーズでは上場審査本番の時期を想定するが、何らかの課題があっても隠さずに健全な問題意識をもって重要な懸念がない状態に統御できている状態を整えることが大切である。

　取締役会、経営者、経営陣は、第三者の客観的な目線、たとえば一般投資家の目線でみた場合に問題ないかどうか、外部の第三者に合理性・納得性を

説明できるかどうかなどの目線で、現状業務の取組みを捉える意識が必要である。

　なお、ステップ①→②→③を意識した流れで組織構築、体制整備を進めることが必要であるものの、想定どおりの対応結果とならない、あるいは、新たに重要課題の発見があったなど、実際には手戻りが生じることは多い。現実的に、運用上の無理を認識して関連ルールを実態にそった内容に見直す、人員手当てができない場合には一時的な兼任や外部サポートで対応するなど、グランドデザインどおりに進まない場合でも粘り強く改善を続けることが必要である。経験を重ね、より精度を高めながら先を見通す力をつけていく、タフに腹をくくることも重要である。

　また、ステップ①、②、③は、N－2、N－1、N期の時期と必ずしも紐づくものではないが、IPO準備を意思決定するN－3期の時点で組織構築のプロセスができるだけ進んでいることが望ましい。N期には、すべて整っている状態から逆算して、いま、どこまでできていなければならないのか、進捗状況とスケジュールの管理徹底が重要となる。

◆属人的対応から組織的対応へ

　現行業務を見直し、求められる業務内容を整理・認識したうえで、上場審査を受ける業務体制水準に至るまでの取組みを3ステップで説明した。

　何とか事業を立ちあげて軌道に乗りはじめた状態から上場企業のステージへの移行は、特定職員に依存する歪みが限界を迎え、複数メンバーによる標準化対応にシフトしていくことを意味する。また、組織拡大に伴って、会社の運営方針から業務の基本方針、具体的手順と現場に仕事が降りていく伝達が重層化、複雑化していくことも発生する。これは、経営トップが定めた上位方針を安易に変更すれば、現場の混乱や組織運営への信頼感低下を招く形で所属員の士気を下げるなど、組織力低下に跳ね返ってくる懸念が生じることを意味する。迅速な変更が必要な場合はもちろん機敏に対応しなければならないが、経営者には先を見通す力、ブレずに予測できる判断力がますます求められる。グランドデザインの決定力、組織・役職員は想定どおり動いて

いるかを本質的にチェックできていることが重要であり、その評価は、取引先や従業員等のステークホルダーから会社・経営者に対する信認の状況にあらわれることになる。

◆準備スケジュールの見直し

　N－3期からN期まで3〜4年で上場準備を完成させるスケジュールがモデルとしてよく説明されるので、これを標準ケースと受け止める人は多いが、これは最も順調にIPO準備が進んだ理想的なケースである。実際は、上場に成功したケースでも3年以上の時期がかかるケースのほうが圧倒的に多いとみられている。

　これまで社内体制整備に焦点をあててIPO準備スケジュールを捉えてきたが、上場審査では、事業収益が計画どおりに進捗することが前提として求められており、仮に事業収益が計画どおりでなく、その乖離理由に不透明な要素が残る場合、上場予定時期を先延ばししていくこととなる。正式な集計データはないが、収益面以外でも株式市場低迷で期待どおりの評価が難しいために上場時期を先延ばしにするケースのほか、主要取引先の経営破綻、業法・規制の変更、地政学リスク等の外部要因や、経営幹部の退職、コンプライアンス等の内部要因による、IPOスケジュールの変更・見直しは非常に多くの企業で発生している。

◆収益のコントロール力

　N－2期からN期（申請期）は、申請企業の予算統制機能の確認を受ける時期であることに留意する必要がある。収益管理は保守的であればよいというものではなく、精度の高い事業計画を立案・実行できるかどうか、収益管理能力の確認が行われる。したがって、この期間は予算を大きく変動させる取組みに慎重にならざるをえないのが通常である。

　非常に魅力の大きな新規事業等、将来の事業発展につながる重要な機会であれば、当初計画以外の事項に取り組む判断は必ずしも否定されるものではない。ただ、その場合は、判断の合理性・納得性の高さと収益拡大の実績という結果確認が必要条件となる。好結果を示すことができれば、判断能力の

高さを示す材料ともとられることもある。しかし、収益の下ブレを生じた場合、IPO準備は先延ばしか、見送りとなる可能性がある。ただ、これはIPO準備のためには先行投資を抑えるべきということではなく、また、足元の収益が赤字でも、将来に向けた収益基盤強化につながるのであれば、公開審査の観点で問題はないとされる。

一方、当初事業計画から収益が大きく下振れしたり、先行投資と将来収益への結びつきが脆弱であったりすれば、証券会社の引受審査等、上場審査において申請企業の計数管理能力が問われる可能性は高い。

したがって、IPO準備のタイミングは、収益の絶対額水準だけでなく、事業収益をどのように伸ばそうとする時期であるか、収益の定性面にも配慮する必要がある。

◆スケジュールのコントロール力

上場時期が先に延びれば、監査法人費用等のコストがかかり、関連対応を担当する社内関係者の不安を高めるなど、社内の士気にも悪影響を与える。延期の原因が社内にある場合、原因の払拭、課題の克服に向けた打ち手を明確に示す対応が必要である。重要課題の克服に相当の期間を要するなどでIPO準備自体を白紙に戻す経営判断もありうるが、その場合には、役職員の退職、経営への信用低下等のコスト発生や、改めてIPO準備を再開するまでには相応の時間がかかることも覚悟しなければならない。IPO準備の関連費用をできるだけ削減したうえで、様子見する企業は実際に多いようであるが、様子見の長期化とともに、従業員が「口だけIPO準備」「万年準備企業」といった印象を抱いてしまい、取組みが形骸化していくケースは多い。IPO準備の継続適否の見極めは、経営の舵取りの巧拙が如実にあらわれる重要判断事項である。

2 IPO審査の内容

◆形式要件と実質審査基準

上場審査の対象は「形式要件」と「実質審査基準」と呼ばれる2つの内容

第1章 IPOを取り巻く現状

に大別される。

① 形式要件

「形式要件」とは、株式の流動性、財政状態や収益力等で求められる定量水準であり、その具体的な内容は図表1−12のとおり、市場区分別に定められている。市場区分ごとに求められる市場流動性は本章第2節で述べたとおりである。流動性水準は、どのような投資家が保有、売買するかを想像し、また、支配的株主が株式放出するのか、追加募集するのかなど、将来の会社運営に大きな影響を与える事項である。

プライム市場からスタンダード市場に移った企業の主な原因は、流動性要件を満たすことが困難と判断されたためである。グロース上場においては流

図表1−12 形式要件（抜粋）

項　目		新規上場基準		
		プライム	スタンダード	グロース
1. 株主数		800人以上	400人以上	150人以上
2. 流通株式	流通株式数	20,000単位以上	2,000単位以上	1,000単位以上
	流通株式時価総額	100億円以上	10億円以上	5億円以上
	流通株式比率	35%以上	25%以上	25%以上
3. 時価総額		250億円以上	−	−
4. 事業継続年数		3年以上	3年以上	1年以上
5. 純資産の額（連結）		50億円以上	正	−
6. 利益の額（連結）		最近2年間の利益の総額が25億円以上、または直近1年間における売上高が100億円以上かつ時価総額が1,000億円以上となる見込みのあること	最近1年間の利益が1億円以上	−

（出所）　日本取引所グループウェブサイトより作成

通株式時価総額が小さく、上場後の時価総額の伸びも低位にとどまっている「小粒上場」を問題視する動きは前述のとおりであり、グロース市場の上場基準について見直しの議論もある。

上場企業は資本市場における一定規模の流動性を保つことが前提条件であり、株式市場、投資家評価に対し、会社経営の意識向上を求める動きが証券取引所等からも強まっている。

②　実質審査基準

「実質審査基準」とは、企業の継続性および収益性、企業経営の健全性、組織運営の統制、企業内容の開示の適正性等の主な項目における期待水準

図表1−13　実質審査基準（抜粋）

項　目	観点		
	プライム	スタンダード	グロース
1.　企業の継続性および収益性	継続的に事業を営み、**安定的かつ優れた収益基盤**を有していること	継続的に事業を営み、かつ、**安定的な収益基盤**を有していること	企業内容、リスク情報などの開示を適切に行うことのできる状況にあること
2.　企業経営の健全性	事業を公正かつ忠実に遂行していること		
3.　企業のコーポレート・ガバナンスおよび内部管理体制の有効性	コーポレート・ガバナンスおよび内部管理体制が適切に整備され、機能していること		コーポレート・ガバナンスおよび内部管理体制が、企業の規模や成熟度などに応じて整備され、適切に機能していること
4.　企業内容などの開示の適正性	企業内容などの開示を適正に行うことができる状況にあること		**相応に合理的な事業計画を策定**しており、当該事業計画を遂行するために**必要な事業基盤を整備している**ことまたは整備する合理的な見込みのあること
5.　その他	その他公益または投資者保護の観点から日本取引所が必要と認める事項		

（出所）　日本取引所グループウェブサイトより作成

が、東京証券取引所より**図表1−13**のとおり示されている。東京証券取引所は日本取引所グループのウェブサイト上で、上場審査に関連する一連の内容を解説した「新規上場ガイドブック」を市場区分別に公開している。そのなかで、「上場審査の内容」「上場審査に関するQ&A」で審査内容と解説を詳細に示している。

◆各社実情の考慮や社会情勢の反映

　実質審査基準は、証券取引所の上場審査における基本的な考え方を示すものであるが、申請会社ごとに個別事情の相違があり、具体的に何をどこまで整えることで十分なのか、対象各社一律で明確な線引きをすることが難しい。上場審査におけるカバレッジは広いが、重点項目となるテーマ、対象には社会情勢の変化が反映されている。

　たとえば、過労死自殺が大きな社会問題となって「働き方改革」が進み、関連法制や運用要領が整った結果、関連法令遵守を徹底する労務管理が申請企業で運用、対応されているかどうか、上場審査では厳格な基準で確認を求めていると捉えられている。また、株式公開後の企業が、収益の大幅な下方見通しを続けて行った事例があったことを受け、上場審査機能を通じた事前確認の必要性が高まり、申請会社での予算統制機能が高い精度をもつ確認に対する審査確認が厳しくなったと一般にみられている。

　現時点では非財務情報の開示は企業側の自由度、柔軟性が高く、明確に定まった水準が一様化されていないため、非財務情報管理の徹底確認は難しい項目でもある。しかし、非財務情報の開示規制が厳格となることが推測され、今後、開示内容と企業活動実態との齟齬、乖離等があれば問題視されるケースも出てくることが予想される。そのような場合、上場審査基準における、非財務情報開示の確認が厳格化する可能性があるであろう。

　懸案事象に対する問題意識は社会情勢を背景に変化する側面もあり、最近の他社での参考事例等、豊富な事例を知る幹事証券やコンサルタントの支援を受けて、具体的な対応、整備を詰めていくことになる。

　求められる社会規範、行動基準は時代環境とともに変化するが、上場企業のあるべき姿の基準はどのようなものか、証券会社や証券取引所による審査

の焦点、水準も変化することで、健全性の高い上場企業の誕生を促すエコサイクルが生み出される面もある。

3 IPO準備の確度向上に向けて

◆審査のポイントを把握する

東京証券取引所の「新規上場ガイドブック」は経営者にとって参考となる内容が多い。証券取引所は上場審査時に経営者との面談を行い、その経営能力・資質を確認されるが、経営者は実務担当者のメモの読みあげだけでなく、証券取引所の審査内容を本質的に理解しているかどうかをみられている。証券取引所との面談以前に、証券会社と経営者との面談で上場申請が難しくなるケースもあるといわれる。上場審査における質問の背景、主要なポイント等を経営者があらかじめ押さえているかどうか、上場審査前に社内担当者の事前説明で不安な部分があれば、経営者自身が「新規上場ガイドブック」や実務手引書の要点を確認することが有用である。

また、前例のない事項や他社の事例を参考に承認が難しい内容と思われる事項等、幹事証券が難色を示した内容について、申請会社の企業理念との重要な関わりや上場ガイドラインに照らし合わせて問題ないと考える理由等を説明することで、結果的に証券取引所の上場承認には問題がなかったケースも聞く。

重要事項の説明にあたっては、審査・確認を求める原点を意識したうえで説得力の高い説明ができることが重要である。そのためには、社内担当者から経営者へ適切な事前説明が行われていることが前提だが、説明内容に不明瞭な点があれば、経営者自身が対象項目について掘り下げて理解し、自社の現状・将来像等を踏まえて、的確に回答できる事前準備が重要である。

◆「悪魔の証明」への対応

実務レベルの視点かもしれないが、「ないことを証明する」、いわゆる「悪魔の証明」は厄介なことが多い。たとえば、申請会社で、重要なコンプライアンス事案がこれまでまったく発生していない場合、会社側は「当社ではそ

38

うした事例はこれまで発生していないので問題がなく、懸念がありません」と答えたくなるのは自然であろう。しかし、審査側の観点に立てば「コンプライアンス事案が発生していても、役職員の問題意識が低く問題視されていないために把握されていないのではないか」という疑念への回答が必要となる。

多くの不祥事では経営トップが認識していなかったという釈明が多いが、経営トップが認識できない体制であるとすれば、その体制自体が問題となる。社内での現状把握だけでなく、第三者の専門家の目線で「そうした問題が起こらないといえる根拠は何か」、また、「問題事案が実際に起こっていても報告があがってこない、軽微な問題として無視されている懸念はない」とどのように対外的に説明できるのかといった目線で捉えることが求められる。対応策として、外部専門家による調査、ベストプラクティスを目指した社内研修の実施で問題を予防する仕組み等が、問題意識の高い企業であることを説明する材料として用いられることが多い。世間一般の常識と社内の問題意識が大きく乖離していないか、外部の目も活用して、冷静に客観的に捉えることが重要である。

◆外部リソースの活用

IPO準備は、社内メンバーによる取組みだけでは完結しない。外部専門家による支援や関連サービサーの活用が必須であるが、その支援、サービスを手当てしなければならない点がIPO準備の特徴をあらわしている。

外部リソースの主な分類は、①IPO準備の手続ルール上で必須（監査法人、幹事証券等）、②広範囲な分野のなかでも特定専門分野の知識が必要（弁護士、社会保険労務士等）、③IPOに関わる経験が必要（コンサルタント、人材紹介会社等）、④IPOを契機に長期的なビジネスニーズ（システム会社、アウトソース委託先等）の活用、に分けられる。

大切なのは、費用予算の総枠を管理しながら、できるだけ良質で効果的なサポート、サービスを受けることである。関係先の詳細については、第3章で触れる。

◆IPO関連の情報収集

　IPO準備に必要な情報は多岐にわたるが、前述の東京証券取引所による「新規上場ガイドブック」をはじめ、上場関連の豊富な情報がインターネット上で公開されている。

　また、コロナ禍におけるリモートワークの普及とともに会計システム会社等の関連サービスプロバイダーによるオンラインセミナーが頻繁に開催されており、ウェブマーケティングの普及とともに、サービサーからIPO準備関係者へのコンタクトも増えている。IPO関連の個別分野で専門知識や対応のポイント等をわかりやすく解説してもらえるセミナーは、作業の概観を捉える、経験談が聞けるなどの面で有用である。一方、セミナーの多くは、さまざまな聴衆・個別事情も意識し、基本的な内容、標準的な内容が多い。IPO準備企業の個別事情、関連詳細は個々に異なり、セミナー視聴を通じた個別照会やアンケート調査を通じてIPO準備の需要を取り込むマーケティングが行われている。セミナー説明は、同一内容の繰り返しも多いが、内容の差別化を生む材料の1つは、登壇者自身の経験と審査に関する最新動向に関する情報である。

　証券取引所の審査においてポイントがどこにどのように置かれるかについて、参考になるのは最新の事例紹介等である。通常の情報源は、主として幹事証券の助言、関連情報に頼る部分が大きいが、セミナーや交流会で得られる情報も有用である。IPO準備企業を対象とした情報交換のネットワークは、サービサー、支援会社等が運営を行っている。また、個別審査の事前相談は難しいが、一般的な相談内容であれば、証券取引所自体も上場検討企業に対する説明、相談窓口を設けている。

　関連情報の収集、分析等、IPO準備企業の担当ラインは、できることは自らやってみるという積極的な姿勢が重要である。基本情報を事前に確認し、外部専門家等との会話を通じた課題の洗出し等、必要な対応を早めに効率的に行うことで、時間の短縮のみならず、コンサルティング費用等の外部流出を抑え、良質なサービスを受けることができる。

　IPOの実現可否は、事業収益に左右されるケースが非常に多く、社内管理

第**1**章 IPOを取り巻く現状

体制の整備だけではIPOを完結できない。しかし、管理体制の整備・強化は、IPOのためだけではなく、急拡大する事業・組織を支えるオペレーション基盤の構築、経営分析等の経営管理機能体制の構築につながっていく。経営者を含む関係者がそうした認識をもち、経営者は社内担当者が積極的に情報収集・整理・分析を行う姿勢を高く評価し、役職員の協力的な姿勢、関係者の高いモチベーションを生み出すことが重要である。

管理体制の整備は凸凹(デコボコ)道?

　会社の体制整備は、凸凹道をとにかく進んでいくような感覚を抱く経営者、管理部門責任者は多いと思う。整備が済んだはずの分野で、まだ対応しなければならないことが出てくる。こちらを整えれば、あちらと矛盾する。データ管理でも担当部署で必要となる作業が異なるので、異なる要望をそれぞれの部署が主張する。

　凸凹の衝撃を少なくするコツは、社内ルールの取扱いに長けることである。
　社内規程は、お役所仕事のようなイメージがあり、堅苦しい文書の羅列を眺めるのは息苦しいが、業務対象を分野ごとにどのように処理するか、基本的な内容をまとめたものであり、膨大な対象への対応をコンパクトにまとめている面がある。できるだけ問題・瑕疵がない記述を強く意識するので、堅苦しい文章になって敬遠され、雛型のコピー&ペーストで済ませている会社は多い。
　しかし、多くの会社で、これほど多数で複雑な社内規程が生きながらえているのは、その重要性が各社共通で変わらないためである。もともと、組織が統制されるのは何らかのルールがあるからこそである。人が増え、事業が複雑になるため必要悪かもしれないが、社内規程は必須の存在となっている。

　多くの利用者に研磨されてきた社内規程には、活用のコツがある。基本規程は基本方針、規程は業務の基本事項、規準は業務ルールといった具合に、段階別に設定して使い分ける。基本規程は取締役決議、基準は経営会議決議、細則は役員決裁とするなど、その取扱いを工夫し、社内規程の管理・運用の負荷を軽減するとともに、実効性を向上させるなど、運用面のコツがある。

　上場申請時には50〜100ほどの社内規程が必要といわれる。会社

第**1**章　IPOを取り巻く現状

の業務運営が網羅的に管理されているかどうかは、社内規程をみれば即座にわかる。役職員にとっては、社内規程の数が多いのは悩みの種で、何がどこに書いてあるか、照会と対応だけでひと仕事に感じる人も多いだろう。使いやすくする知恵は、社内規程の「体系」を用意して枝葉を明確にすることと、社内ポータルにうまく掲示することである。これからはAI活用が強力なサポートツールになるかもしれない。

　大企業病で官僚化が進むと、社内規程を盾に新しい業務が本当に進めにくくなってくる。ルールを司るのは実は最高権力者だが、ルールを巧みに操ることで管理者に「影の実力者」を生み出しかねず、注意が必要である。中央官庁、伝統的大企業では、「文書課」は若手エリートの登竜門で、社内調整能力を試され、鍛えられる部署と目されていた。金融機関等の大手企業出身の中堅・シニアは社内規程を抵抗なく読めるが、新興企業では文書の扱いが苦手な人が多いと一般的にいわれる。

　会社が一定レベルに成長すると、社内ルールを盾に官僚的、保守的な動きが社内に広がる状態が懸念となることもある。大事なことは、業務実態と運用ルールの整合性であり、現場が効率よく、業務に専念できる社内規程等のインフラが整っているかどうかである。事業・人材の成長、業務実態を本質的に感じとり、社内ルール等を含めた体制見直しの指示をかけていくのは、経営トップの仕事である。複雑に絡まり合っている社内規程のまま、軽々しい指示で現場を混乱させる、あるいは、ルールが形式的なものとなって、役職員の行動に乱れを起こすなど、問題を深めてはいけない。役職員が自分の担当職務に専念できる業務環境は自然、当然のようにみえて、気づきにくいが、実は経営環境が優れていることを意味している。

　何かトラブルがあったときなど、経営者自身も自社の社内規程を読み直してみてはどうだろう。原点に立ち返って、意外と課題整理に役立つかもしれない。

第 **2** 章

経営トップの判断と決意

本章では、まずIPOを成功させる必須のピースについて
触れる。そして、IPOがうまくいくかどうかを見定める
重要判断の要素は何か、順を追って基本的な要素をみて
いきたい。

第1節

成長の源泉

　IPO成功の最大要素は、経営者であると関係者が異口同音にいう。それはなぜであろうか。その理由を紐解くには、経営者とはどのような存在であるかをまず理解することが必要である。

1 経営者の旅

◆英雄伝説のつくられ方

　企業の成長は経営者とともにある。ジョゼフ・キャンベルの『千の顔をもつ英雄』をご存じであろうか。図表2−1のとおり、神話の構造を分析したもので、スター・ウォーズの元ネタとしても有名である。神話に登場する英雄は、冒険をはじめ、さまざまな苦難を経て成長、変化しながら成功する。そ

図表2−1　神話の基本構造

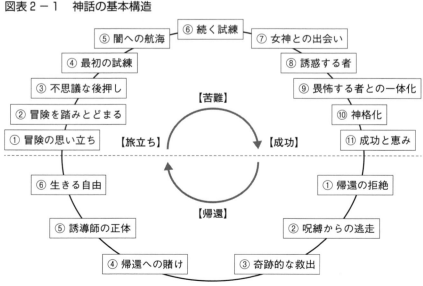

（出所）　ジョゼフ・キャンベル『千の顔をもつ英雄』（人文書院）から筆者作成

して、日常の世界に無事帰還することで英雄伝説がつくられる。

IPOの成功、株式公開を成し遂げた経営者は、株式上場時に成功者、英雄の気分を味わうのではないか。しかし、それは上場企業としての新たなはじまりでもある。

IPOは経営者にとって、冒険のはじまり、苦難、成功、帰還のどこにあたるだろうか。経営者に就任したばかりの方であれば冒険のはじまりかもしれないが、順調に企業の成長を実現してきた方にとっては最初の試練にすぎないかもしれないし、苦難で経験を積み重ねる方にとっては1つのイベントにすぎないかもしれない。あるいは、上場はゴールと本音では捉えている経営者もいるかもしれない。しかし、経営者の旅を続けている間、いま、自分の現在地はどこなのか、経営者自身も正確にわかっていることは少なく、ある地点まで到達して次の目標・課題が視界に入ってくる、あるいは振り返ってみてはじめてわかるケースのほうが実は多いのではないか。

筆者は、事業承継の観点からなのか、アジアの財閥(ファミリー企業)の方々から、「なぜ日本には長寿企業が多いのか」という質問を受けたことが多くある。日本では、創業の祖、中興の祖といった英雄が輩出され、それは必ずしも血縁だけでなく、企業に脈々と継承されるものを大切にしているため100年超の歴史をもつ企業が多いと説明した記憶がある。IPOに成功した経営者は、後世の人からみた英雄になれるのであろうか。

◆経営者の体験・成長と企業活動展開との関わり

上場の鐘を鳴らすとき、経営者が高揚感、これまでの努力が報われたことへの達成感とともに、安堵感、ちょっとひと息つきたいと思う心情をもつのは生身の人間として自然であろう。しかし、それは束の間のまどろみにすぎないことにすぐに気づくであろう。IPOを成功に導いた経営者は、皆、大きな成長の機会を逃さないアニマル・スピリットを基本的にもっている。自ら率いる企業を上場まで成功させた経営者は次の手を意欲的に考えていることが上場審査でも求められるが、上場後、市場の洗礼を受けながら、経営者の手腕を試される旅が新たにはじまる。経営者のタイプ、これまでの経験はさまざまであろうが、IPO準備と上場を、経営者の旅のどこに位置づけるのか

47

という意識、気づきは、IPOを真に成功させるうえで非常に重要な意味をもつ。

「企業価値、競争力の源泉は経営者である」といわれる意味を、経営者の体験・成長と企業活動展開との関わり、経営者の旅とはどのようなものかという視点で捉えてみよう。

◆【冒険のはじまり】── 競争力の源泉はどのように形成されるか

経営者に就任するパターンは、新会社設立だけでなく、事業承継、内部昇格、子会社社長への派遣人事、知人の要請、ヘッドハンティング等、さまざまである。

典型的な例として、冒険のはじまりに自らが経営者となって会社を立ちあげるケースを想定してみよう。ペーパーカンパニーや副業ではなく、自分の相応の労力と時間、ある意味で自分の人生を起業にかけるのであれば、事前検討や悩みは相当なものであるはずだが、何らかの閃きや不思議な偶然の後押し等を受け、会社経営の1歩がはじまる。

事業のアイデアに磨きをかけてチャンスを得るには、顧客候補への積極的な働きかけやニーズの把握、必要な資金や労働力の確保等、経営者が自ら判断、行動して克服しなければならない。会社立ちあげから事業を行うといえる動きとなったとき、経営者は自分が最終責任者である重みを感じ、やり抜かなければならない覚悟をするのではないだろうか。行動派、理論派等、経営者のタイプはさまざまであるが、事業活動の中心は常に経営者にあり、経営者は自身の性格、特徴を活かす経営スタイルをつくりあげ、経営者の意向の下で動く従業員を集めることで、経営者の強みをコアとした企業活動の基盤が次第につくられていく。

◆【苦難】── 企業価値を築いていく通過儀礼

企業の事業活動が続くためには、顧客ニーズの変化、技術革新、新規競合先の参入等の状況変化に対して、新商品・新サービスの開発、既存顧客との関係強化と新規顧客や新市場の開拓等、事業活動のさまざまな間口を広げていかなければならない。組織が大きくなるにつれ、経営者一個人が直接、詳

細にコントロールできる範囲は徐々に狭まっていく。

　それまで経営者が独壇場で取り仕切っていた光景は徐々に変わり、これまでのやり方が通用しなくなってくる。「救いの女神」ともいうべき重要なパートナーがあらわれてくれるかどうか。女神にみえた者は実は誘惑者ではないか、自分以外に信じられる者がいるか、仲間となる者を増やしていけるか。仲間を信頼し任せることができるか。次々と続く試練のなかで、企業とは組織であり、集団行動で成果を出す存在であることに気づけるかどうか。自分の殻を破って、さらに成長していくための通過儀礼は、経営者が必要な気づきを得るまで続くかもしれない。

　重要な仲間は、外部から加わることも、内部で育つこともあるだろう。経営スタイルが変わっていく場合も、引き続き、経営者がすべての最終責任を負う者であることは変わらず、事業としてより大きな成果をあげるためには、重要な仲間と一体になって動くことが必要になってくる。自分以外の者と一体化して動けるかどうか。自ら起業する人材は、元来、独立志向の高い性格をもつ人間であることが多く、他人と一緒に動かなければならないということには、心理的葛藤が大きいかもしれない。経営者の生来の個性を必要に応じて変容させることができるかどうか。多くの会社で事業承継問題が発生し、二代目社長の苦労談も多く聞かれる。会社が成長しなくてもいまのままでよいという本音をもつ創業経営者も現実に多いだろうが、経営者の旅を続ける人は、将来、より先の姿を考えながら先に進んでいくタイプの人間である。

◆誘惑と恵みと【成功】── 目指すもの

　さまざまな試練を経て事業拡大に成功した経営者は、何を考え、何を感じるであろうか。金銭欲や支配欲を一層高める者、成功体験から万能感を高める者等、さまざまであろう。成功を目前としたとき、経営者は何によって誘惑されるかが、経営者の本音、優先順位を示しているのかもしれない。そして、成功によって目的を達した後も経営者の旅を続けるかどうか、すなわち、いったんの要求が満たされた後にも、次の成長・発展を求め続けるかどうか、それは、経営者の旺盛なアニマル・スピリットをどこまでもち続ける

49

かということでもある。

　ここまでの経営者の旅を振り返り、成功の要因とは何であっただろうか。顧客ニーズに先駆けた動き、新技術・先進事例・貴重なネットワークによる情報収集等が新たなビジネス機会を手繰り寄せる。そのような積極果敢な行動で得られたヒントやチャンスは、次の成功のために大きな役割を果たすかもしれない。偶然の幸運にみえたできごとの数々は、実は、積極的に粘り強く取組みを続けた結果が引き寄せたものであることを意識した経営者は、目の前の成功で新たにみえてきた風景、浮かびあがってきた課題に対しても、再び、積極的な姿勢を続ける意味、意義、そして魅力を感じるのではないだろうか。

　たとえば、株式上場という成功に接したとき、資金調達の機会、投資家の存在、株価での評価、創業者利益の確保といった新たな材料と風景が、経営者の目の前に広がる。これからのチャンスもリスクもあるが、それを乗り越えていくには、IPO準備の取組みのなかに解決策のヒントが豊富に含まれる。先見の明をもつ賢い経営者は、それに早くから気づいているはずである。

◆将来の成長に向けた実践 ──「経営者の旅」の意味

　成功を積み重ねても、さらに高いハードルが次々と課されるように感じる経営者は多い。しかし、それは問題意識の高まりや知恵の深まり等、ハードルを乗り越える条件が整ったということかもしれない。経営者にとって解決のコツがわかっている課題は、必要な対応処理をすればよいだけであり、もはや大きな問題ではない。

　ハードルをあげるというのは、たとえば、経営ビジョンをより高い次元で考える、成長戦略の対象を広げて新規事業と既存事業の相乗効果を考えるなど、新たな挑戦である。既存事業の完成度が高いほど、その枠組み変更には困難を伴うであろうし、ビジネスの境界線の拡大はより多くの競合先との競争が激しくなることが予想される。この厳しい競争への挑戦にワクワク感をもつことができるタフネスが、成功する経営者の要件である。

　神話伝説のメタファーであれば、最強競合者との頂上決戦等、以前であれば考えられないレベルでの戦いに勝利することで使命は達成され、成功者と

第**2**章　経営トップの判断と決意

なった経営者一個人の本性は解放され、自由になることで「一代記」の伝説
は完結する。

　事業の成功に最も重要な要因は「経営者」にあるといわれるが、優れた経
営者はそれぞれさまざまに優秀であり、決まった「型」を求めるのは難し
い。強いていえば、事業の成功を最後まで決して諦めないこと、経験から学
び続けること、環境変化に応じて自らの器を適切な形に変容できることであ
る。

　既に述べたとおり、経営者の旅におけるIPOの位置づけはさまざまである。

　上場審査は一定の枠組みで申請企業の状態をみるプロセスであり、一定の
枠に収まらないさまざまなトラブルが上場後に発生することは否めないが、
健全で持続的な成長に取り組む姿勢で臨むことが重要であろう。長年上場し
ている企業であれば、企業理念は練りあげられ、しっかりとした説明ができ
るために、事業計画の前提条件の精査等、信頼性の高い実績を出す仕組みが
できあがっているであろう。一方、IPO準備企業の場合、企業のパーパスや
事業計画策定にはじめて真剣に取り組む企業も多い。経営者の頭のなかには
創業初期から何らかのアイデアや計画が入っているだろうが、対外的な説明
に応える、計画の結果責任を問われることには慣れておらず、関連経験が浅
いために企業の存在目的や事業戦略に揺らぎが生じるようなトラブルが発生
することが多い。

　IPO準備企業に未熟な部分があることは、特にグロース市場の上場を目指
す企業はある程度仕方ない面があるとしても、成長に向けた熱意を強く抱い
ていることが重要である。しかし、熱意の程度を外部から見定めることは難
しい。通常、経営者自身が企業を成長させたい気持ちを最も強く抱いている
が、その熱意がさまざまな障害、試練によって冷めていく場合は、IPO準備
に黄信号がともる。

　新商品・サービスの開発、お客さまへの紹介・説明、役職員との一体感
等、自社の活動と競合他社との差別化を明確に意識し、自社の強みを育てる
ことに高揚を感じるか、場当たり的な動きは会社の基礎収益力を確実に蝕ん
でいくことになるがその経験を脱却できるか、成長戦略、事業戦略、商品戦
略、人事戦略等で組織活動が高まることに喜びを感じるか。経営者が内心で

51

図表2－2　収益基盤の構築・拡充と企業理念、事業計画

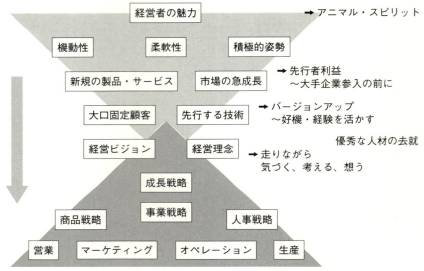

感じることが、企業経営者の資質であり、その企業の最重要な競争力の源泉となる（図表2－2）。

　IPO準備においてはさまざまな課題が生じるため、経営者自身がどのように関わるか、IPO準備自体も経営者としての資質をはかる機会であるかもしれない。

　また、事業戦略、体制整備が上場審査の基準を満たすIPO準備という外形的状態と、企業の成長という内発的状態のつながりをどのように意識できるかによって、経営者の旅におけるIPOの位置づけは定まってくる。

2　数々の通過儀礼

◆パーパス経営

　メディア等において先進的な「パーパス経営」で取りあげられるのは、グローバル企業、日本を代表する優良企業の取組みがほとんどである。伝統的大企業が強みとしてきた品質重視、オペレーション中心の視点では仕事の本

来の意義を忘れがちになるが、パーパスにより原点回帰することで仕事の本来の意義を思い起こさせ、役職員に自律的自発的な行動を発起させることをうたう内容が中心だ。一方、中堅・中小企業の役職員には顧客ニーズに振りまわされる現場感覚が強く、「パーパス経営」は余裕ある企業のものであり、日常業務とは縁遠いものと受け止められていることが多い。

　一方、新興企業の成長や企業再生等において、競合他社との差別化や将来の目指す姿の判断の軸をどのように設定するかは、経営者にとって日々悩む本質的な課題である。

　未公開企業にとっての「パーパス」は、事業戦略のコアとして、顧客に対するアピールだけでなく、外部から集める人材に対して「どのような企業であるか」を示して同志を集める役割がある。そして、「パーパス経営」は経営者が目の前の業務に忙殺されず、将来目指す姿の構想を強く抱いているかを示す象徴であり、普段考えていることを概念化できているか、一貫した信念をもっているかを示す情報でもある。

　「パーパス」で集まった仲間であれば、同じ価値観をもった目線で、建設的な情報意見交換を生み出す効果を期待できる。しかし、キャッチコピーのような「パーパス」であれば、役職員の会話にものぼらず、強い目的意識をもたないまま、場当たり的な目標設定にとどまることになるだろう。「パーパス」は、その会社の深み、成長の潜在性をうかがわせる情報ともいえる。

　経営者がパーパスやミッションを真剣に考える会社は、限られた経営資源の投入のメリハリ、事業の選択と集中が行われるであろうし、事業環境の変化に対応できる軸をもっていることを意味する。形式的なパーパス、ミッションの場合には、漫然と焦点を定めずにビジネス機会を追い求め続けてしまう状態になりかねない。柔軟な対応、高い機動性は、会社創業時の強みではあるが、組織拡大で機動性が落ち、ビジネスモデルの成熟化が進んだときには、効率的・効果的に機会を取り込む仕組みを手当てしなければならない。パーパス、ミッションは将来の可能性も包摂して考え抜いたうえでの設定が必要であり、大変な仕事であるが、最終責任者である経営者の本来の重要な職務である。

　「パーパス、ミッションを描き出すだけでは、自分の思いが正しく伝わら

ない」というのは経営者の典型的な悩みの1つであるが、繰り返し説明する、具体的な実績・結果を示すなどにより理解者、共感者を地道に増やしていくしかない。経営者自身の悩みや迷いを通じて、企業理念やミッションに関する経営者の考察が鍛えられていくことが、経営者の内面のリアルである。

◆不都合な真実に目を向ける

　事業拡大とともに顧客要望もレベルアップする、組織拡充とともに管理機能も高度化が求められるなど、企業の課題克服は際限がなく、さらに洗練された対応力が求められる。企業が次の成長ステージに進めるかどうかの状況に向き合っているとき、同時多発的にさまざまな大きな壁にぶつかっている状態が多い。これまでニッチな市場、特定取引先との長年の取引、仲間内での解決等、自社流のがんばりで何度となく課題を克服してきた成功経験をベースに、今後も延長線上での対応を考える経営者が一般的であるが、そうした対応自体が成長の限界を引き起こし、さらなる成長へのギャップを大きくしていることに気がついている経営者も多い。ニッチな市場や特定取引先とのビジネスが未来永劫続く保証は実はない。将来への展望、成長・発展の可能性を真剣に考える際には、まず、自社がもつ経営資源の実力値の現状を冷静、客観的に確認する必要がある。求める姿と現実とのギャップを埋めるには、外部人材による補強、人材の育成、企業買収や営業権の獲得等、さまざまな方策がある。全従業員を包摂して最大の幸福を与える視点も含め、現在の経営資源を棚卸しして、その実力値を客観的に把握することがスタート地点となる。それは、経営者が多くの不都合な真実に目を向けなければならないということでもある。

◆外部からの人材採用

　「従業員は会社にメリットを求めるが、会社のために尽くすという意識は希薄である。そもそも従業員に会社への貢献を期待すること自体がまちがっており、デジタルテクノロジーを最大限に活用し、従業員は最少人数にとどめるのがよい」

　ある若手経営者からこんな経営観を聞いたことがある。一方、人手不足が

第2章 経営トップの判断と決意

事業拡大の最大の制約であり、大量の人員採用と早期の戦力化で事業拡大を図るという経営者もいる。

従来の終身雇用タイプのまま生き残ろうとする企業もあるが、いまや若手だけでなく、中堅、シニアにも転職の動きは広がっており、プロ化・フリーランス、副業等、働き方の多様化が急速に進んでいる。このような環境変化が広がるなかで、自社がどのような人事戦略をとることが最適なのか、その選択肢は広がっている。採用・労務等の実務知識に詳しい人事部長とは異なる役割として、人事戦略を推進できるCHRO（Chief Human Resource Officer）が求められており、経営戦略と人事戦略の合致、人的資本経営の取組みが必要となっている。

現在の役職員の実力値をよく見極める必要があるが、人的資源は貴重な経営資源である。優良な母集団を形成していくうえでは、求める人材像と現状のギャップを埋めるために、即戦力として外部からの人材採用が行われる。ハイスペック、ハイキャリアの人材が、当初の期待どおりの役割を果たしてくれるかどうかについて、リスクが大きいのは、多くの経営者が経験済みであろう。会社として知見の乏しい新規分野の専門人材に対する適切な評価を既存内部人材が行うのは非常に難しく、職場の雰囲気にうまく溶け込み、専門能力を組織内で発揮してもらえるか、組織のなかで孤立して専門能力を活かせずに高い買い物となってしまうのか、採用面談や履歴書だけで見抜くことは容易ではない。IPO準備に向けた内部管理体制構築として専門性の高い外部人材を採用する場合は、幹事証券やファンドの支援を活用し、また、パーパスを理解・共感し、後進育成の指南役となれるかどうかという人間性も考慮した採用が理想的となる。

個人の属人性の高い働きから、組織で対応するチームプレイにシフトできるか、権限委譲できる体制を構築できるかは、経営スタイルのあり方と深く連動する。

◆ 商品・サービスの開発戦略

「うまい話には裏がある」といわれるが、困ったときに救いの手を差し伸べてくれるのは「女神」か、それとも「悪魔」なのか。

多くのリスク事案に共通しているのは、油断、慢心の存在である。リスクを警戒している間は大きな問題には至らないが、課題克服の経験を積み重ね、同じような課題のリスク評価が甘くなると、後日、大問題に発展する事案が発生する。

　商品・サービスの新規開発において、自社の強みの活用を尊重し、広く事例研究・分析を重ねるなど、着実な取組みを継続し、巧みな軌道修正を重ねることが、自社商品・サービスの差別化につながり、成功の確率は高まっていく。

　業績拡大等、さまざまなプレッシャーの下で、本業と距離感のある新事業で短期的な利益稼ぎを狙った案件が、表面的には容易なようにみえて、結果的に足元をすくわれる問題案件となってしまうケースはよくある。経営者が適切な判断を下すには、自社の技術力、営業力等の現状実力値をよく掌握していることが前提になる。魅力的なビジネスアイデアがあったとしても、実際に開発力、マーケティング力、営業力等の必要な手段がなければ、収益獲得どころか、貴重な人的資源の業務量を費消し、機会損失による収益ダメージも大きい。自社がもつ強み、ノウハウ、経験で競合他社に優るものは何かを把握し、それを活かした開発等の取組みに特化する戦略を構築することが重要である。

　また、失敗経験には貴重なノウハウがたまっていくことが多い。反省が多い事例こそ、フタをせずに、将来に向けた教訓として活かすたくましさが、開発戦略の責任者、開発現場のみならず、経営目線においても重要である。失敗の教訓、学習効果は、安易な提案と有意な価値を生む案件を見定める目利きを生む。また、提案だけでなく、開発実行過程における社内関係者の行動は、将来の幹部人材を選別する重要な情報にもなる。「企業の成長を長い目で真剣に考えてくれる人材」は、会社・経営者にとって宝である。

◆事業計画の妥当性

　上場審査で提出する事業計画では、前提の妥当性を含む事業計画の合理性、そして計画と実績が合致する計数管理能力を確認される。成長戦略や事業環境、自社の実力値等を勘案したうえで、どこまでストレッチをかける前

提が最適かについて、自社現状分析、計画時点から現時点までの状況変化に対する適切な対応等、説明責任能力、経営判断の合理性を示すことが重要である。外部要因で損害賠償を求めるような特殊な事態でなければ、事業計画での見通しや経営資源配分の責任は自社にあり、外部への責任の押しつけは言い訳に聞こえてしまうことには留意すべきである。

グロース上場は高い成長を前提とするが、統計資料では新興ビジネスの正確な将来予測を十分に捕捉できるデータには限りがあり、過去から現在までのデータのトレンドや専門機関の将来予測等で客観性を担保する意識も必要である。

経営者、経営幹部は、自社の活動現状（結果）はきめ細かくフォローできるものの、商品開発、個別商談、人員補充等の状況は常に変化しており、個々の取組みの結果は保証されるものではない。リスク分散として取引先や取引案件を増やす、安定性・業務効率性を高めるために組織体制を整備するなど、計画の実現性をできるだけ高める仕組みづくりを進める。商品・サービス開発戦略、営業戦略、人事戦略等の重要な動きは連動する側面もあり、事業計画の精度向上は簡単ではないが、経験の積みあげで感度を高める、対外折衝で主導的役割を担うなど、主体的に収益を生み出す構造を強めていくことが重要である。

収益を脅かすリスクは常にさまざまな形で存在するため、高い緊張感を抱える状況を常態として機敏に判断を下せる胆力を鍛えながら、経営者は、その技量を高めていく。

③ 経営者の資質

業種・業態に応じて企業活動の内容には相違があり、経営者のタイプもさまざまであるが、これまで触れてきた「経営者の旅」では、経営の実践を通じて、経営者の思考様式、行動様式が変化していく様子を想定してきた。事業、組織の成長・発展を通じて、組織の最高責任者としての意識の高まりによって、その言動は変わっていく。

就任当時から将来を見通して、言動がまったくブレない天才経営者もいる

かもしれない。壮大なビジョンを当初から抱いている経営者であれば、「上場ゴール」のような中途半端な考えはもたないであろう。

　経営トップの資質として、一貫して重要な資質は、法令等遵守のコンプライアンス意識、倫理観である。コンプライアンス事案が発生すれば一発退場のおそれもあるし、会社が大きくなればなるほど、根が深くなる。大きなコンプライアンス事案が発生したとき、経営者自身が責任をとって辞職することで、世間的にはいったん収まりをみせるかもしれないが、創業者の経営スタイル自体に問題があれば、トップの辞職後にも問題ある幹部が引き続き跋扈するなどして、組織体質の闇が続く懸念もある。経費の曖昧な使用等、公私混同が懸念される会社は、関連当事者取引の管理等でIPO審査では早々にはじかれるであろうが、そうした企業には近づかないことが無難である。

第2節

IPOを目指せる組織なのか

　本節では、経営者が思い描いた事業活動を実行できる組織とはどのようなものか、IPO成否の観点を交えて関連項目を説明したい。

　特定個人ではなく、組織としてのパフォーマンスを出すためには、何が必要なのだろうか。IPOでは、組織の大小、所属員の多寡によらず、求められる機能はすべて発揮できる体制が求められる。特定個人のがんばりから組織で対応する運営に進化できるか、また、自社の組織はどのような状態にあるか、IPOに取り組める組織となっているのかを、改めて見直す必要がある。

1　組織風土

◆実際に働いてみないとわからない「職場の空気」

　長年1つの会社の勤務経験しかもたない人間は「1社さん」と呼ばれ、転職市場では評価が低いそうである。複数の部署、支店、子会社等でさまざまな経験をしていたとしても、同一会社グループ傘下での組織風土しか知らない人間が、まったく新たな会社との相性が合うかは、実際に働いてみないとわからない。執務スペースに足を踏み入れて、社員同士の会話、社内会議の進め方等職場の「空気感」を感じてみる必要がある。経営者の旅の【冒険のはじまり】でも触れたとおり、会社は創業者の経営スタイルをベースにつくられていくため、そのスタイルによる一種の空気感の広がり、雰囲気には、その組織のもって生まれた「性格」のような面がある。

◆就労環境のベースとなる「組織風土」

　組織風土は「好き嫌い」「合う、合わない」であり、「良し悪し」の基準で測るものとは異なる。どのような仕事の進め方、どのような行動様式が好ましいか、また、社内で好かれる人物像等は、理屈ではなく感性による。同一集団でともに過ごす時間が長くなるにつれて、空気感は徐々にできあがって

いる。仕事上で好まれる進め方は、組織編成や新商品・サービスの開発の進め方にも影響し、どのような人物像が好ましいかは人事評価上にも反映されるなど、組織風土は就労環境と密接な関わりをもつ。

◆組織風土との相性

たとえば、ワイガヤの雰囲気を「一緒に楽しく盛りあがって楽しい」と思うか、「ガサツ」と感じるかは、個人の価値観による。「経営や周囲との風通しがよい」「いいたいことをいえる」「自分にとって居心地がよい」と思えば、その個人にとって望ましい組織風土であり、個人と会社との相性が合うということである。新卒社員であれば、OJTを通じた仕事の進め方の理解、職場での人間関係づくりそのものが、社会人としての価値観形成のはじまりであり、企業の組織風土が徐々に社会人の価値観のベースとして浸透していく。

個人の価値観が多様化するなか、過度なストレスをためることなく、思いどおりにパフォーマンスをあげられると感じる職場環境の価値は大きい。以前の職場で高いパフォーマンスをあげていた人間が、転職後の職場でパフォーマンスをあげられないケースはよくあるが、その理由として、周囲の支えがなくなったこと、チームワークの変化等がよくあげられる。個人にとっても組織風土に溶け込めることが重要である。

◆人的資本開示

複数の会社勤務経験を通じて組織風土を比較することで、組織風土の価値はわかるものである。

経営者が企業理念の浸透を積極的に働きかける組織であれば、役職員が組織風土を再認識する機会が多く、社内における暗黙の価値共有が広がり、入退社でメンバーが入れ替わっても、企業理念を受け入れ、相性が合う人同士の集まりが強まっていく。

世の中では転職の動きが広がっている印象があるが、**図表２−３**のとおり、近年は転職者の減少が続いている。コロナ禍による行動制約が影響している面があるかもしれないが、複数社を経験した人の増加とともに、キャリ

60

第2章 経営トップの判断と決意

図表2－3 転職者数、入職率・離職率の動向

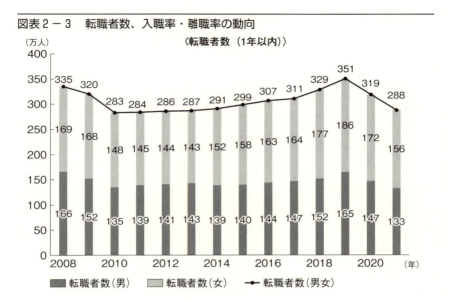

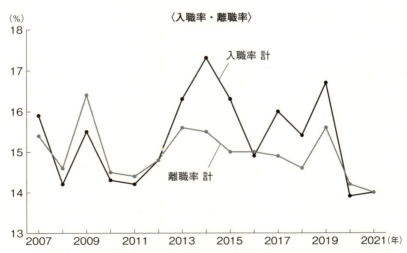

※総務省「労働力調査（詳細統計）長期時系列データ」、厚生労働省「令和3年雇用動向調査」
（出所） 厚生労働省「新しい時代の働き方に関する研究会」報告書　参考資料

アアップ、スキルアップだけでなく、転職者も居心地、人間関係等の職場の雰囲気、広義の就労環境をより重視するようになっているのかもしれない。

　したがって、優秀な人材、将来幹部候補と期待されるような人材の流出は要注意である。将来、活躍が期待できる人材が踏みとどまる組織とはどのような組織なのか、求める人材が集まる母集団の姿から逆算して、組織風土はどうあるべきかを考えるのは経営者の仕事である。もともと、経営者の経営スタイルから組織風土は発生しており、新規従業員の増加、次世代の加入等とともに経営スタイルを徐々に変更していけば、時間をかけながら、組織風土も少しずつ変化していく。

　人的資本開示では、退職者数、退職率、在籍年数等の単なるデータ数値だけでなく、育成、エンゲージメント、流動性、ダイバーシティ、健康・安全、労働慣行、コンプライアンス／倫理等でストーリー性をもった定量データの継続的記載が期待されている。期待される母集団形成のイメージと合致する人材の出入なのか、母集団の質が向上しているかについては、開示がより求められるものであり、経営者自身にとっても経営スタイルの修正要否を判断する1つの重要なテーマである。

② 組織文化

◆外部の影響を受ける判断基準

　コンプライアンス事案は、コンプライアンス規程や懲罰規程等、役職員の行動に対する「良し悪し」の判断基準に基づいて公正に適切に対処しなければならない。機密性の高い情報を取り扱う業種等では、業務内容に応じて独自に高い水準の規程を設ける企業もあるが、コンプライアンス、労務管理の一般的な行動基準は、法令の制定・改正に応じて、外部専門家の意見、他社の動向等を踏まえ、自社の社内規程見直しの手続がとられるケースがほとんどであろう。有識者の意見や社会情勢を踏まえ、主管官公庁が法令、ガイドラインの制定等、新たなルールづくりに動いたとき、会社がどのように反応するかは、その企業文化の成熟度、問題意識をあらわしていることが多い。

第**2**章　経営トップの判断と決意

◆組織文化は「良し悪し」を定める基準

　「組織文化」については、「組織風土」を含む広義で取り扱われる場合もあるが、IPO準備に関する考察を深めるため、組織の内面の影響が大きい「組織風土」と外部からの影響を受け止める「組織文化」に分けて捉えてみる。

　組織風土も組織文化も、役職員の行動規範に関わるものであるが、組織風土が「好き嫌い」のようなものであるのに対し、組織文化は「良し悪し」を定める基準にあたるものである。

　「行動基準」「行動規範」のような価値観の表明は、概して法令等遵守を起点として手当てされているものが多いが、法令遵守として外形的な内容であっても基準や規範等の社内ルールを成文化して定めることで、組織文化は徐々に変容していく。当初は形式的に感じた規範であったとしても、「行動規範」を単なる「お飾り」のままとせずに、役職員にとって「当たり前」のルールとなっていくか、社員数の増大とともに健全な組織文化が醸成していく組織であるか、を経営者は意識する必要がある。

◆健全な組織文化の醸成

　時代の変化とともに世の中の常識、社会通念は徐々に変わっていく。健全な組織文化の醸成とは、社会通念の変化に対する組織の所属員の理解、受容、意識変化によるものである。

　働く環境の多様化、デジタルテクノロジーの普及等が身近な仕事、生活に大きな影響を及ぼしており、社会の価値規範も大きく変化しつつある。そうした価値観の変化が、事業や社員にどのように影響を及ぼしているのかを、経営者は強く意識する必要がある。

　人事戦略とも密接に絡むが、人的経営資源を最大限活用するためには、就労時間の管理強化という実務面にとどまらず、社員の充足感と自発的、自律的な行動をいかに実現するかが重要になり、企業の生産性、収益性と社員の幸福感を両立させる体制ができるかが問題になる。組織風土にもよるだろうが、経営者にすり寄ってくる者から報告を受けるだけでは実際に現場で何が起こっているのかを見誤るリスクがある。

　経営者が現場に足を運び、執務フロアでの社員の会話等、生の情報を自分

63

の耳目で確認し、会社が目指す方向に組織文化が醸成されているかどうか
を、鋭敏に肌感覚で把握することが有用である。

③ IPO成否の重要なバロメーター

◆組織文化の感応度

　IPOに成功できるかどうかを見定める際、外部環境の変化に対する組織の
感応度は、非常に重要なバロメーターとなる。IPO準備の際には、社内管理
体制のフレームワーク見直しから組織運用実態を備えるまで、短期間で組織
体制を変えていく必要がある。

　この体制整備は、上場審査のためだけではなく、事業を拡大しつつある企
業が将来さらに成長を続けるための準備作業でもある。属人的な作業を標準
化・組織化し、それを支えるルールを決め、社内関係者が新たなルール・手
順にそったオペレーションを遵守できるかなどの社内の一連の動きは、組織
に、新たにルールを取り決めた背景・意味を理解して実行できる下地が備
わっているか、求められる合理的な変化を円滑に受け入れられる組織か、を
判断する材料となる。組織文化の感応度が鈍い組織であれば、IPOの実現は
難しい。

　急成長する企業では、経験者である中途採用者がコアメンバーとなって担
当ラインの仕事回しを新たに取り決め、変革を断行する局面は多い。新旧メ
ンバーが仕事の変革を受け入れ、有効に機能するかどうかにも組織文化が大
きく影響する。業務体制の抜本的な見直し、大幅な改革における役割期待
は、上位役職者であれば合理性・一貫性・関連業務を俯瞰する幅広い視野、
担当者であれば実務詳細を網羅した対応等、確認ポイントが異なるが、役職
にかかわらず、業務変革に強い抵抗や心情的反発を招くケースは頻繁に起こ
る。過去の成功体験のこだわり、個人的なノウハウを消失するおそれ、変革
後に居場所を失う不安等のためである。環境変化に合理的に対応できる素地
をもっていることが、IPO準備を進めるうえでは重要である。

第**2**章 経営トップの判断と決意

◆ 誰が組織文化を決めているか

　組織文化の形成においては、合理性のほか、誰が組織文化を決めているかが重要である。「組織風土」の領域に関わる部分もあるが、理想的な形は社員が学びながら自律的自発的に対応していく、ボトムアップ型の「学習する組織」である。社会通念の変化をどう受け止めるかは個々人で異なるが、世間一般の価値規範の変化が、多くの社員に自然に受け入れられ、自然にコンセンサスができあがっていく組織は、変化に強い。オーナー企業の場合はトップダウンで動く組織風土であることが多いが、トップダウン型組織であれば、経営者自身が社会通念の変化・変容を適切に捉えていることが大前提となる。組織風土の源流はともかくとして、社会変化への対応も経営者個人への依存度が高い場合、指示待ち、前例主義といった、内部の論理を重視する組織文化が形成されがちである。そうなると、経営トップ自ら隅々の詳細に目を光らせる組織運営が求められるケースが多い。

　厚生労働省の調査では、企業が考える人生100年時代に求められる能力としては「自ら考え、行動することのできる能力」「柔軟な発想で新しい考えを生み出すことのできる能力」をあげる割合が高い（図表2－4）。また、若者も現場主導で事業運営が進む職場を望ましいと考えている（前出の図表1－2）。

　オーナー企業でも、若手経営者を中心にボトムアップ型の組織運営スタイルの会社は多くある。コンプライアンス、労務管理といった特定分野は管理部門と外部専門家で対応できるかもしれないが、事業環境が大きく変化するなか、良質なビジネス機会の取込みを拡大するには、経営者の個人プレイでは限界がある。現場、若手を組み込んだ組織全体でのアンテナを張り巡らせるためには権限委譲と社内人材の育成・強化が必要であり、ビジネス拡大と組織能力向上の好循環が求められる。

◆ 足元をすくうコンプライアンス

　社会情勢、外部環境に適切に合理的に対応できる組織文化が欠け、コンプライアンス事案の潜在的リスクを抱え続ける企業は非常に危険であり、IPO準備どころではない。時代の変化に伴い、昔は当たり前でまったく問題にさ

65

図表2-4 人生100年時代に求められる能力

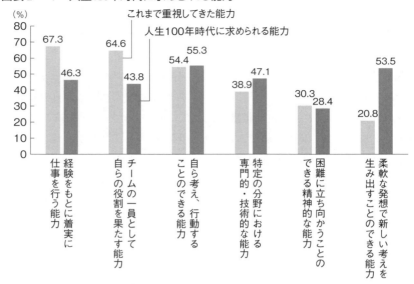

（注） 企業に対する調査で複数回答
※独立行政法人労働政策研究・研修機構「人生100年時代のキャリア形成と雇用管理の課題に関する調査」（2020年12月）
（出所） 厚生労働省「新しい時代の働き方に関する研究会」報告書 参考資料

れず、むしろ好ましいと評価されたような言動が、いまでは大問題になることは多数ある。組織が自浄作用をもたず、歪んだ仲間内の論理を正当化し、外部社会と自社組織が乖離・隔離して、旧態依然とした組織を放置している間に、意識のズレがますます大きくなり、会社の屋台骨を揺るがす不祥事が毎年のように発生している。IPO準備中の会社の場合、上場審査期間中に証券取引所への匿名通報等で重大なコンプライアンス事案が発覚し、上場申請を取り下げざるをえなくなった企業は相当数にのぼるといわれている。

◆IPOを目指せる組織かどうか

IPO準備のモデルケースでは、N-2期（直前々期）に社内体制のフレームワークを決定し、上場企業を想定した組織を始動する。会社規模、従業員数、業務内容等によるが、IPO準備を開始するN-2期の期初時点で、ある

第**2**章　経営トップの判断と決意

程度の社内体制が整っていなければ、いかにデジタルテクノロジー活用や優秀な人材の手当てができたとしても、3年間で体制整備を完了させるのは難しい。IPO準備作業のなかで行う新規ルールの制定、既存ルールの改訂等の社内対応は、健全な組織文化を定着させる機会となる。組織文化が未成熟なまま、形式的に社内体制や規程を整えても、違反事例が頻発するなどして、幹事証券の審査承認は難しく、N期（申請期）に進めないであろう。

　ルールの制定・修正を即時に業務に反映できなければ、内部統制は未熟であるということであり、仮に上場ができても上場維持のコストが、その後、重くのしかかることとなる。コンプライアンス事案の社内掌握への不安や疑念も払拭できない状態であれば、IPO準備以前に、健全な組織づくりを意識して足元固めを優先すべきである。

　一方、健全な組織文化、必要なプロセスを合理的に素直に対応する気風があれば、内部統制上求められる事項を業務に落とし込み、業務の効率性・正確性を高めるプロセスを具体的に検討・構築し、社内関係者の理解と協力を得て円滑な実行ができる。現場、社内実務担当者と円滑なコミュニケーションをとり、業務プロセスデザインを描くことは内部統制上の基本事項であり、そうした対応ができる社内人材の発掘、もしくは適切な外部人材の採用を、経営者は管理部門に指示、確認しなければならない。

第３節

ライフステージの判断

１ 企業のライフステージ

◆会社の寿命

　東京商工リサーチの調べによると、2022年に倒産した企業の平均寿命は23.3年である（図表２－５）。

　業歴30年以上の「老舗」企業は市場環境変化への対応が難しく、業歴10年未満の「新興」企業は経営体力が脆弱でコロナ禍での環境に耐えられなかったとみられている。

　経営論等で一般に説明される「企業のライフステージ」は図表２－６のように、「創業期→成長期→成熟期→衰退期」と、段階的な発展を示すが、創業期で寿命を迎える会社も、衰退期にあるようにみえながら営々と事業経営を続ける会社も存在する。

　IPOは、その企業のライフステージではどこに位置づけられるだろうか。グロース上場であれば「将来の高い成長が期待される」ため、成長期の入口もしくは後半のイメージが一般的かもしれないが、経営者の本音が「上場ゴール」であれば成熟期や衰退期の入口にあるのかもしれない。どのライフステージにあるのか、考えてみてほしい。

◆企業を若返らせるビジョン

　経営者の会社現状に対する認識で、その企業のライフステージは定まってくる。潜在的な需要を掘り起こしたい、より魅力的な商品を開発したい、世界に向けた事業展開を図りたいなど、将来の大きな成長に向けた可能性の選択肢はいくらでもある。「青春とは心の若さである」（サミュエル・ウルマン）の言葉は、そのまま、企業のライフステージにもあてはまる。どのようなビジョンを抱いて経営者が組織の運営にあたるかによって、企業のライフステージは定まってくる。

第2章 経営トップの判断と決意

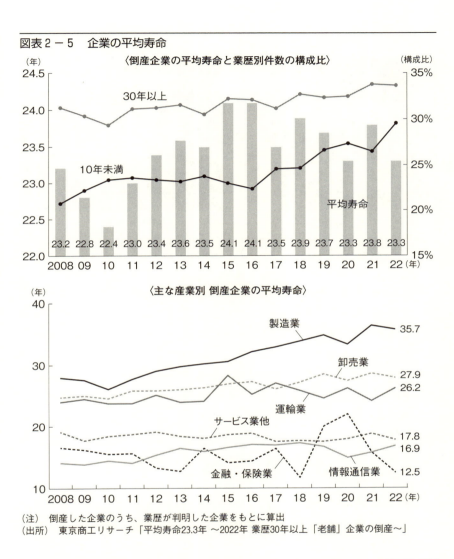

図表2−5 企業の平均寿命

（注） 倒産した企業のうち、業歴が判明した企業をもとに算出
（出所） 東京商工リサーチ「平均寿命23.3年 〜2022年 業歴30年以上「老舗」企業の倒産〜」

図表2−6 企業のライフステージ

創業期	成長期	成熟期	衰退期
強力な リーダーシップ	メンバー増加 組織化・ルール化	ルールの高度化 組織の完成	再活性化 新規事業

図表2－7　急激な変化をどう捉えるか

1900年 ――――――――――――→ 1913年

（出所）　左：National Archives and Records Administration,Records of the Bureau of Public Roads、
　　　　　右：Library of Congress Prints and Photographs Division Washington D.C.

　新たな経験の積みあげによるノウハウ・知識や、市場規模や売上高の成長率は、企業の成長を高める追い風であるが、起業家の成功は、既存の取組みの行き詰まりや危機を迎えて事態を打開し、次のステージに展開する舵取りができたことを意味する。

　図表2－7は20世紀初頭にアメリカで交通手段が馬車から車へと急変したことを示す、有名な写真である。このような社会情勢、市場の激変をチャンスと捉えられるだろうか。たとえば、馬具の需要が急速に縮小するなかでも、自社技術を転用して自動車部品や高級皮革製品に進出できた企業は、企業のライフステージを衰退期から創業期に一気に巻き戻すことができたことになる。

　時代の新たな潮流を捉え、将来の可能性について広い視野をもつことは、自社の強みを再認識し、その応用を図るといった行動で企業のライフステージを若返らせ、次のステップに向けた意欲と感度を高めることにもつながる。

2　経営者の視座

◆経営者の視座はどこにあるか

　IPO準備期間中は、予算対比で収益実績の確度を高めなければならない

が、将来の大きな成長を取り込もうとする動きに対して、「本来、高い成長を目指す企業がIPO準備中であることを理由に、将来に向けた動きに制限をかけるべきではない」といった議論が有識者の間で行われている。

経営者の意思決定は、経営者の旅のなかで自社の現在位置をどのように考えているかを示すものでもある。パーパスの実現を真剣に求め、企業の大きな成長を実現させるチャンスが目前にあれば、その好機の取込みをIPOよりも優先し、結果としてIPOの時期が数年伸びたとしても仕方ないと判断するであろう。経営者の見立てが正しく、企業価値を大きく伸ばすことが実現できれば、IPO時期が先に延びたとしても、創業者利益を含め、より大きな成果を得ることができる。一方、事業計画の着実な実行を重視する手堅い経営スタイルであれば、不確実な要素を排除して予算統制を優先するであろうし、それがIPOの成功確率を高める経営手腕でもある。

経営能力の客観的な計測は難しい。結果ありきであり、好業績や株式上場など、企業活動が良好なときは、これまでのすべての取組みが成功につながった要因として受け止められ、業績が振るわないときは、それらが全否定され失敗要因と捉えられることは往々にして起こる。

IPO準備は、数年間にわたって、企業経営、組織運営の状態を客観的に判断される機会である。上場後も、事業計画とその実績、株価を通じて、時価総額という形で、経営実績は客観的に把握される。企業価値を大きく伸ばす取組みが本物か偽物かは、その後の事業実績で判断される。収益実績は経営判断能力の水準を客観的に計測できる材料であるが、より重要なことは、成功に慢心せずに成長への積みあげを続けられるか、失敗であれば教訓を将来に活かすたくましさと先を見通す力を高める学習能力があるかである。

3 ライフステージとIPO

◆IPOという機会をどう活かすか

IPOのメリットは第1章で述べたとおりであるが、このメリットを活用できることも企業のライフステージを若返らせることにつながり、苦難、試練を乗り越えて次のステージに向かって経営者の旅の重みを味わう機会でもあ

る。IPOによって資金調達手段の獲得、知名度向上、役職員の士気向上といった一連の材料が揃った時機にどのような仕掛けを行うかは、非常に重要な意味をもつ。

　IPO準備段階から、上場後の先を見通した仕込みを進めておくことができれば、エクイティストーリーに迫力をもたせ、成長戦略の説得力を高めることにつながる。グロース上場では「事業計画と成長の可能性」の開示が求められるが、抽象度の高い概念の説明だけでは一般投資家にとって企業の適正評価、投資判断は難しい。未確定情報を軽々しく提示することは厳に慎まなければならないが、事業計画の策定における関連情報の収集・分析・整理を精力的に進め、具体的な下地をつくっておくことは、企業活動の具体的内容をわかりやすく伝えるうえでも有用であり、公開株価設定等の具体的な定量評価にもつながる可能性がある。

　そして、さらに先を見据え、上場後の活動実績が上場時の説明と符合する取組みとして、より具体的に説明できる材料となっていくことを意識して、先駆けた準備をしていくことができれば、投資家からの信認を高めていく効果が期待できる。

◆本気で成長を目指すか、「上場ゴール」か

　本音は「上場ゴール」での取組みの場合、結局、上場後の動きですぐに馬脚をあらわすことになる。株式公開で経営者は一時的な名誉を得るかもしれないが、実現可能性の裏づけが乏しい事業戦略であれば、上場後の収益実績は伴わない。将来期待を抱いた一般投資家から怨嗟の声が高まるなど、経営者は厳しい目にさらされ、ビジネス能力だけでなく、信頼性、誠意等についても問われるであろう。IPOに関連する公開情報は誰でも簡単に入手できるため、経営者のみならず関連主要メンバーも、IPOにどのように関わったかで、そのキャリアが評価されるようになるであろう。

第4節

内部統制を捉える

1 なぜ内部統制なのか

◆経営者は「監視される」人?

　上場、非上場にかかわらず、株式会社の経営者（取締役）は「監視される」人である。株式会社において、株主（投資家）に委託された取締役は業務の執行を担う立場にすぎない。これまで、大きな不祥事が起こるたび、経営者が不正を働けない仕組み・システムが考えられてきた。経営者は日常の業務執行について他の取締役、監査役等からも監視され、経済合理性に裏づけられた経営判断、善管注意義務、法令等遵守等、問題なく職務に取り組んでいるかを監視される存在である。

◆経営者とリスク管理

　経営者にとってリスク管理が重要なのは、事業収益を計画どおり実現するためだけではなく、経営者自身がリスク管理の最終責任者であり、事業報告書や経営者確認書等の署名者でもあるからである。株式公開は、株主に加わる一般投資家に対して、経営者がリスク管理の保証を表明する一面をもつ。オーナーは、会社を自分の資産と認識し、会社資産に毀損が生じたときに最も怒りたい立場にあるが、オーナーが経営代表者でもある場合、一転して少数株主等に対して謝らなければならない立場でもある。オーナー経営者にとっては複雑な思いを抱く事象かもしれないが、公開企業の大前提である。

　実際には、オーナーが保有株数を動かさない場合でも、市場における流通株式の保有者である少数株主、一般投資家による株式売買が株価を形成していく。一般投資家と直接会話をする機会をもつとき、経営者はリスク管理の最終責任者であり、対外的に自社のリスク管理を保証する存在であることに改めて実感を深めるかもしれない。経営者が最終責任者として真剣にリスク管理にも取り組むことで、組織文化は進化し、次のステージに展開していく。

2 リスク管理強化の意味

◆グローバル・スタンダードと日本版

　企業の不正、不祥事は、日本だけでなく世界中の企業で発生しているが、人間の根源的な欲望や行動心理で生じるリスクは万国共通である。特に巨額不正事例でリスク管理の研究・調査が進むアメリカがけん引して、世界標準となるリスク管理フレームワークを提供してきた。

　図表2－8で示すキューブと呼ばれる図が、標準となるフレームワークを示している。簡単に説明すると、企業における不正会計、コンプライアンス、資産毀損を防ぎ、有効な業務活動が行われていることを目的として、組織風土、リスクに対する正しい認識とそのリスクのコントロール、コミュニケーション、モニタリング、IT活用を通じた確認行動がなされるフレームワークが標準形である。外部の状況変化に正しい反応ができる組織文化が必要であることを前述したが、このフレームワークでリスク管理プロセスを実行し、その有効性を確認することで、健全な組織文化が保たれていることを検証することになる。

　組織文化だけでなく、事業計画、管理体制、営業体制等、企業の取組みで放置されている重大な問題がないか、また、現在抱えている問題に適切な課

図表2－8　全社リスク管理のフレームワーク（1）

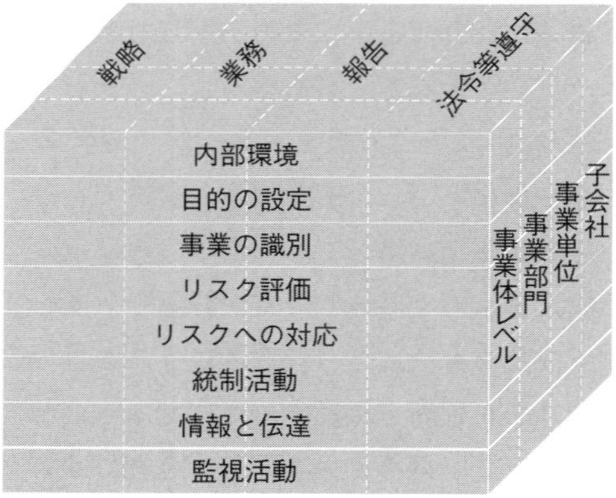

〈4つの目的〉
① 業務の有効性
② 報告の信頼性
③ 事業活動に関わる法令等の遵守
④ 資産の保全

〈6つの基本的要素〉
① 統制環境
② リスクの評価と対応
③ 統制活動
④ 情報と伝達
⑤ モニタリング（監視活動）
⑥ ITへの対応

（出所）　COSO Enterprise Risk Management – Integrated Framework（2004年）より作成

題認識と対応策がとられているかについて、報告・監視体制の整備を含め、リスク管理機能の発揮を実現するフレームワークである。

　この全社リスク管理のフレームワークはさらに進化しており、リスク状況の捕捉を常態化する姿勢から、企業理念に基づいたパフォーマンスのあり方を捉え、パフォーマンスの向上に結びつけていくという流れとともにリスクマネジメントを行うという形で、5つのカテゴリと20のルールにくくり直されている（図表2－9）。経営目線でリスクマネジメントを捉え、組織戦略活動の観点で常にリスクマネジメントを意識することがうたわれている。

◆ 金融商品取引法と内部統制報告書

　日本では2008年にJ-SOX法（「内部統制報告制度」／金融商品取引法）が導入され、上場企業は有価証券報告書とともに「内部統制報告書」を内閣総理大臣に提出する形で、上場企業に対する内部統制の制度が整備されている。IPO準備においても、この内部統制を問題なく行える体制を確立する必

図表2－9　全社リスク管理のフレームワーク（2）

（出所）　一般社団法人日本内部監査協会「全社的リスクマネジメント—全社的リスクマネジメントの環境・社会・ガバナンス関連リスクへの適用」（2018年10月）

要があり、監査法人がその内容、体制を確認する。

　J-SOX法は、アメリカのエンロン、ワールドコムの巨額不正事件を受けて制定された米SOX法の日本版といわれ、2024年4月、不正リスクへの対応、デジタル関連リスクの見直し等の改正が行われている。

　欧米企業における上場企業の減少は、こうした上場企業に対する規制、管理コストの重みが増しているためと考えられている（前出の**図表1-8**）。公開株式は上場金融商品であり、開示内容と不正等の運営実態に乖離が許されてしまうと、上場株式が流通する証券市場自体の信頼が揺らいでしまう。世界的経済危機が起こるたび、金融システムの安定性が注目を浴びるが、金融システムの信頼性に問題があってはならないことが、現代の経済構造の根幹にある。株式市場は金融システムの重要な一部であり、自社株式が上場金融商品（公開株式）となることは、金融システムにつながる存在になることでもある。規制の高まりとともに、上場企業の開示情報の拡大、投資家の理解を得ることが求められ、そうしたコストを嫌って非上場化する欧米企業は多い。日本で上場企業の数が増えているのは、未公開企業の出口が限られていることに加え、上場企業との比較で自社も上場できるという横並び感覚、IPOは上場審査基準をクリアすればよいという実務手続重視の感覚がいまだに強く、上場企業に求められる責任感覚が鈍いためではないかとみる向きもある。

　以上は、金融商品取引法が上場企業に対して求める要件であるが、上場企業でなくても企業規模が大きい会社であれば、会社法でも「業務の適正を確保する体制」として内部統制システムの整備が求められている。

◆会社法と内部統制システム

　大会社である取締役会設置会社は、会社法に基づき、内部統制システムの基本方針について取締役会決議を行うことが義務づけられている。会社にとって重要事項であるため、特定の取締役に委ねることは許されず、取締役会の承認を得る決議が必要とされる。取締役会のメンバー全員が、内部統制システムの重要性について十分な認識をもつことが求められるためである。

　決議の内容は、内部統制システムに関わる基本方針として、法令等遵守、

損失危険管理、情報保存管理、業務の効率性確保、企業集団の内部統制、監査役監査の実効性確保等の基本項目に対する統制を行うことを定め、毎年の事業報告書でその有効性の確認状況を示すことが求められる。この決議をもとにリスク管理委員会、コンプライアンス委員会等の上位意思決定機関や、リスク管理規程等の上位規程が定められる。

また、企業活動において、この基本方針が遵守されているか、監査役等には取締役の職務執行の監視が、内部監査部門には日常業務の監視が求められている。

③ 経営者と内部統制

◆経営者と内部統制

「内部統制という言葉はよく聞くが、管理部門の話だ」と漠然とした印象で受け止めている経営者は少なくないであろう。金融商品取引法と会社法の違い、それぞれ求められる要件対象は広く、多くの関連知識を求められるため、ますます管理部門の仕事との印象を世間に与えることが多く、外部専門家等の支援が想起される分野でもある。

しかし、法律、行政機関の要請がこれだけ多いということは、非常に重要性が高い対象であることを意味する。管理部門だけでなく、経営者にも本質的な理解が求められる。

「IPOの準備を進めることは、内部統制の整備を進めていることとほぼ同じ」という見解もある（図表2-10）。実務的な情報・報告が多くなるなかで、埋没しがちな本質的な課題や論点を見失わないように、経営者は十分な注意を払い続ける必要がある。

経営者が報告内容に何か違和感を覚えたとき、担当ラインから「外部専門家に相談し、問題ないことを確認している」と説明を受ければ落着とするケースは多いが、このやりとりのレベルでは「なぜ経営者は違和感を覚えたのか」、それに対して「なぜ問題ないのか」という中身の本題がスルーされている。問題ないかどうかは、専門家への形式的な確認よりも、問題ではない理由・考え方を経営者・経営陣で認識を共有する必要がある。管理担当者か

ら外部専門家への照会が儀礼的な内容にとどまり、問題の本質の確認に至っていないケースは多い。問題の本質を抑えないまま、外部専門家とのやりとりをしたというだけでは、会社が本質的な問題を確認しないまま、最終判断を行う危険な状態が起こりうる。IPO準備に限らず、経営者や取締役会議長は、議論の本質を取締役会参加者と共有することで、コミュニケーション、会議運営を含めた組織の業務品質向上を図ることが必要である。「内部統制は管理畑の職人分野」という認識では関連議論への関心が湧かないであろうが、最終責任を経営者、代表取締役が負うという認識であれば、実務詳細の説明に惑わされず、自分が問題の本質を理解しなければならない意識につながる。

図表2-10　IPO準備と内部統制の整備

経営管理組織	予算制度	内部牽制／決裁制度	人事労務管理
諸規程	業績管理制度	業務フロー	教育・研修制度
危機管理体制	決算制度／開示体制	業務管理	内部監査制度

▲IPO準備で求められる代表的な社内体制の整備事項

経営管理組織	予算制度[※1]	内部牽制／決裁制度	人事労務管理[※2]
諸規程[※1]	業績管理制度	業務フロー	教育・研修制度
危機管理体制[※1]	決算制度／開示体制	業務管理	内部監査制度
			内部統制評価

※1：内部統制では財務報告の信頼性に影響を及ぼす事項がメインとなるため、IPOで求められる整備事項より内容や対象範囲は限定的となる
※2：事業規模によっては、評価対象外となる可能性がある

IPOの準備を進めることは、内部統制の整備を進めていることとほぼ同じ

▲内部統制で求められる代表的な社内体制の整備事項

（出所）　㈱オービックビジネスコンサルタント「IPO Compass」より作成

第**2**章 経営トップの判断と決意

　内部統制は、元来、経営に関する重要な情報が適正に報告される仕組みである。懸念事象が本当になければよいが、気になる情報があがってこないと経営者が感じるのであれば、報告の仕組み自体を再確認し、重要情報は自動的に経営者に報告される仕組みを担保することで、経営の実効性を高めることが必要である。

　上場・非上場にかかわらず、企業の不祥事のほとんどは内部統制が機能しなかったために生じている。他社経営者や知人の交流等で得られる失敗談や経験談には、自社の内部統制を振り返って見直すうえで参考となるヒントが多いため、活用するとよいだろう。

◆経営者に求められる重要判断

　内部統制の整備を進める過程で、社内関係部門間の意見が異なり、経営者に最終判断が求められる案件は多い。たとえば、重要取引先との従来の慣行の見直し、会計基準変更による損益計上時期の見直し、海外取引等の新規ビジネスでのリスク管理方針等である。社内で意見が異なる重要事項に対しては、経営者の最終判断が求められる。経営者は、短期利益、中長期成長、IPO準備等の優先順位を考えたうえで判断を下さなければならない。役職員の士気維持・向上のために、これまで八方美人的な社内対応をしてきた経営者も、選択肢が絞られるなかで、重要事項の優先順位をつけるなどの対応が迫られる。その判断結果には経営者の本心があらわれ、会社はその本心が示す方向に動きを強めていく。

第5節

IPOを具体的に考える

1　IPOの成功確度を高める

◆IPO成功の鍵

　本章では、IPO成功の鍵を握る要素について重要な順に触れてきた。IPO成功の起点は、経営者からはじまる。経営者のアニマル・スピリットで企業の価値、競争力は生み出され、その強みを育て続けることで、企業は成長する。経営者本人が明確な意識をもつかどうかは別にしても、数々の試練に遭遇し、課題克服の経験を積みあげることで学習能力と適応能力を高め、成長意欲・向上意欲を強くもち続ける経営者であることが、IPO準備の数々のハードルを克服するためには必要である。

　また、経営者とともに状況変化を合理的に受け入れ、適応できる組織文化がなければ、上場に向けた体制構築はうまく進まない。経営者の理解と健全な組織文化の下で、法令等で求められる体制整備が進められ、さまざまな重要課題があがってくるなか、経営者がIPO準備を最優先する判断を下すかどうかで、IPO成功の確度は大きく変わってくる（図表２−11）。

図表２−11　IPO成功の鍵

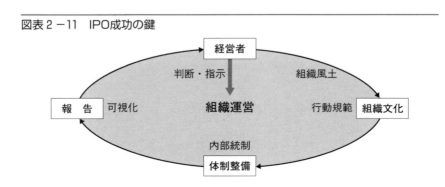

第**2**章　経営トップの判断と決意

◆IPOの成功確度を高める

IPOに必要な要件から、IPOの成功確度を高めるには、次の対策が考えられる。

①　「経営者の旅」の視点でIPOの位置づけを考える

「経営者の旅」の視点で考えると、IPOの位置づけが曖昧なケースは実際には多い。企業の将来像を具体的に描き出し、そのなかで「株式公開での資金調達を行う時期」を明確にする必要がある。たとえば、特定投資家から必要資金を集め、新製品の実証、収益性見通しを確認したうえで本格製造に入るイメージであれば、既に相当な金額の企業価値を評価されている企業であってもIPOを急ぐ必要はなく、本格的な製造開始のメドがつく時期に株式公開を行えばよい。小規模な企業が競うなかで頭１つ抜け出せそうな企業であれば、株式公開で調達した資金を利用してM&Aで規模を拡大し、業界内の優位性強化を狙う戦略を実行するため、競合他社に先駆けて早々にIPO準備に取りかかる行動計画が考えられる。

「経営者の旅」を思い描き、中長期的な企業価値の向上を考えれば、IPO時期は、上場できるかできないか、時価総額が大きいか小さいかといった視点ではなく、企業成長において必要なタイミングに上場時期のターゲットを絞り込めばよい。

中長期的に目指す姿を明確にするのは、企業理念を強化し、経営方針の基礎を固めることであり、組織の一体感や役職員の士気に影響を与える重要な要素でもある。

②　IPO準備期間中は、IPO実現を最優先課題とする

IPO実現に取り組む意志を固め、Ｎ－３期に入ったら、IPOの実現を経営の最優先課題とすべきである。①に基づいて判断したタイミングであり、パーパスや企業理念に反しなければ、必要な日常業務の見直しはもちろん、目先の利益を喪失しても近い将来の大きな利益の実現を優先し、IPO実現への取組みを徹底すべきである。経営者の覚悟が揺らぐときには何らかの事象が発生しているのであろうが、IPOに限らず、意思決定の揺らぎの多いプロ

ジェクトは、関係者の迷いを生み、成功が難しくなる。成功の確度を高めるためには、意志の揺らぎ、迷いを封じることである。

　IPOが最優先であるという経営判断を重要決裁の機会に触れて明らかにする、経営者が積極的に社内メッセージを発信するなど、社内浸透を図ることで、役職員の無用な不安を払拭させることがIPO成功の確度を高める。

③　IPO準備に入る前に、組織文化の健全性を高めておく

　コンプライアンス意識の向上、社内承認手続の遵守、社内ルール整備は、IPO準備のためだけでなく、快適な職場づくり、業務効率の向上につながる取組みである。たとえば、N−2期が数年先であっても、自社の就労環境、業務推進体制の整備は事前に計画的に進め、N−1、N期における体制整備の仕上げが円滑に実現できるように進めておくとよい。外部環境に適合できる組織文化の感応度が低い場合、その改善は本質的な問題であり、時間を要する懸念もあるため、組織体質の変革に早くから手をつけておく必要がある。役職員全員が目の届く範囲にいる、役職員数が比較的限られる職場環境であれば、経営者の率先垂範と、外部コンサルタントの支援等で役職員の意識変革を急速に進める施策もありうる。

2　経営トップの判断と決意

◆クールヘッドとウォームハート

　「クールヘッドとウォームハート」（冷静な頭脳、されど温かい心）

　イギリスの著名な経済学者アルフレッド・マーシャルのこの言葉は、大学教授としての矜持を示したものであるが、経営者の重要判断にも通用するスタンスではないだろうか。

　IPO要件を充足しているかどうかは、証券会社、証券取引所等、第三者の客観的な目線で確認されるものであり、経営者自身の判断を問われるものではなく、事実関係の検証と提示が求められる。

　経営者自身が上場企業に求められるエッセンスを正しく理解したうえで、自社の2〜3年後の姿を考えたときに、IPOで求められる要件について「過

第**2**章　経営トップの判断と決意

剰な負担が強いられる」と感じるか、それとも「当然備わっているべき」と感じるか、会社のあるべき将来像への期待を踏まえて「クールヘッドとウォームハート」で判断しなければならない。過剰な負担と感じればIPOは時期尚早、当然備わっているべきと感じれば、要件の充足徹底を担当部門に命じるべきである。

　また、いったん判断を下したら、スケジュールどおり３年でのIPO実現の決意を固めることが重要である。経営者が上場後の姿を具体的にイメージして、あらゆる準備を進めるなかで、企業理念を実現する重要イベントに向けて経営者の信念を強めていく。スケジュールを遵守することにはIPO準備費用を抑える効果もあるが、多くの役職員がIPO準備に優先的に取り組み、プロジェクト完遂に向けた士気を保ち、目標に向けて着実に進捗することは社内関係者に自信をもたらし、会社全体の活性化にもつながる。

　目標達成に向け、IPOを仕掛けるタイミングを経営者が正しく見極め、実行完遂に向けて関係者への旗振りをしっかり行う指導力が、IPOの成功要因である。

③　IPOが難しい場合

◆その他の選択肢

　無理なタイミングでのIPO準備は、会社の体力をいたずらに消耗する。中長期的成長のストーリー立てがみえ、株式市場での資本調達が必要な時期も念頭に置いてIPO実施の最適なタイミングを探ることで、成長軌道は現実的なものになってくる。

　もし「経営者の旅」のなかでIPOを「上場ゴール」としかイメージできない、上場後の企業成長に強い意欲をもっていないのであれば、IPOという選択は適していない。経営者が上場後の成長のイメージを抱けなければ、成長の魅力を投資家に訴求できないまま、上場維持コストを払い続け、株価・時価総額は長期低落傾向に陥っていく可能性が高いからである。

　会社をできるだけ高い価格で売却したいのであれば、M&Aに関心をもつ企業や投資ファンドへの売却という選択肢もあるだろう。買い手がM&Aの

83

相乗効果、新経営陣での企業価値向上を見込めるのであれば、株式譲渡先がベストオーナーであり、将来の期待成長を一定程度織り込んだ価格で株式を売却することで、創業経営者は創業者利益をより大きく、実りあるものにできる可能性が高い。

◆IPO準備を通じて得られる経験価値

　IPO準備に取り組んだものの、諸々の理由で断念し、上場申請手続まで至らない企業は多い。しかし、IPO準備を通じた人材採用、管理体制整備が、内部統制の仕組みを実現させ、企業本来の価値を増大できるのであれば、かかった経費は無駄にはならない。むしろ経費負担以上のメリットをもたらしてくれる可能性がある。

　IPO準備の取組みを通じた管理機能の整備・強化とともに、業務遂行の組織化・効率化・安定化・精度向上だけでなく、事業戦略・人事戦略・営業戦略の実効性向上、収益実績把握の精度・効率向上、勤怠管理やコンプライアンス強化による就労環境改善といった実務面にとどまらず、経営者の問題意識の覚醒、従業員のプロ意識向上につながりをもたせることで、IPO準備の経験価値は、企業の中長期成長のための基盤整備という非常に大きな成果をもたらす。

◆経営者にとって重要な気づき

　IPOを断念させる主な原因とその問題の重みへの気づきは、経営改善に重要な意味をもつ。新規上場企業はクリアしているが、自社がクリアできない事項とは何か、それが明確になる機会や適切な助言を得られるのは、IPO準備の副産物である。

　幹事証券の上場指導には、自社にとって過大請求と思われるものもあるかもしれない。自社事業の実態から大きくかけ離れ、その乖離を埋めるために大きなコストをかけるのは無意味な内容もあるかもしれない。一方、上場を断念させる過剰な要求のなかには、経営強化へのヒント、将来成長の重要なピースがあるのかもしれない。

　IPOを断念する現実的な理由の筆頭は、事業収益の伸び悩みといわれる。

第**2**章　経営トップの判断と決意

典型的なケースは、高い成長率の維持や投資家から高い評価を得る取組みを幹事証券から示唆され、IPOと歩調を合わせて、目玉となる新規事業の取組みを開始するものの、期待された収益実績を実際に出すことができず、上場に向けたエクイティストーリーが崩れるパターンである。エクイティストーリーが崩れれば、上場時の企業評価予想額が大きく減少し、発行企業側にとって上場の魅力は乏しくなり、IPOのタイミングを逡巡することとなる。

　この真因は、事業拡大に向けた構造的な課題が克服できていない点にある。既存事業で十分な収益成長の伸びが見込まれていれば問題はない。しかし、既存事業でも商品ラインアップが不十分、営業力が不足するなどの理由で高い成長率を保つ事業計画の実現は容易ではない。事業の構造的課題とは、自社の強みを活かした商品・サービスを提供できているか、社員が積極的自主的に活動しているか、有望な社員が定着しているかなどであり、根本的な要因に掘り下げていくと一朝一夕に解決できる課題でないことは明白で、永続的な取組みが求められる課題でもある。

　事業規模や会社組織の拡大とともに、経営者自身の考えを示す経営方針、経営スタイルで、会社がうまく動かせなくなってきたことを経営者が感じたとき、現在の組織は成長の限界に直面している可能性がある。限界の呪縛から逃れるためには、不都合な事象から目を背けず、IPO準備で浮かびあがった問題を直視する、若手社員とともに現場で汗を流してみる、経営者個人のネットワークで他社事例を集めて比較分析するなど、経営者自身が実際に動くことである。経営者のイメージと現場のギャップをつかみ、そのギャップを埋める具体的な対応に取り組み、会社の成長を次のステージにつなげる強い意思が経営者には求められる。

セイコーエプソンの上場におけるトップの決断力

　湿気が少なく澄んだ空気に恵まれた信州・諏訪。精密機器を製造する天然の条件に恵まれたこの地で、セイコーエプソン㈱の前身である㈲大和工業は創業した。戦時中に疎開した大手ウォッチメーカーの㈱第二精工舎が終戦後もこの地に残ったことで、その事業を譲り受ける形で㈱諏訪精工舎（のちのセイコーエプソン）は誕生した。ウォッチ開発で超微細・精密加工技術を磨きあげ、これをプリンター等の多彩な分野に展開したことで躍進した。

　セイコーエプソンは、2003年6月に東京証券取引所市場第一部（当時）に上場している。グローバルに大きな販売実績をもっていた同社の大型上場は、上場審査対応等、IPO準備に高い専門知見をもつ人材を揃えて盤石の体制でプロジェクトの取組みが進められた。筆者は、当時のIPOプロジェクトの関係者にお話を聞く機会を得た。

　既に大きな事業基盤、収益基盤を有していた同社の上場目的は、さらなる成長基盤を強固にするための最適な資本構成を目指した資本政策の実現であることは明確であったが、その実行においてはさまざまな課題克服が必要であった、という。

　上場プロジェクトの取組みのなかで印象的に語られるのは、社長を筆頭とする、まさに経営トップの明快なリーダーシップである。安定収益を稼ぎ出すプリンター部門と収益変動が大きいデバイス部門の事業構造のなかで、総合力を発揮し最大の成果を生み出す最適経営を実現するため、全社的な視点で組織を俯瞰し、合理性と全体最適を軸とした明確な決断ロジックにより、ブレることなくIPOをやり遂げる経営姿勢を堅持した。

　当時、デバイス部門の設備投資や海外事業の展開により株式上場

第 **2** 章 経営トップの判断と決意

による資本力強化は必須であり、IPOとそれに向けた準備が同社経営の最優先課題であること、また、上場審査を単なる手続として捉えるのではなく、重要な意思決定の判断基準・プロセスを含む経営基盤の強化に活かすことが、さまざまな機会に経営トップから役職員に伝えられた。

　精密機器メーカーとしてもともと技術志向、職人気質が強かった同社ではあるが、社長の強いリーダーシップの下で次々と改革が進められたという。IPO準備組織では幹事証券から複数名の出向を含め、外部からIPOの豊富な経験を有するメンバーも確保されていた。しかし専門実務部門による主張だけでは業務変革に社員の納得を得るには難しい局面もあり、経営トップの最終判断に委ねる重要事項は多く、合理的であれば目標の達成に向けて「上場審査が通るかどうか」をもとに判断したことが大きかったという。

　盤石のIPO準備メンバーがいたといっても、同社は既にグローバルに大きな事業基盤をもっていたため、グループとしての管理体制を整えるのは容易ではなかった。このハードルの高いプロジェクトに取り組むメンバーにとって、経営トップの最終判断への信頼は、心の大きな支えとなったであろう。

　同社は2016年に、監査役会設置会社から監査等委員会設置会社に移行している。監査等委員会設置会社のメリットである組織的監査の実効性を高めるうえで、内部監査部門のレポーティングラインをどのように設定するかは極めて重要であった。移行後の内部監査部門は社長と監査等委員会のデュアルレポーティングラインとしたので、内部監査部門への指示において社長と監査等委員会の意見が違った場合にどうするかは核心的な問題であったが、「監査等委員会の指示が社長に優先する」というのが社長の明確な判断であった。機関設計の変更に際しては経営トップで十分に議論したこと、また、社長が監査等委員会設置会社に移行する意義を踏まえてリーダーシップを発揮したことから、ガバナンス上、監査等委員会が内部監査部門を指揮下に置くことで何ら問題は生じなかった。

　IPO準備は管理部門の仕事であろうとイメージしている経営者は

87

多いが、セイコーエプソンのような大型上場においても経営者の判断と意思決定がIPO成功の起点であったことがわかる。

第 **3** 章

IPOに関わる人々

IPO準備は、上場企業に求められる事業活動・組織運営の体制を計画的に構築するプロジェクトであり、適正な人材獲得とそのミッションを、短期・中長期の視点、内部人材育成・外部専門家登用の視点で捉える必要がある。本章では、IPOに関わる人々の具体的な役割期待を通じて、体制構築のポイントを説明する。

第 1 節

IPOビジネスの性格

1 IPOビジネスのエッセンス

◆IPOビジネスはリソース・マネジメント?

　IPO準備の実行面のエッセンスは、リソース・マネジメントかもしれない。IPO準備は自社内の取組みだけでは完結しない。上場審査には監査法人、幹事証券のお墨つきが必要不可欠であるし、対応が必要なカバレッジが広範であるために特定分野の専門家の関わりも必要である。さらに、IPOプロジェクト全体を指揮し、調整能力に長けた経験者の採用には相応の人的コストがかかることになる。IPO準備では、管理系業務のシステムインフラ導入も必要となるが、そのためには業務全般に精通し、自社業務に最適な作業プロセスをシステム上で実現するイメージを描ける人材と、そのリーダーシップも必要である。このような社内外のリソースの調達・組合せ・活用を実践できるリソース・マネジメントが必要である。

◆短期的リソースか、中長期的リソースか

　一定期間内で着実な成果をあげるためには、高度な専門知見を発揮する短期的リソースと、事業活動の継続的フォロー、サポートに必要な中長期的リソースがある。

　短期的なリソースは幹事証券、IPOコンサルタントやファンド等から派遣されるプロ人材等であり、IPOの成功確度を高めるためには、自社事業をよく理解したうえで専門能力を期待どおりに発揮できる人材であることが重要となる。

　中長期的なリソースは、経営企画、経理、法務、人事、労務、システム、内部監査等の管理部門において、外部専門家のノウハウを吸収しながら、自社業務の特性に適したオペレーションを継続的に担う人材である。ローテーションによる複数の業務経験を通じてマネジメント能力を高めて幹部候補と

なる人材や、担当業務の習熟を通じて専門スキルを磨くとともに、組織拡大で求められる業務効率向上を実践できる人材が必要であり、人材育成・強化の観点から会社の組織風土と相性が合い、本人のキャリアアップ形成と会社ニーズが合致することが重要である。

中長期的な関係をもつ先には、監査法人、顧問弁護士、証券代行機関等、上場後も事業活動を支援する外部専門家が存在する。長期にわたる関係者には、自社事業への理解を深めてもらい、必要に応じて緊密で効率的な関係を構築することが求められる。

② 内製化か外部委託か

◆内製化すべき機能

事業の強みをどこに置くかを冷静に見極め、業務の内製化・外部委託の適切な区分を判断する必要がある。機能拡張に伴う人員増強は成長の勢いがあるように目に映るかもしれないが、固定費となる専門機能を社内ですべて抱えれば、人件費等の固定経費を長期に負担する構造となり、無理がある。事業戦略をベースに、内製化すべき機能と外部委託すべき機能を明確に意識し、社内体制を構築することが必要である。

技術開発であれば知財管理、大量の個人情報を扱うのであれば情報セキュリティ管理等のように、事業推進と特に深い関わりをもつ管理業務であれば、関連する専門機能を社内でもつことで他社との差別化を生み出し、自社の強みとして機能する側面がある。また、内部統制を十分に効かせる計数管理、労務管理、法令等遵守等、社内インフラとして内部人材で一定水準の対応ができる体制を備える側面もある。

中小規模の企業の場合、外部委託による費用の社外流失を嫌うとともに、自社の人員数が限られるため、「多能工」のように広範囲を柔軟に対応できる人材が好まれるケースが多い。一方、内部統制システムが機能する体制構築の観点では、業務フローのなかで承認、牽制を効かせる機能が働く必要があり、人数を最小に抑えるとしても最低限の管理機能が担保される体制を整える必要がある。ただし、管理部門主体で業務プロセスを構築していくと、

管理業務が肥大化し、人件費増大だけでなく、社内対応が官僚化していく懸念もあり、管理部門の自己増殖には歯止めが必要である。一般には管理部門責任者が歯止めをかけるが、組織成長と人材バランス、経費負担能力等、会社全体のバランスを俯瞰して経営者自身が判断するケースも多い。

◆外部委託すべき機能

費用負担が少なく対応できるのであれば、内製化よりも外部委託が基本である。雇用自体にコストとリスクが存在するためである。財務会計、労務、コンプライアンス、情報システム、開示情報等の領域は、ある程度は社内組織で対応するが、高度に専門的な知識・知見が時折必要であり、規制変更等の最新情勢にも対応しなければならず、社内対応では限界があり、各分野の専門家に直接支援・協力を仰ぐ体制が現実的である。

定型的な事務処理は外部ベンダーが標準的なサービスを提供していることから、意思決定は自社で行うとしても、業務の標準化、安定化、属人リスクの排除のため、定型事務を外出しするケースは多い。また、事務処理プロセスの外部委託で、少人数、短期間での業務体制の立ちあげが可能となるケースもある。

③ 手当てが必要となるリソースの例示

既存オペレーションでこれまで問題なく処理されている状況にIPOの観点を加えると、どのような体制変化、外部からのリソース手当てが必要になるのであろうか。会社の個別事情はさまざまなので一概に示すことは難しいが、典型的なケースとして、上場企業の一部が分離され、独立会社として上場を目指す場合を例示しよう。

親会社から分離したときには、経理、財務、審査、人事、労務、法務、情報システム、総務、内部監査等の管理機能のフルセットの独自手当てが必要となる。

親会社の一部門であれば内部統制システムが構築され、社内規程も一式揃っているが、それらは親会社の所与のものであり、一部門として是非を検

討するものではない。独立会社設立後も親会社の組織風土や経営スタイルが色濃く継承されることが多く、通常、内部統制の理解や組織文化の健全性の懸念は少ないであろう。

独立会社となってオペレーションをはじめるにあたっては、親会社のミニチュアのような管理体制がまずつくられ、独立会社としての業務処理プロセス、社内ルールを徐々に見直すプロセスとなることが多い。たとえば、新たな機関設計に応じた各種会議体の運営、外部人材の採用を積極的に行うのであれば人事制度、組織編成と機動性を勘案した組織分掌と職務権限、業界に適した販売管理、与信管理、経費管理等の見直しである。業務基盤を支えるインフラも、当初は、親会社システムの利用を認めてもらえるかもしれないが、大会社独自の社内システムは汎用的な利用が想定されておらず、情報管理の独立性の観点もあり、外部システムへの切替えが徐々に進められることになる。

会社の立ちあげ当初は、経営企画、事業計画、管理全般を親会社からの派遣人材が主に担い、体制構築・整備の旗振り役を務めるケースが多く、経営体制、組織運営の基本はあまり変わらないことが多いかもしれない。ポイントは、親会社が一元的に担っている業務を、独立会社として独自に対応しなければならない部分である。たとえば、決算処理、税務処理、労務管理、教育研修、開示体制、IR、内部監査等がある。親会社からの支援は経過措置として受け止め、独立会社が自立して独自に担わなければならない業務を基本的に内製化していかなければならない。

立ちあげ時には、管理機能の独立性・自立化に取り組む短期リソースとして外部専門家を起用し、中長期リソースとして内部人材の育成・強化を図るケースが多い。

第 **2** 節

社内の体制構築

① 社内体制構築のポイント

◆オーガニック成長をベースに上場を目指す場合

　IPO準備として、社内体制をどのように見直す必要があるのかは、会社の現状に応じてポイントがさまざまである。上場企業の部門独立の場合は前述のとおりであるが、会社の設立時からプロ経営人材を中心に目指す姿を明確に描き、必要リソースを計画的に手当てする場合もある。

　社内体制の見直し・再構築が一番大変なのは、企業立ちあげから長年の自然体、オーガニックな成長で現在に至っているケースである。IPO準備で最も典型的なケースだが、関係者の苦労も多い。

　立ちあげから事業展開を自然体で積みあげてきた企業の場合、企業活動は収益獲得が中心に置かれ、管理部門は事業を支援する位置づけとして必要最低限で運営されてきたケースがほとんどである。こうした企業が内部統制システムの機能を発揮できる社内体制に移行する場合、留意すべきポイントは、順に、管理部門の位置づけの見直し、役職員の意識変革、社内ルールの整備、システムインフラの導入である。

◆内部統制と管理部門の位置づけ

　内部統制システムの体制構築とは、図表3−1で示す「3つのディフェンスライン」の実現である。1つの組織内での一体化した取組みであり、牽制機能は必要だが、事業部門と管理部門をギクシャクさせるということではない。生来の「組織風土」による面もあるが、社内における相互信頼と尊重が重要だ。組織規模が拡大し、社員が増えるなか、それぞれの役割分担を明確にすることで、「集団無責任」の状態にしないということでもある。

　管理部門は、事業部門を支援する側面をもつと同時に、必要な牽制機能を発揮しなければならない。事業の強みに連動する管理機能があれば、その機

94

第 **3** 章　IPOに関わる人々

図表3－1　内部統制と3つのディフェンスライン

第1 ディフェンスライン	第2 ディフェンスライン	第3 ディフェンスライン
事業部門	**管理部門**	**内部監査部門**
リスクオーナーとして リスクをコントロールし、 結果責任を負う	リスク状況の管理・監視 リスク管理の支援	リスク管理機能の監視 合理的な保証の提供

能を内製化することで、支援と牽制の機能をバランスよく適切に発揮させ、優れた事業基盤構築につながる可能性もある。

　これまで管理部門に支援機能が強く期待されてきた組織の場合、管理部門による牽制機能の強化について心情的な抵抗が生じることは多い。しかし、良質な組織文化をつくりあげていくうえでは、組織の成長とともに社員の意識を切り替えることも重要となる。

◆役職員の意識変革

　「○○さんがいないと、仕事が回らない」と呼ばれるような貴重な人材による職人技と呼ばれる巧みな処理は、高く評価されるべきものである。状況に合わせた柔軟な対応、努力で磨かれた職人技は、中小企業にとって非常に貴重な戦力である。しかし、取引件数や社員数が急速に増加していく場合、いずれ、属人的な業務には限界が来る。ベテラン社員は長年の経験と知識で隅から隅まで知っているからこそ、取引内容や従業員の個別状況に応じて柔軟な対応ができるが、そうした対応を新規メンバーに口頭やマニュアルで伝承することは容易ではない。そのため、ベテラン社員が自分でやってしまうほうが早いジレンマが多発する。新規メンバーを採用し、ベテラン社員との役割分担がうまく進めば理想的だが、担当者による業務品質のバラツキが大きい場合、社内の混乱だけでなく、特定社員に過度な業務の集中が生じるなど、職場環境の悪化が生じ、新旧職員を問わず退職者が続出する事態も招きかねない。

　必ずしも年功序列や経験量によらないため、適正な人選は難しい面もある

95

が、組織運営ができる社員をリーダーとして、業務のエッセンスを把握して
チーム内の適切な役割分担、推進体制を構築するなど、チーム全体での組織
化対応に意識を変革する必要がある。

　内部統制の整備とともに、必要な業務知識・ノウハウを社員に習得、浸透
させながら、プロ意識を高めるモチベーションをもたせることも重要であ
る。社内管理業務の組織化・機能向上は、企業価値の向上そのものでもある。

◆社内ルールの整備

　管理業務の標準化にあたっては、役職員の意識づけだけではなく、作業内
容を社内規程・マニュアル等で可視化し、社内の情報共有を浸透させる必要
がある。どの会社も、社員数が少ない時期は、知っている人に聞けばよいと
いう雰囲気がある。しかし、社員数増加に伴い、入社時研修、社内ポータル
掲示板等、業務情報を社内共有する仕組みが徐々に整備されていく。社内
ルールが複雑化し、追加・修正も頻繁となり、口頭伝承での社内共有が難し
くなるなか、社内イントラネットの活用、社内周知の徹底等で、混乱をでき
るだけ起こさずに社内情報を共有する工夫が必要であり、こうした自律的な
動き、学習する組織への変換が必要である。一方、ルール内容が過度に詳細
となって現場活動を制約する、あるいは違反者が頻発するような過剰なルー
ル、形骸化したルールとならないように、経営幹部、管理職が目を配り、社
内コミュニケーション等を通じて健全な状態が保たれる組織文化づくりを意
識しなければならない。

◆システムインフラの導入

　組織、社内ルールとともに、管理業務を標準化し、効率的・効果的に処理
できるシステムインフラの利用には価値がある。どの会社でも独自の固有事
情、ルールがあり、手作業の発生を完全に避けることはできないが、表計算
ソフト等での手作業処理は人的ミスの温床となったり属人的作業を生んだり
する懸念がある。会計、経費管理、労務管理、契約管理等、どの会社でも発
生する業務に対して、外部ベンダーによるシステム提供サービスを利用する
ことは一般的となっており、汎用的な作業、定型事務作業は、そのようなプ

第**3**章　IPOに関わる人々

ラットフォーム上で処理することで業務運営の安定感が増す。

2　経営者とIPO

◆経営者自身のバックグラウンド

　第2章で述べたとおり、経営者の資質がIPOの成否を握る。IPO準備を実行する際、その手はじめとなるのは、IPO準備に向けた社内体制の構築である。IPO準備では相当な業務量が予想されるため、IPO準備のプロジェクト組織の立ちあげが通常である。

　プロジェクト組織体制をどのようなものにするかには、経営者のバックグラウンドが大きく影響する。IPO準備では内部統制の構築・整備の作業が多いため、経営者のバックグラウンドが技術開発や営業であれば、経営幹部をIPO準備責任者に就ける体制が多い。経営者のバックグラウンドが企画管理、コンサルティングである場合は、経営者自身がIPO準備の陣頭指揮を直接執るケースも多い。

　IPO準備プロジェクトは、組織のさまざまな課題を克服するとともに、組織の潜在力を引き出す機会でもある。会社の強みと経営者のバックグラウンドは合致するケースが多いため、経営者自身がIPO準備の責任者に就くことで、会社の強みを伸ばすドライブをかけやすくなる面もある。会社の将来像、中長期的に望ましい組織デザインを実行するという観点で、経営者自身がIPO準備の責任者に就くことには大きな意味がある。

◆事業展開状況とIPO

　IPOの実現に向けて、事業収益の実績と社内体制の整備は不可欠な2大要素である。この2つの進捗を確認しながら、経営者はIPO準備スケジュール見直しの要否を冷静に判断しなければならない。経営者は経営幹部がIPO準備責任者に就いた場合も、その作業進捗を的確に把握し、事業推進にあたって何か重要な変更・変化が生じたときには、事業計画やIPO準備を念頭に置いて、必要な対応に先手を打たなければならない。役職員に大きな動揺を与えるのは、不祥事、取引先破綻、資材調達困難等、ネガティブ情報の突然発

97

生である。経営者がネガティブなインパクトを最小化するためには「ヒヤリ
ハット」と呼ばれる軽微な前兆情報を把握できる組織体質を心がけ、役職員
の心理的安心感を高め、多くの情報からワーストケースとその対応へ想像を
働かせ、合理的な先手を打っておくことである。合理的な先手とは、新規取
引先開拓、資材調達先分散、複数の優秀人員確保等、実は日常の業務活動と
重複することが多い。事業基盤の拡充に精力的に努めていれば、日頃から必
要な対応策をとっている面がある。有事が発生しても、経営者が落ち着いて
対応を指示することで、社内の動揺を抑えることができる。

　関係者の期待調整への意識も重要である。グッドサプライズの発生は社内
の士気を高めるが、ポジティブ情報で関係者の期待をあげ、結果的に幻と終
われば役職員に失望感を与える。失望感の連続は、会社、経営への信認低下
にもつながりかねない。期待して注力した取組みがうまくいかなかったと
き、一番失望するのは経営者かもしれないが、社内の多くの関係者の「少し
ガッカリ」が広がることは、ボディブローのように組織の空気をよどんだも
のにしていく。経営者は、自身が発信するメッセージに十分な注意が必要で
ある。このメッセージへの配慮は、IR活動でも同様である。

　期待コントロールの観点で、IPOの情報発信は慎重なほうがよいという助
言は多い。IPOは前向きな取組みという認識のもと、IPO実現に向けて収益
拡大に貢献してもらいたいという意図で、社内外関係者等に自社のIPO準備
を喧伝しているケースは多い。しかし、業績の伸び悩み、上場時期の先延ば
し、会社の将来への不安といった短絡的な思考の連鎖は、起こりがちな事象
である。会社全体の組織風土を経営者がどのように受け止めているかにもよ
るため一概にはいえないが、社員の士気向上のためにIPOの取組みを公開
し、協力を求めることはあっても、具体的な時期・大きな課題等は最終確定
までベールに包み、無用な軋轢を回避する賢慮が成功事例には多い。

◆ 人材管理とIPO

　IPO準備では広範囲の分野に多くの役職員が関わる。したがって、IPO作
業進捗状況を緊密に定期的に確認すれば、誰がどのような作業を行っている
かが一目瞭然にわかる。

第**3**章　IPOに関わる人々

　管理部門業務は、通常、複数の担当分野でそれぞれ異なる業務をしているため、分野を超えた横並び評価が難しい。しかし、IPO準備では、それぞれの分野で課題を洗い出し、その克服に向けてスケジュールを立てて取り組むことが求められる。課題の洗出しから、どのような問題意識を抱いているか、課題克服に向けた着実な取組みを実行できるかなど、担当者の業務推進状況が浮かびあがってくる側面をもつ。

　簡単な課題を難しくみせたがる、無謀な課題を掲げて結局放棄するなど、仕事の進め方には担当者の性格があらわれるものであり、適切な指導・指示も時には必要となる。指示を出す前提として、担当者がどのような作業をどのように行う人物かを把握することが必要であり、成果実現能力が高い人材は幹部候補としてのキャリアパスを計画的に経験させるなど、長期的な人材の育成・強化においても、IPO準備は有益な情報を発信している。

◆ 組織強化とIPO

　IPO準備の進捗管理には、組織文化の健全性を感じとる情報が含まれることが多い。第2章で触れた「経営者の旅」では、試練に耐えて、重要な仲間を増やすことで経営者が進化することを述べた。経営者の姿勢の変化は、徐々に組織内に広がっていく。

　業務対象、成熟度、配属メンバーによって、自律的に業務完了できる水準が部門ごとに異なることは多い。経営者が会社経営に専念するためには、できる限り各部門の日常業務が自立的に処理されることが求められ、そのために必要な裁量が与えられることが望ましい。

　会社全体の成長、部門の拡大とともに、権限委譲の範囲は広げていくことが必要となる。一方で、部門内の組織統制がとれていなければ、組織内の混乱が全社に逆流する懸念もある。既存管理職の能力の限界、既存勢力の懐古主義等、さまざまな障害が実際には存在する。IPO準備は、さまざまな現状確認とともに業務変革への取組みでもあり、その作業検証には多くの示唆が含まれている。

　現状の障害を乗り越え、権限委譲等の組織化を進めるには、客観的な事実確認を積みあげ、求める状態に移行する準備、必要な手当てを経営者は意識

しなければならない。権限委譲ができる前提として、内部統制上の不安がない、部門責任者の業務統制に問題がない、コンプライアンス等の組織風紀の懸念がない状態が揃っている必要がある。

会社・部門の成長フェーズが進めば、業績だけでなく、後継幹部の育成に目を配っているかどうかも部門責任者の資質を測る重要な確認項目である。部門責任者として高く評価される人材は、権限拡大等で実力や潜在能力をさらに試され、経営幹部としての成長機会を与えられ続ける。IPO準備の機会を通じて、将来像を描き、必要人材を育成するプロセスを回すことが、次の成長フェーズには必要である。

3　IPO準備責任者の舵取り

◆IPO準備プロジェクトの重責

IPO準備のプロジェクト組織（IPO準備室）は、内外リソースの稼働状況を確認し、プロジェクト全体を俯瞰して関係者に適切な指示、調整を行う司令塔の役割を果たす（図表3-2）。全体計画の進捗を線表（ガントチャート）で管理し、管理部門各ラインの進捗、経営者への状況報告、また、監査法人、証券会社、外部専門家と社内関連部門との調整を行うなど、IPO準備の実務において最も重要となるポジションである。

図表3-2　IPO準備とリソースマネジメント

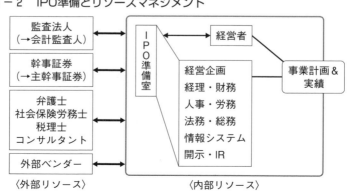

第**3**章　IPOに関わる人々

　前述のとおり、IPO準備の責任者には経営者自らが就く場合もあるが、事業計画の策定・進捗管理と密接な関係をもつので、CFOもしくは企画部門責任者が就く場合も多い。

◆IPO準備責任者に求められる幅広い能力

　IPO準備責任者には、管理部門の業務進捗を的確に把握するための業務全般にわたる幅広い知識、計画どおりにプロジェクトを進めるスケジュール管理能力、正確な状態把握のための社内ネットワーク、幹事証券等との連携を円滑に行うための関連知識等、非常に幅広い要件が求められる。一般に、担当者、担当ラインは目前の作業に集中する傾向が強いので、全体俯瞰や事業環境の変化等を意識して、取組み課題の優先順位、スケジュールの見直し要否についてはIPO準備室が実務的な旗振り役を担う。経営者が適切な判断を下せる情報を示す、経営者意向を的確に捉えるという点で、コミュニケーション力、調整力、情報収集・分析能力も求められる。

　求められる要件すべてをはじめから満たす人材はおらず、IPO準備の責任者を務めながら、必要な要件の水準をあげていくケースがほとんどである。

④　管理部門責任者と組織デザイン

◆管理部門のカバー範囲

　会社設立直後から必要最低限の管理部門と責任者は存在するが、会社の成長に伴い、管理部門のカバー範囲は徐々に広がっていく。当初は経理・税務、決済・資金管理、決算報告の作成からはじまるため、管理部門責任者はCFO業務が中心となることが多い。事業成長に伴い、高い信頼性を担保する財務報告書を作成する経理機能、資金管理・調達を行う財務機能、投融資や与信等を確認するリスク管理機能を向上させていく。また、会社規模の拡大に伴い、経営補佐機能の強化として、事業計画の策定・管理を担う経営企画部門や組織人事戦略を担うCHROの設置等、営業部門・事業部門以外の業務・機能が広がっていく。

　IPO準備に取り組む時点における管理部門の状況は、各社さまざまであ

101

る。CFOが管理部門での最高責任者として、事業計画、組織・人事戦略を担う会社もあるし、CXOという形で重要機能別にそれぞれ責任者が置かれている会社もある。

◆ 最適組織の検討ポイント

　IPO準備は、内部統制システムが機能する体制の構築・整備が主な目的である。そのためにどのような方法を選ぶのか、自社の企業価値の向上に最も効果的な組織デザインを描くことが、管理部門責任者の最も重要な職務である。

　社員一人ひとりの顔を浮かべ、会社実情に即して、最少人数で最大効果を発揮できる最適組織の検討ポイントの典型例は次のようなものである。

・管理部門責任者への報告ラインの整理・統合とともに、中堅管理職を育成・強化する
・人員増強が組織力強化につながるように、新旧職員の役割分担・連携を明確にする
・定型事務の外出し等で、自社従業員には付加価値のより高い業務に専念させる
・外部の業務システム活用により、作業の標準化、運営の安定性を高める
・職員のキャリアアップ、スキルアップを勘案し、計画的人事異動で人材育成を図る

　長い経験をもつ職員のなかには、現状体制を最善として、その変革に抵抗感を抱く職員もいるかもしれない。従業員と問題意識を共有し、よりよい組織に向けた変革の意欲を高めるためには、管理部門責任者が組織の中長期的な将来像を見定め、変革が求められる背景をわかりやすく、具体的に示すことが求められる。今後予想される業務処理増大やIPOの実現に向け、現状のままでは限界があるのなら、業務処理を効率的なものにするとともに大きな付加価値を生み出す業務に専念できる姿とはどのようなものか、そのためにどのように変革する必要があるかを示さなければならない。

第**3**章　IPOに関わる人々

◆ 管理部門責任者に求められる意識変革

　求められる知識、能力の習得、視野の拡大は、管理部門責任者の問題意識の覚醒を誘発する。長年、経営者とともに企業を支えてきた管理部門責任者は、事業詳細の掌握だけでなく、経営者や幹部人材と気脈が通じることも多く、円滑な組織発展に極めて大きな力を発揮する。

　会社設立当初の管理部門は本業の支援、必要最低限の業務を効率よく処理する役割期待が中心であったかもしれないが、事業発展とともに、管理部門は、支援だけでなく、機能の専門化と社内牽制が求められ、管理部門責任者の意識にも大きな変革が求められる。会社の将来像を実現するために、管理部門として強化すべき専門・支援機能は何か、具体的な組織デザインを描くことになる。

　管理部門責任者の意識変革が鈍い場合には、経営者が管理機能も含めた組織変革を実質的に主導する必要がある。たとえば、組織人事戦略ではCHRO、リスク管理ではCRO（Chief Risk Officer）、情報化戦略ではCIO（Chief Information Officer）等のCXOと呼ばれる機能責任者の任命や組織見直しは、経営者の強力な指示に基づくケースが多い。

◆ 管理部門責任者を外部採用する場合

　管理部門責任者には、人事、リスク管理、情報化等の知識・経験が必要とされる。一方、経営者が精通していない分野を束ねる管理部門責任者のパフォーマンスを、経営者が適切に評価することは容易ではない。基本的には経営者と管理部門責任者の間で良好な意思疎通があり信頼関係が存在することが大前提であり、日常業務を滞らせず、経営者の問題意識や事業計画と連携した対応ができることが、管理部門責任者の評価基準となる。

　IPO準備において、管理業務は広い範囲にわたり、比較的短期に体制を整備しなければならないため、管理部門責任者を外部から採用することも少なくない。

　管理部門責任者を中途採用する場合、他社IPOにおける管理部門責任者の経験者が最適とみられる。ただし、1社の成功体験が他社でも適合するかどうかはわからない面がある。また、管理部門のみならず事業部門も含めて既

103

存メンバーとの軋轢が生じる懸念もあり、組織風土との相性にも注意が必要である。

　ファンドが主要株主となる場合、ファンドからの派遣、紹介で、複数会社で管理部門責任者を経験した人を招き入れるケースもある。こうした人材は経験者・専門家として、スケジュールにそった体制整備を強力に推進できる期待が高い。しかし、上場後に会社を去る可能性は高く、管理部門の継続的な安定運営、後継人材の発掘と育成といった点に留意が必要となる。

　大手上場企業で管理業務全般を統括した元CFO、元管理本部長等も、外部採用の候補者となる。強みは、内部統制システムが機能する状態を体感、理解していることである。注意すべきポイントは、IPO準備は体制を整えていくプロセスであり、既に体制が整っていた大手企業出身者の過去経験とIPO準備企業の現状とのギャップは大きいため、そのギャップをうまく埋めていける人物であるかどうかである。大手企業は所与の多数の部下が上司を支える構造ができており、新たな体制を構築する手腕があるかどうかは未知の部分もある。お膳立ては自身で整える意識をもち、自ら手足を動かすことをいとわず、自発的・積極的に行動することが求められるため、既存社員との相性にも注意が必要である。

　管理部門責任者を外部から採用する場合、経営者は管理部門全般を新規参画者に委ねる期待が大きいため、外部採用者の選定には十分な確認が必要である。

◆後継者育成の重要性

　管理部門責任者の後継者については、特に中長期的な人材育成の視点が重要である。会社業務全般に精通するだけでなく、管理部門のさまざまなライン業務を計画的な異動で幅広く経験し、管理部門全体の組織デザインを考える基礎能力を身につけていくことが求められる。個々人でキャリア志向は異なり、特定技能を究めたい専門人材、マネジメント志向の強い幹部候補人材といった相違もあることを意識して、中長期的な人材育成計画を実行することが非常に重要である。

　こうした管理部門幹部の人材育成・強化では、M＆A実施後の管理機能統

第**3**章　IPOに関わる人々

合や子会社の管理体制整備といった貴重な機会を活かし、会社の成長戦略を支える底力をつけていくことができる。事業部門のみならず管理部門を含めた人材育成・強化は、中長期的に多面的な企業展開を実現するうえでも事業運営基盤の強化につながる。

5 その他の社内重要ライン

◆内部監査責任者 ── 客観的な証跡・証憑による確認

　大手企業の子会社であった場合等を除き、IPO準備企業で内部監査の体制があらかじめ整備されている会社は少ない。内部監査は本来、その活動を通じて内部統制の運用状況について経営者に対して保証を与える機能であるが、実際に経営者が内部牽制機関に保証を求める意識をもっているケースは少ないからである。IPO準備では内部統制整備の証跡として内部監査活動結果の記録が求められるが、形式的な記録づくりではなく、社内における内部牽制の意識を高くもつことが求められる。したがって、上場審査では内部監査責任者が十分な知識と経験をもち、問題あるプロセスが内輪のなれ合いで放置されず、あぶり出される状況の確認を求められる。内部監査には国際基準があり、基準に則った標準的な監査活動が行われていれば問題ない面もある。標準作業は法令・業法・社内規則への抵触がないこと、その状況を客観的な証跡・証憑で徹底確認していることである。一連の確認プロセスと結果報告が行われ、内部監査は経営者に対して内部統制機能の品質確認の結果を報告する。IPO準備企業の事業活動では、証跡記録が未整備であることは多いが、それらが不備として内部監査で指摘され、改善指示とその対応実施が行われるサイクルが動いている状態を上場審査では確認される。

　社員数が限られる場合、内部監査メンバーは兼任者で構成されるケースは多い。兼任職員が主務となる部門は内部監査の担当から外し、他のメンバーの担当による内部監査を行うことで、自己監査が生じることは回避される。

　また、不適切会計、コンプライアンス事案が発生した場合、内部監査のプロセス自体の不備を問われる可能性がある。内部監査自体は社内監査を受けないため、独善的対応でないことを証明するために外部専門家の定期的な品

105

質チェックが行われるなど、内部監査自体も外部の目での確認が求められている。

◆経理業務責任者 —— 計数把握のスピードアップ

　信頼性の高い財務報告をスケジュールどおりに作成・開示できることは、IPO準備の最重要対応事項であり、通常、経理業務には著しいプロセス改善が求められる。理想的な対応は、経理責任者がメンバーの採用・育成を通じて体制を充足するスタイルである。監査法人による会計監査への対応、会計システムの導入・運用といった外形的対応のみならず、社内各部署から月次／期末決算に必要な計数等を迅速に入手し、経営企画部門へ計数報告をするなど、社内関係者と円滑に協働する状態が必要である。特にIPO準備期間中には、開示要請に応える計数把握のスピードアップが求められる。

　経理業務はメンバーの組織的統制が必要であり、経理体制構築には強いリーダーシップが求められる。中小企業では自分で仕事を抱え込みやすいタイプが経理業務の中心人物であるケースが多いが、特定個人への属人リスクが大きい場合、管理部門責任者が経理業務の役割分担・分業を直接指揮する対応が必要な場合もある。ベテラン経理担当者と管理業務責任者の相性が合わず、経理担当者の退職で業務が滞り、IPOスケジュールが大幅な延期となる、上場後に大きな混乱が起こるといったケースも多く聞かれる。経理責任者・担当者の属人リスクはIPO準備のアキレス腱であり、経理業務の安定的な稼働を支える組織体制の構築は非常に重要である。

◆管理機能別ラインの整理

　内務統制の観点では、経理業務と同様に、情報セキュリティ管理、労務管理、法務管理、コンプライアンス等においても不備のない体制が求められる。事業活動内容、人員規模、組織風土等によって、各機能の組織は部、課、担当のみ等、会社によってさまざまであり、内製化せずに外部委託を活用する場合もある。

　特定職員が複数業務を担う「多能工」的な作業体制は、機能別レポートラインが不明確になり、厄介な課題への対応が後回しになりがちになる、担当

者が業務範囲拡大を警戒して仕事の押しつけ合いが発生するなどが起こりがちである。その場合、管理部門責任者がさばかなければならない項目も増えるため、機能別レポーティングラインの整備を進める必要がある。

レポーティングラインが整備されても、各ラインで兼任メンバーが多い状態であれば、組織内牽制が効いていない、独立性が弱いといった観点で上場審査上、是正を求められるケースは多い。業務量増大に伴って人数を増強するとしても、どのようなライン体制にすれば業務効率が高く、かつ内部牽制も効くようになるか、組織デザインを設計する力が管理部門責任者には求められる。

IPOにおける上場審査の要件をよく理解したうえで、会社全体を各機能の観点で掌握、統制する社内人材の存在と配置が必要である。また、高度な専門分野については、労務における社会保険労務士、情報セキュリティにおけるITコンサルタント等を起用し、外部専門家から自社現状に問題がないことの確認を客観的な評価として獲得する、問題点の指摘があった場合は、早期に是正を完了させる対応が必要である。

◆子会社管理

子会社がある場合、企業集団としてグループ会社全体における内部統制システム機能が必要であり、子会社の管理体制整備が求められる。子会社管理の窓口は、子会社を主管する本社事業部となるケースも多いが、複数子会社がある場合、全子会社の内部統制を効率的に発揮するために、経営企画部門、管理統括部門等が、全子会社を管理する主管部となるケースも多い。

グループ会社における不適切会計やコンプライアンス等の重大な問題事案の発生を予防するためには、常時、モニタリングが求められる。子会社管理の主管部だけでなく、計数管理、労務管理、法令等遵守等の本社関連部門も協働し、子会社における内部統制をモニタリングし、必要に応じて改善指導や支援を行う状態が求められる。

◆IRと情報開示

上場後に正式業務が開始する情報開示とIRは、上場申請が具体的にみえて

きたIPO準備の最終段階で具体的な検討がはじまることが多い。IR体制構築は、第6章で後述する。上場時のオファリングサイズ（株式公募・売出の金額）によるが、オファリングサイズが限られる場合、外部投資家の具体的な様子をみながらIR対応を本格化させていくケースが多い。エクイティストーリーは事業実績と絡めて説明する機会が多く、当初は経営企画部門が担うことが多い。

　適時開示は、何が開示対象になるのかを十分理解し、発生事実を適切に説明する業務であり、重要情報が一元的に集まる経営企画部門で担うことが多い。適時開示プロセスとして、「対象事実の判定→開示内容の起案→承認→開示」といった一連のプロセス処理が円滑に処理される体制を上場前に構築し、想定どおりの対応ができるかを事前確認する必要がある。

　開示情報には、決算情報のみならず、開示対象基準が計数管理に関わる部分も多いことから、経理部門も密接に開示に関わるが、定性面でも会社業績や事業活動に影響を及ぼす重要な事象は開示対象となり、事業部門においても開示対象となる重要情報の取扱いに注意が必要となる。インサイダー情報に関する社内研修実施等、時価開示を含めた情報管理の重要性、問題意識について従業員の理解、認識共有にも十分に配慮する必要があり、社内関係部署から開示担当部門に必要な情報が的確、迅速に連絡される報告体制の構築が重要である。

第 3 節

社外専門家との連携

IPOは、自社だけの作業では完結しない。監査法人や証券会社等、外部専門家によるお墨つきで一定の要件を満たしていることが証明される必要がある。自社情報を理解したうえで、必要な指導、助言を与えてくれる外部専門家は非常に重要である。

1 監査法人は「確認者」

◆監査難民

監査法人による会計監査は、上場企業にとって必須である。会計基準の厳格化、人件費上昇等は発生しているものの、日本の伝統的大企業の会計監査費用は欧米等に比べて相対的に抑えられ、会計監査業務の収益性はそれほど高くないとみられている。また、定型化された実務作業、季節性の繁閑性等を背景に、監査法人から一般企業への転職も増えており、監査法人にとって人手不足が大きな課題となっているとみられている。

一方、近年の金融庁から監査法人に対する業務改善命令では、監査法人に対して厳格な監査品質の適正な確保が求められている。業務改善命令では、幹部社員の関与不足、処理確認の対応不足、社内研修等で業務品質を担保する組織態勢の不備が指摘され、その改善実施を求められている。人手不足は理由にはならず、むしろ人材育成コストをかけなければならない状態が求められている。こうした動きを背景に、監査法人は審査体制を強固にしており、会計士が事業法人の監査を行ううえでも、監査法人の審査で通るかどうかという判断軸、視点が会計監査の現場では強く意識されることとなる。

IPO準備企業の監査では、監査法人が「無限定適正意見」で評価できる状況を求められており、その結果表明は大きなリスクを伴うものとみられている。したがって、監査法人にはIPO準備企業の会計監査の引受は慎重な対応が必要という認識もあり、IPO準備企業にとっては、引き受けてくれる監査

109

法人がなかなか見つからない、いわゆる「監査難民」と呼ばれる状態が生じている。

一方、新たな顧客ニーズを捉える事業や事業推進を支える技術進化が産業構造変換の原動力となっている。その原動力を体現する新興企業の健全性を確認する会計監査の社会的意義は大きく、IPO準備に挑む新興企業の会計監査に意義を感じ関心を抱く会計士も多い。会計監査を行える企業であるかどうかを判断し、リスクとハードルを織り込んだプレミアムを乗せた監査報酬で、IPO準備企業に対する会計監査が行われている。

参考として、**図表３－３**に、監査法人別のIPO社数を示す。

図表３－３　監査法人別のIPO社数

（2023年東証上場。TOKYO PRO Marketは除く）

監査法人	社数
トーマツ※	17
EY新日本※	14
あずさ※	11
太陽	11
PwC京都	9
仰星	6
三優	5
A&Aパートナーズ	4
PwCあらた※	4
東陽	3
その他	12
計	96

（注１）　IPO社数３社以上の監査法人名を個別記載。
（注２）　※の監査法人は、いわゆる４大監査法人。
（注３）　2023年12月よりPwCあらた、PwC京都は合併。
（出所）　各社有価証券届出書より作成

第3章 IPOに関わる人々

◆ショートレビューと準金商法監査

　会計監査を行える企業であるかどうかは、収益実績だけでなく、経営者、組織運営の内容も合わせて上場の可能性が高いのかどうか、IPO準備の2年間で、問題ない財務報告の適切な作成を見通せる状態まで管理体制が整備されているかどうか、合理性の高い事業計画の策定と進捗管理等、計数管理の認識が十分か、監査法人が求める関連情報の提出や指摘事項への改善に円滑に対応できるかなどの観点で、監査法人は会計監査の受諾可否を検討しているとみられている。

　上場承認にあたって、最近2年間の財務諸表等について「無限定適正」の監査意見が出せる会社かどうか、IPO準備企業が、監査法人から財務・ガバナンス等のチェックを受け、改善点のアドバイスをもらう手続として、「ショートレビュー」と呼ばれる面談がIPO準備企業と監査法人の間で行われる。IPO準備企業から企業概要、株主構成、事業計画、内部管理体制、会計ルール、開示体制の整備状況、会社と役員の関係性等の説明を行い、監査法人はIPO準備企業に対して会計監査、内部統制等の視点で上場企業となる準備に向けた助言を行う。

　ショートレビュー面談の後、監査契約を締結し、上場承認時における会計監査人に就任してもらいたいとの希望がIPO準備企業側にはある。監査法人は、財務報告数値、関連帳票の整備状況等から会計実務の現状とIPO実現に向けた財務報告作成・内部統制整備に向けたハードル、社内規程等の整備状況、収益実績のみならず事業計画に基づく成長可能性からIPOの実現性、経営者自身が内部統制の意味を理解しているか、コンプライアンス意識に問題はないかなどを判断したうえで、IPO実現の見込み、監査法人によるリスクコントロールができそうかを見定め、監査契約締結に進んでよいかどうかを判断する。

　IPO準備に備えた監査は「準金商法監査」と呼ばれ、上場企業と同等の金商法に準じた監査を行い、上場承認時に「無限定適正意見」をつけられる状態であるかどうかを確認するために必要な指摘、助言を行うものである。準金商法監査では、現状、年間1,000～3,000万円程度の監査費用が一般的な水準とみられ、この監査契約の締結、費用負担発生が、企業がIPO準備作業に

正式に1歩を踏み出す局面とみなされている。

　IPO準備企業の監査報酬は高いが、IPOを妨げる要因は、管理体制の整備の遅れだけでなく、企業業績、コンプライアンス問題等、さまざまである。こうした障害でIPO準備スケジュールが伸びていけば、監査法人にとっては監査契約期間が延び、上場企業に向けた準備確認をより時間をかけて取り組むこととなる。一度定めた監査報酬を減額することは難しく、結果として、契約通算の監査報酬収入額が増加することになる。また、監査意見の結果は当然、保証されるものではない。上場承認の最終まで監査法人の意見は留保され、何か重大な障害事由が発覚した場合、「無限定適正」の監査意見はつけられず、監査契約の終了となることを妨げるものはない。

◆先を見越した関係強化

　準金商法監査契約に基づくIPO実現が最短のモデルケースではあるが、経理体制等の現状がかなり改善を要する場合、上場後に必要となる金商法監査の前段階として、会社法に基づく会計監査を監査法人に依頼し、会計監査人就任を先に進める考え方もある。会計監査費用の負担はあるが、会社法に基づく監査で会計監査人が存在するメリットは、会社法に基づく内部統制の確認、会社事情をあらかじめよく知ってもらったうえでの助言を得られる、監査等委員会設置会社を選択肢として社外役員の数を絞り込めるなどの点がある。準金商法監査に基づく監査の結果、仮に監査法人が辞退した場合、別の監査法人に変更するとしてもN−2期の期初にさかのぼり、監査法人を変更した理由について、証券取引所審査等で経緯を確認されることもある。したがって、早い時期から会社事情をよく知る監査法人をパートナーとして身近にもつ意義は大きい。「監査難民」とも呼ばれる環境下、監査法人との良質・良好な関係の構築・強化は重要である。

2 幹事証券は「指南役」

◆証券会社のビジネスモデル

　上場企業となるには、自社株式の販売を引き受ける幹事証券が必須であ

る。証券取引所への上場申請にあたっては、幹事証券の審査部門が専門家の視点で引受に問題ないと判断する確認が求められる。IPO準備企業にとって、上場審査でどの項目をどの水準まで整備しておくことが求められるのかについてわからない点は多く、幹事証券の他社事例等の経験を踏まえた助言、指導に基づく準備を進めることとなり、幹事証券は「上場の指南役」的な存在となる。

IPO準備企業の関係者、特に経営者は、自社は証券会社にどのような姿勢で臨むことが望ましいのかを知っておくことが有用である。そのためには、証券会社の株式公開引受のビジネスモデルを理解し、現在はどの位置づけにあるのかを把握することが必要である。そのエッセンスを簡単に説明しよう。

IPOの幹事証券になるということは、その株式公開の際に、引受証券会社となって投資家に株式を販売することを意味し、証券会社にとっての経済的なメリットは株式取扱い手数料の獲得である。IPOを通じて、より多くの手数料を得るために、証券会社の営業部門は、より多くの優良なIPO候補先を取り込むこと、引受部門はIPO準備企業が円滑に上場できる指導を行うこと、審査部門は何らかの不備で引受に問題がない状況をもれなく確認することがそれぞれの役割期待となる。こうした証券会社内部での連携を経て、証券取引所より上場承認を得た後に、株式の売出・新規募集で取扱い手数料を得ることで一連の流れが完結する。各証券会社は規模や経営方針等で組織態勢が異なるため、具体的な組織名称や編成に若干の相違はあるが、営業、引受、審査はそれぞれ異なる性格をもち、また、証券会社としての内部統制や業務品質管理も求められるため、証券会社内では健全な緊張感、連係と牽制の機能が求められている。一般的にIPO準備企業の関係者が証券会社の各部門別に抱くイメージは異なるが、各部門の背景を説明する。

◆ 営業部門 ── IPO準備企業との関係構築を重視

証券会社の営業部門は、IPOができる優良候補先をできるだけ多く囲い込みたいため、IPO準備企業との関係構築を意識する。上場株式売買においてはネット取引が浸透しており、売買手数料等の削減・低下が進むなか、株式売買の手数料収入は総じて縮小する流れになっている。そのなかでIPOは、

幹事証券を中心に取扱い証券会社が限られた株式数を取り扱う機会であり、個人投資家の一定ニーズもあり、投資割当の競争倍率が高いケースも多い。個人投資家にとってIPOの取扱い件数が多い証券会社は取引口座をもつ魅力の１つでもあることから、大手証券会社を中心に優良なIPO準備企業を取り込んで、IPOのリーグテーブルを競うこととなる（**図表３－４**）。

このような背景の下で、証券会社営業部門は、メディア、業界イベント等のさまざまなルートで情報収集し、IPOの多い業種、業績伸長の著しい企業の発掘に努めている。証券会社にとって魅力の高いIPO準備企業とは、IPOの確率が高い条件が整っていること、市場の好評価を得られやすい業種・事業内容であること、売出・募集金額が大きいことの３点であり、これらの点をもとに優良候補企業の選別、優先順位づけを判断し、証券会社の営業部門は候補企業のパイプライン確保に努めているものと思われる。

図表３－４　証券会社別の主幹事数（共同主幹事を含む）

（2023年度実績）

証券会社	主幹事数	主幹事比率[注]
みずほ証券	22	22.9%
大和証券	22	22.9%
SBI証券	21	21.9%
SMBC日興証券	19	19.8%
野村証券	19	19.8%
三菱UFJモルガンスタンレー	9	9.4%
東海東京証券	5	5.2%
岡三証券	3	3.1%
東洋証券	1	1.0%
（単純合計）	121	
IPO会社数	96	

（注）　IPO会社数（96社）における比率
（出所）　各社有価証券届出書より作成

第**3**章 IPOに関わる人々

　ファンドからの調達資金を得るなど、既に企業価値が大きく、IPOの目算が高い企業には、複数の証券会社がアプローチをかけており、主幹事証券のポジション獲得の競争が激しいケースもある。一方、経営者のコンプライアンス懸念や、社内体制に不安が多いなどの理由でIPO準備が暗礁に乗りあげるケースも多いため、IPOの確度についての目利きも求められる。証券会社の営業部門は、通常、IPO準備企業にとって最初にアプローチしてくる証券会社の顔であり、IPO準備企業から好感をもってもらえることが重要になる。

◆引受部門 ── 大手証券と中堅証券の違い

　証券会社の引受部門は、IPO準備企業が上場審査での承認を円滑に得られるようにさまざまな助言を行う部署である。引受審査と区別するため、引受業務部門と呼ばれることもあり、「公開引受部」を部署名とする証券会社も多い。IPO準備企業の関係者同士で情報意見交換を行う際、証券会社によって求められる内容が違うとよく話題になるが、それは、この引受部門の担当者の説明が異なるということである。

　証券会社各社は過去事例等の社内情報の蓄積に基づき、IPO準備企業に対する助言を行っているが、各証券会社で上場審査での実例の経験・情報が異なるため、証券会社の相違が出ているものと思われる。大手証券会社の場合は、関連情報が豊富にあり安定感がある一方、社内ローテーションで経験の浅い担当者はマニュアルどおりの表面的な対応にとどまることもある。中堅証券会社の場合、事例は少ないが長年の経験豊富な職員が担当するケースが多いようであるものの、属人的対応や経験が陳腐化している可能性もあり、担当者の経験・能力に負う部分が非常に大きくなる。IPO準備企業は、他社の上場事例の情報収集を行ったりさまざまなネットワークでの情報交換をしたりしている。引受部門の担当者の助言・指導が不合理、不透明な場合は、証券会社営業担当者に相談したり、証券取引所の相談窓口に一般的な見解の確認を求めたりするケースもある。陣容が豊富な証券会社であっても、優先度の高いIPO案件に優先的に人材配置を行っている可能性はあり、IPO準備企業は自社が証券会社のなかでどのような位置づけでみられているかを意識することもあるようだ。

引受部門の適切な助言、指導は、その後の証券会社審査、証券取引所審査を円滑にする役割を果たすと同時に、IPO準備企業に必要な対応措置を進める助言、指導でもあり、引受部門はIPO準備の実務対応において非常に重要な役割を果たす。なお、IPO準備企業は、公開引受部門に対して上場指導料として委託費用を支払うが、証券会社にとって収益源とみなされるような金額水準ではない。

◆審査部門 ―― 引受審査の厳正な実施

　証券会社の審査部門は、証券取引所の公開審査と区別して、引受審査部門と呼ばれることもあり、「審査部」という部署名をもつ証券会社が多い。「審査」という言葉は同じでも、証券取引所の公開審査は「上場申請企業が公開企業（上場企業）として適格であるかどうか」の観点での審査、証券会社の引受審査は「証券会社が証券引受を行ってよいかどうか」の観点での審査であり、両者の視点はやや異なる面がある。

　証券会社の審査部門は、証券会社のなかでも独立性が高く、厳正な審査が求められている。営業部門、引受部門はIPO準備企業との間で緊密な情報意見交換等で良好な関係を構築することを意識するが、審査部門は基本的に短時間で書類情報と面談での内容確認を行うため、問題ない状況の確認を、証憑書類や正確な履歴で残す必要がある。そのため、説明内容が不十分であるとか、他の箇所と説明が不一致であるなど、気になる点、気づいた点については徹底的な確認を行うことが求められる。有価証券の引受にあたっての審査要領は、日本証券業協会が定める「有価証券の引受け等に関する規則」および「細則」に明示されており、証券会社の審査部門は本規則に従った厳正な審査を行う。証券会社の引受審査の承認後、証券取引所の上場審査や、上場後まもない時期に、事業の重大問題の発覚、重大な不祥事、経営者のコンプライアンス問題、大幅な業績修正、開示の不備等が発生した場合、証券会社の引受体制や審査体制に大きな疑義を招くことになる。なお、幹事証券審査の内容については、第6章で触れる。

　日本取引所グループは、2015年3月のプレスリリース（「最近の新規公開会社を巡る問題と対応について」）において、新規公開会社の経営者による

第3章　IPOに関わる人々

不適切な取引等、IPOについて株主・投資者の信頼を損ないかねない事例を看過せずに対応を講ずる旨を発信している。あわせて、日本証券業協会、日本公認会計士協会に対して「新規公開の品質向上に向けた対応のお願い」を発信し、引受証券会社における厳正な審査、監査法人における適切な監査の実施励行を伝えている。

金融庁より「引受業務審査体制の充実・強化等」を理由として特定の証券会社に業務改善命令を出した事例もある。

第2章第4節でIPOにおける内部統制・リスク管理の重要性を説明したが、金融市場の信頼を損ないかねないことが懸念される行為や行為者に対して、市場の番人は関係者に厳しい姿勢で臨んでいる。

◆経営者が留意すべき証券会社への対応

証券会社の営業部門から積極的な声がけがない場合でも、経営者が自社の状況と株式市場からの資金調達タイミングでIPO準備を早々に検討したい場合は、IPO準備企業から証券会社に声がけを行ってみるのがよい。自社の状況を客観的に知ることができるし、IPOに向けて有益な助言を得られる可能性もある。

証券会社からIPO検討の声がけがあった場合は、複数の証券会社から自社のIPOの取組みについて提案を求めることが有用である。自社上場で証券会社が抱くエクイティストーリーのイメージは証券会社によって異なり、上場を想定する場合に自社の比較対象となる他の上場企業はどこか、証券会社によって見立てが異なる可能性がある。市場評価（評価倍率）の高いエクイティストーリーは魅力的にみえるが、IPO準備の期間中でも市場評価は変化する可能性がある。評価の高いエクイティストーリーで類似した考えをもつ企業が増えれば、陳腐化したストーリーとなっていくリスクもあり、注意が必要である。

証券会社のビジネスモデルとしても創業者利益としても時価総額が大きくなることは共通の関心の高い事項であるが、証券会社の営業部門・引受部門が判断の主体となり、IPO準備企業が本来やりたいこと、強みを活かせる取組みから事業の軸がブレるケースは頻繁に発生している。市場評価を考慮し

117

て、マーケティング、商品開発、組織編成を頻繁に見直すなかで、経営資源に限りがあるIPO準備企業に無理や疲弊が起こり、肝心の事業業績に悪影響を及ぼしてしまうケースはよく聞かれる。

中長期戦略、事業方針は経営者判断が主軸である。企業評価（事業収益×評価倍率）を大きくするには、事業収益の絶対利益額を伸ばすことが自社で取り組めることであり、経営者はエクイティストーリーのグリップを強く握る必要がある。IPO準備期間中に事業方針のスタイルシフトが起これば、関係者の先行き不透明感を高め、証券会社や投資家からの信用を低下させることにもなる。どこまで先を見通した経営を行っているかは、先見性、透明性、論理性が求められる経営のはじまりでもあり、上場企業となる意識への踏み絵でもあるかもしれない。

◆証券会社の選定と関係構築

引受部門の説明の際に証券会社の相違について触れたが、豊富な実績と情報をもつ大手証券会社は組織的な対応が進んでおり、中小証券会社の場合は豊富な経験者に頼る部分が多いという見方が一般的である。基本的な指導を受けながら進めるには大手証券の安心感が高く、IPOについて一定知識をもった者が柔軟に取り組む場合には、経験豊富な中小証券のメンバーが頼りになるという評価もある。同一証券会社でも担当チーム、担当者によって受ける印象は異なり、証券会社よりも営業担当者・引受担当者との相性が重要であるという声もある。IPO市況動向の影響や証券会社各社が抱えるIPO候補案件数も異なるため、証券会社各社の新規案件の取込み意欲には相違がある。また、IPO準備が難航しそうな会社、投資家から人気が低い業種の場合、証券会社探しに苦労する場合も多いといわれる。

いずれにせよ、幹事証券を決めた後は、証券会社営業部門・引受部門のキーパーソンとの緊密な関係の構築が重要であり、自社の課題解決に積極的に関わってもらえるように働きかけ、巻き込んでいくことが有用である。引受部門から適切な対応が得られなければ、営業部門にバックアップしてもらうなど、証券会社全体からのバックアップが得られるように意識し、対応することが必要である。

・第 **4** 節・

IPOコンサルタント等の外部専門家

① **IPOコンサルタント**

◆IPOコンサルタントのバックグラウンド

IPOは通常1社一度の希少な機会で、対応分野が広範囲にわたり、数年をかけて準備に取り組むプロジェクトであるため、他社での経験ノウハウや専門知識を取り込むため、コンサルティング会社、コンサルタントを活用するケースは多い。総合的なコンサルティング会社や、個別事情に応じた柔軟な対応を得意とするIPOコンサルタント等、起用の例はさまざまである。

IPOコンサルタントのバックグラウンドは、上場作業を経験したIPO準備室責任者、管理部門責任者・担当者、監査法人におけるIPO業務経験者、証券会社におけるIPO業務経験者のいずれかが多い。社内部門、監査法人、幹事証券の役割期待は前述のとおりであり、その経験を応用、活用できるのであれば有用である。総合サービスを提供してもらいたい、会計監査・証券審査の専門経験を活かしてもらいたい、経験豊富な個人コンサルタントに頼みたいなど、ニーズに合ったサービスを得られるかどうかがIPOコンサルタント選定のポイントである。

◆総合サービス ── サービス品質の見極め

IPO準備の対応分野は非常に広く、会計監査・証券審査の対応を念頭に置きながら、事業計画、社内規程、業務フロー、関連報告書作成、内部監査、内部統制等を幅広くカバーするコンサルティング会社も存在する。IPO準備企業の個別業務に深く関われば業務量とともに委託費用も増加するので、費用対効果をよく吟味する必要があるが、標準的なフォーマットや関連一般情報の入手、定型事務作業を効率的に委託できる点がメリットである。特定分野における専門性の高いコンサルティング会社のなかには対応分野を広げて総合サービスへの展開を図る動きもあり、コンサルティング会社同士の競争

119

も激化している。

　IPOコンサルタントの優劣の見極めは難しい面もあり、単純に費用水準だけではなく、豊富な取扱い実績等からサービス品質の安定性が期待されるかが問題になる。年間数十社の新規上場企業にサービス提供を行っているコンサルティング会社も存在する。IPOの基本的な情報はインターネット等で手軽に入手できるが、具体的な課題への解決策を考える際に関連経験をもつ者が身近にいない場合、コンサルティング会社主催のセミナーへの参加等で情報収集とともに、そのサービス品質を探ることが有益である。

◆会計監査、証券審査の専門経験 ── セカンド・オピニオンの役割

　監査法人や証券会社での豊富な経験に基づいたIPOコンサルティングは、上場審査の基準を満たす具体的な方策を複数の目で確認する「セカンド・オピニオン」の役割を果たす。「監査難民」問題が叫ばれるなか、監査法人に引き受けてもらうために会計士出身のコンサルタントの参考意見を得る、あるいは、証券会社引受部門の担当者が教科書どおりの対応にとどまる場合に、他社上場経験をもとにした具体的な助言で応用を考えるなどの効果が期待される。一方で、IPOコンサルタントから個別課題を解決するためにピンポイントの助言が得られても、現実には既存社内規程との不整合、組織運用実態との乖離等、さまざまな矛盾や不整合がありうるため、そのままうのみにせず、社内関係者による自社事情との関連確認が必要となる。また、コンサルタントの体験が過去のものとなっており、上場審査で以前は問題なかったものが、現在は重要な事項となっていることも多く、最新情報をどのように保持できているかの確認も重要である。他社参考情報をIPOコンサルタントに期待するケースは多いが、実は多くの情報は開示されており、社内関係者でも情報収集・分析はできる。諸報告の下書き作業のような事務委託も便利ではあるが、委託作業がコンサルタント会社、コンサルタントからさらに下請に出されている場合、費用が割高となる面がある。また、社内メンバーも一定水準の関連知識を習得する必要があるため、下書きは委託できるものの、自社事情に適合した最終文書は社内関係者が仕上げることになる点にも注意が必要だ。

第**3**章　IPOに関わる人々

特定分野として何を依頼するのが効率的か、自社で最終化が必要な作業は何かといったように、区分を明確に意識したうえでの作業依頼が必要である。また、上場申請時期の延長によってIPO準備期間が伸びれば、関連経費総額を抑制するなかで外部委託経費には見直しが入ることが多い。外部依存の軽減は、自ら他社参考情報の収集・分析ができるようになるなど、自社の対応力強化につながることもある。

◆経験豊富な個人コンサルタント
── 信頼性の高さと情報のアップデート

IPOビジネスは、社内外リソース・マネジメントが要諦である。各社固有の事情に応じてさまざまな課題発生に対して、先を見通しながら適切な解決策で順序よく処理していくことが求められる。IPO準備全般を捉えると抽象的な表現にならざるをえないが、具体的な課題克服を実際にどのように実現するのか、他社での経験者、事例を多く知る人の助言・指導は参考になる。社内にIPO準備室責任者や管理部門責任者の適任者がいない場合、他社のIPO準備で重要な職務を担った経験者を外部から招聘して、IPO準備の核となる役職に就任してもらうケースは多い。投資ファンドが関わる場合、ファンドのネットワークを活用して、実績のある適材の人物をIPO準備企業の責任者に派遣するケースも多いが、こうした人材手当ては社内にIPOコンサルタントを取り込んでいるとも考えられる。

こうした場合、IPOコンサルタントは会社内部に入って適切な動きが期待される。したがって、会社の現状を包み隠さず伝えることができる信頼性の高い人物が大前提となる。また、その活動内容はIPO準備を通じて会社全体の活動に大きな影響を与えることが多く、経営者自身が選定できる場合には慎重な配慮が必要である。

IPOコンサルタントの目的が金銭報酬の場合、上場時に相応の報酬を得ることで目的完遂となって離職し、その中心人物の離職後に、中長期的な企業価値向上を目指す組織基盤が自律的にできていないケースが懸念される。経営者が上場後の企業成長を強く望むのであれば、後継者人材の育成、業務推進の組織化、ストックオプションの制約条件等、外部招聘の際の条件を整え

る必要がある。

　また、他社での経験がそのまま自社のIPO準備に適用できるかどうかも問題になる。過去の体験を概念化して自社に適用できる思考力、論理力、想像力が求められる。過去の成功体験に縛られ、将来に向けた選択肢を誤る懸念は経営者と同じであり、コンサルタントには通常、より多くの経験で俯瞰できる力が期待される。また、上場審査基準、関連規制の大きな変化にも注意が必要である。過去にIPO社数が多かった時期（2000年203社、2006年188社）の成功体験をベースにもつコンサルタントが多く、最近のIPO状況をよく捕捉しているかどうかというポイントは非常に重要である。

　会社内部に深く関わるIPOコンサルタントを検討する場合、経営者自身のネットワーク等で人物評価を知り、信頼性の高い人材を選定することが有用である。また、社内に適切な人材がおらず、IPO準備責任者を外部から招聘せざるをえない場合、IPOへの取組みは時期尚早の可能性もある。経営者自身がIPOの経験豊富な人物と直接会話し、専門知識・人物評価を見極めたうえで、社内でどう関わってもらうか、コンサルティング契約の適否、その活用価値を見定めることが有用である。IPOへの取組みを踏み込んで考える際には的確な判断を下せる材料を事前に集めておくことが必要である。

2　その他の外部専門家

◆一般情報だけでは落とし穴も

　IPO準備では、株主名簿管理・証券印刷といった特定専門家のみならず、法務、労務、人事等の幅広い分野・業務における対応が求められ、各分野・業務の外部専門家を活用できる体制を整備することが必要である。委託費用が発生するため、内製化か外部委託かの判断に迷うものもあるが、一般情報だけでは落とし穴も多く、証券会社や証券取引所の審査を意識し、不安な点は第三者に説明できる情報が十分に揃っていることを確認する必要がある。

　また、人材やシステムの手配、社内関係部門との連携での体制構築等、重要な項目には時間を要し、限られた準備期間のなかで早いタイミングから外部専門家の意見の確認が重要なものもある。IPO準備に関する一般情報は入

第**3**章　IPOに関わる人々

手が容易であるが、気になる具体的な項目がある場合、外部専門家に相談し、本格的調査の要否等を早めに判断することが有用である。

　監査法人、証券会社、IPOコンサルタント以外の、主な外部専門家について説明しよう。

◆株式事務代行機関（株主名簿管理人）── 大手信託銀行が中心

　上場後、個人投資家を含めた、一般投資家が株主となるにあたり、専門性の高い株式取扱い事務を迅速、適切に処理できる体制が整えられることが必要となる。取引所審査の形式要件でも「株式事務代行機関から受諾の内諾を得ていること」が求められており、株式事務代行機関の設置は、株式上場の必須の条件となっている。

　上場企業としての株主総会の開催要領をはじめ、株式取扱い実務の詳細ノウハウ、専門知識を大手信託銀行専門部署が株式事務代行機関としてもっており、その事前確認、助言は、株主総会の運営実務経験が乏しい事業会社にとって大きな助けとなる。

　コロナ禍を踏まえて株主総会の開催要領も電子化、ハイブリッド等、柔軟になるなか、他の多くの会社での実例が参考情報となるため、**図表3－5**のとおり、大手信託銀行が起用されるケースがほとんどである。

図表3－5　株式事務代行機関別のIPO社数

（2023年度実績、TOKYO PRO Marketを除く）

株式事務代行機関	主幹事数	比率[注]
三菱UFJ信託銀行	51	53.1%
三井住友信託銀行	36	37.5%
みずほ信託	9	9.4%
IPO会社数	96	

（注）　IPO会社数（96社）における比率
（出所）　各社有価証券届出書より作成

123

◆証券印刷会社 —— 2社の寡占

　有価証券届出書、有価証券報告書、招集通知等、上場企業としての開示資料の作成サポート、印刷を行う専門会社は、実質、宝印刷㈱と㈱プロネクサスの2社による寡占の状態となっている。これらの印刷会社の利用が法令上義務づけられているわけではないが、金融商品取引法、取引所規則等の開示書類の取扱いには専門知識と経験を必要とするため、開示書類を問題なく作成し、IPO準備企業の実務負荷を軽減するためにも証券印刷会社の利用は必須の状態となっている。

　証券印刷会社はメディア等を通じて、個人投資家向けIR等の機会提供も積極的にサービスしており、こうした機会を利用できることも証券印刷会社を利用するメリットの1つとなっている。

◆弁護士 —— 専門分野に応じた依頼

　業種業態にもよるが、IPO準備の段階で法務関連の十分な社内体制をもつケースは稀であろう。IPO準備以前に法令等遵守は最重要な取組みの1つであるが、専門分野や特殊事案で法的な対応を進めるにあたっては、顧問弁護士等に相談のうえで、会社としての対応を決めることが通例である。

　上場企業として社内法務体制を整えるにあたっては、契約管理の一元化、関連法規の棚卸し、法令・業法遵守状況の定期確認等の体制整備を進める必要がある。法務担当ラインの陣容は会社の規模によるが、適法性確認、労務管理、知財管理、コンプライアンス事案対応で問題ない旨の第三者による客観的な法的意見の確認を進めておくことは、証券会社審査、証券取引所審査における確認業務を円滑に進める効果が期待される。

　顧問弁護士に法務全般対応を幅広く依頼するケースは多いが、弁護士個人の領域には得意分野とそうでない分野があるのが通例であり、IPO準備の段階では必要な専門分野ごとに得意とする弁護士へのアクセスルートを広げていくケースは多い。

　弁護士意見の確認が必要な案件について、経験豊富で専門性の高い弁護士から他社事例、関連判例等について参考情報を得ることで、自社の組織運営を安全安心に進めるポイントを理解・把握することができる。問題事案が発

生した場合でも、社内調査等で懸念事例の有無確認と改善活動を繰り返すことで、再発防止に向けた役職員の問題意識の向上、健全な組織文化の形成が進む。法的な観点での企業体質改善は、役職員が会社を守り、会社が役職員を守る意識の向上でもあり、IPO準備のためだけでなく、企業価値の向上につながっていく。

IPO準備企業、スタートアップ企業への法務支援を得意とすることを標榜する弁護士事務所もある。上場審査において効力性の高い弁護士意見書はどのようなものかなど、法務観点での審査基準について情報共有が進むことで、IPO準備作業に必要な要件がより明確になっていくことが期待される。

なお、第2章で経営者が内部統制を理解する必要性に触れたが、弁護士に接する社内管理ラインにおいても法的理解水準の底あげが必要になることには留意が必要である。IPO準備の進捗とともに労務、知財管理等、法的確認が必要な対象範囲が広がり、また、確認が必要な内容も深まる。弁護士の専門分野には相違があり、分野によって相談する弁護士も異なってくるが、社内法務部門が事業・法務両面について一定の関連知識をもって主体的に取り組むことで、時間面でも経費面でも生産性に大きな違いが生じ、事業遂行にも影響を与える。経営者、経営幹部のみならず、担当ラインでも内部統制システムの底あげに貢献する動きが求められる一面である。

◆社会保険労務士 ── 労務デューデリジェンスの実施

36協定等の労務法規遵守、厳密な勤怠管理、未払残業の払拭等は労務管理の基本であり、上場審査で厳しく確認が求められる事項とされる。労務管理に問題ないかどうか、社内確認だけで「問題ないことを証明する」ことを第三者に示すことは難しく、外部専門家である社会保険労務士による労務デューデリジェンス（適正評価手続）で問題ないことを証明するケースが多い。また、事業拡大に伴う人員増加によって、労務管理面でさまざまなケースへの対応が必要となる場面は多く、社会保険労務士等への個別相談・確認を通じて、法令等遵守にあたって問題ない体制が整備されることが求められている。

人材流動性が高まるなか、信頼の高い就労環境、労務管理は従業員にとっ

て大きな魅力の1つであり、優良な母集団形成に役立つ効果をもち、企業全体にとって重要な要素の1つである。

◆人材紹介会社 ── 人材要件の適切な認識

IPO準備では戦力となる人材の採用ニーズが生じるが、ビジネスキャリアとしてのIPO経験に魅力を感じる人も多く、年収が多少低くても将来に向けたキャリア経験としてIPO準備に応募する動きがある。旺盛な人材採用ニーズとキャリアアップのマッチング機会を、多くの人材紹介会社でもIPOというタグづけで意識している。

IPO準備作業のなかでも特に重責を担う人材の要件を人材紹介会社が的確に把握していることは重要であり、候補者にどのような企業でどのような職務が求められているかを伝えられなければ、有為な人材獲得は難しい。IPO準備室と人事部門が緊密な社内コミュニケーションをとり、人事部門が人材紹介会社と良質なネットワーク関係を構築することが重要である。

第5節

外部ベンダーを使ったDX

① 外部ソフトの重要な役割

◆優良顧客候補となるIPO準備企業

IPO準備のガイダンス、説明会は、会計ソフトウェア会社による開催が多い。IPO準備にあたっては会計、財務をはじめとする計数管理インフラが必須であり、いったん会計システムを導入すれば、長期利用となる可能性が高い。IPOに取り組むということは、事業拡大中の会社も多く、会計ソフトウェア会社にとっては優良顧客となる可能性が高い。IPO準備に役立つ会計ソフトであることは、重要なセールスポイントである。

◆管理体制構築の早期化を支える外部ソフト

IPO準備企業にとって、管理の根幹業務で外部ソフトが利用可能となったことは、管理体制構築を期間短縮させる観点で重要な意味をもつ。日本の伝統的大企業は自前主義、独自ノウハウを尊重する傾向があり、自社専用の独自開発システムをもつ企業はいまでも多い。上場企業の管理部門として自前主義で問題ないシステムインフラを構築する場合、膨大な時間と業務とコストが必要となる。会計、労務管理、契約管理、経営分析ツールで、汎用的機能をもつ外部ソフトが利用可能となった現在、中小規模の新興企業でも早期に管理体制を整えることができるようになってきている。

② 外部ソフトのメリット・デメリット

◆外部ソフト活用のメリット

IPO準備企業にとって外部ソフト利用のメリットは、①組織化対応の促進、②牽制と検証、③関連システムとの連携、④将来の機能追加への期待、が考えられる。

① 組織化対応の促進

　IPO準備を通じて、管理部門業務は、特定職員の属人的な処理から複数メンバーの役割分担による組織的な処理に移行し、内部牽制やダブルチェックでプロセスの健全性を担保する。外部ソフトの導入により、業務プロセスの可視化・標準化だけでなく、作業の分担と手順が明確となり、システムの利用内容もマニュアル等により文書化されることで、新規メンバーの早期戦力化にも役立つ。

② 牽制と検証

　内部統制を意識したシステムであれば、同一人物が単独で作業を完了できない機能が組み込まれる。担当者の申請・操作データは管理者承認で正式となる業務フローが標準であり、複数の人間の関与を必要とすることで、簡単に不正ができない仕組みが構築される。承認機能は不正防止だけでなく、操作ミスを防ぐ二重確認の意味合いももち、業務処理内容の精度を高める面もある。

　また、通常、システムを誰がいつどのように操作したか、過去の履歴を確認できる機能も備わっている。システム操作上の記録を隠せない、後日明らかにすることができる状態をつくることで、不正発生への抑止効果をもたせることができる。

　不正は「機会」「動機」「正当化」の3つの要素が揃ったときに発生するという、「不正のトライアングル」はよく知られている（図表3－6）。従業員が不純な動機をもち、誤った自己正当化に眩惑されても、不正を起こせない環

図表3－6　不正のトライアングル

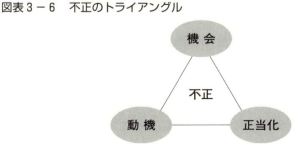

第**3**章　IPOに関わる人々

境をもつことで、不正の発生を事前に抑えられる。

　性善説をベースに管理業務が行われている職場環境では、職員数も限られ、誰がどんな作業をしていてどのような状況に置かれているかが目の届く範囲であるために、不正の抑止機能となっているケースは多い。一方、事業拡大等による人員増加、作業の分担化が進めば、目の届く範囲を超えた作業が増えてくる。業務処理インフラの整備を進め、不正ができない仕組みを整える必要性が高まってくる。

　特定分野での業務量がそれほど増えない場合、長期にわたって特定人物が担当するケースもよくある。ブラックボックス化による不安が大きければ、定期的な人事異動、若手スタッフを補助につける、作業のマニュアル化等でプロセスを可視化するなど、組織運用面での工夫により、不正処理等の不祥事を未然に防ぐ必要がある。

③　関連システムとの連携

　システム処理情報はデジタル化されてデータベースに蓄積され、一定条件に基づくデータ抽出が可能となる。必要なデジタル情報を抽出し、他のシステムの入力データとしてインポートすることで、データ処理作業を効率化できる。異なるシステム間のデータ連携の自動化範囲が広がることで、人的作業負担を減らし、効率化が進んでいく。

　一方、各社で独特な作業処理を行っていることは多く、表計算ソフト等、システムの外部での作業処理をどこまで自動化するかは個別判断による。特定人物がつくり込んだ表計算ソフトのブラックボックス化、人的操作ミス等を解消できるメリットと確認プロセス省略の不安、システム利用コストのデメリットの総合比較である。システム関連費用が実質的な制約となることがほとんどであるが、中長期的には、定型的な事務処理は基本的にシステム化・自動処理化を進め、異常値等の判断と内容確認、作業品質の精度を高める分析等に人的作業をシフトする考えや動きが急速に進みつつある。

④　将来の機能追加への期待

　外部ソフトには多くの企業に役立つ汎用的サービス、機能提供が求められ

る。同業他社のソフトウェアとの競争優位性を維持するうえでも、法規制変更等に対応する機能追加や機能強化の提供に向けて、外部ソフトは追加開発や機能拡張を続ける必要がある。IPO準備企業でも関連法規制変更に対応する必要があり、有力な外部ソフトの利用で必要機能を取り込めるメリットがある。たとえば税制改正等に社内独自で対応する場合、誤解・見落とし等の不備や運営面の不安、追加コストの懸念がある。多くの企業で活用実績がある外部ソフトの利用により、自社独自コスト・不安を軽減できることは、業務効率面で大きなメリットがある。利用者数が多い外部ソフトであれば、ガイダンス等の説明資料、相談窓口設置等のサポート体制が充実していることも期待される。

　ただし、管理部門責任者、担当ライン責任者等は、重要な法規制変更の対応について外部任せにするだけではなく、規制変更の概要・趣旨を理解し、自社はどのような対応で問題ないと判断できるかを理解し、上場審査等での質問に備えて、自社の状況説明ができる状態を念頭に置く必要がある。

◆外部ソフトの留意点

　外部ソフトを導入するにあたっては利用料負担が大きなデメリットであるが、担当者の手作業等の人件費との単純比較だけでなく、組織化対応、業務の標準化、システムインフラの機能等の諸点を踏まえて比較検討する必要がある。重要性・優先度がそれほど高くない作業であり担当者の手元処理で十分であれば、過剰なシステム対応の必要はもちろんない。目先の流行等で過剰なスペックに振りまわされないように、注意が必要である。

　自社の業務内容に適した外部ソフトの選定にあたって、デメリットとして留意すべき事項は次のとおりである。

①　独自ニーズの対応の限界

　外部ソフトは汎用的なサービス・機能提供であり、自社独自の処理に対応していない。一方、社内独自の処理は、主要顧客に対する特別サービス等で自社の競争優位性を形成している場合もあり、外部ソフトに完全に合わせてしまうと、自社の強みが損なわれるケースがある。このような場合、不足部

第**3**章　IPOに関わる人々

分をカバーできる効果的な解決方法を見つけ出せるかどうかが重要なポイントとなる。

②　多彩な機能の利用には詳細設定と確認が必要

　機能の対応範囲が広い外部ソフトは、柔軟性を実現するための関連パラメータ（変数）が多く、条件設定や関連入力処理が複雑となり、システムに詳しい人材を身近に置くことが必要となるケースが多い。見方を変えれば、自社業務の身の丈に合った外部ソフトを選定する必要がある。非常に高度で柔軟な処理ができるシステムでは、そのシステムを自在に動かす人材・状態が同時に求められるだけでなく、パラメータの設定が誤ったまま放置された場合、重要なトラブルを引き起こす懸念もあり、自社のシステム管理部門等との緊密な連携や定期的なシステム監査も必要となってくる。

③　全体像の理解とシステム面との連携

　外部システム導入では、自社業務プロセスをシステム上でどのように実現できるかを想像したうえで、実装を進めなければならない。システム導入コンサルタントの支援を得られても、自社業務の全体と業務詳細をよく理解する社内人材が、システム導入担当窓口（責任者）として機能することが求められる。自社業務の正確な現状掌握だけでなく、業務処理の意味を理解していることで、業務プロセス変更の可否が判断でき、本来求める業務要件を最終的に発揮できる業務フローへの転換・微調整に対応できる。そのような構想力・対応力をもつ社内人材が担当責任者・担当窓口として必要となる。

3　外部ソフト導入の主要分野

　外部ソフトの利用は、管理の根幹となる業務で急速に広がっている。グローバルな事業展開、相当な人員規模のオペレーション、卓越した業務品質の実現が求められる企業であれば、全社統合システム（Enterprise Resource Management）の導入・運用に到達する企業もあるが、IPO準備段階の企業では、まずは、重要な個別分野におけるシステム導入が現実的である。重要

分野としては、会計、人事労務、契約管理、経営管理があげられる。

① 会計分野

会計分野においては、内部統制、特に財務報告に関わる内部統制報告をまちがいなく作成できるための会計処理を行えるシステム機能が求められる。個々の会計ソフトの外部ベンダーのカバー範囲はさまざまであり、カバー範囲の広い大型ソフトではシステム運用者としての高い能力が求められ、カバー範囲が基本処理に絞られたソフトは、対象処理範囲が限られるために、他システムとの柔軟な連携が求められる。システム運用者、経理体制の陣容に合わせて、適した会計ソフトを選定することが必要となる。

② 人事労務

会計と同様、人事労務も各社必須の管理業務が存在する分野である。人事労務は、従業員の個人情報管理、勤怠管理、給与計算等、さまざまな業務が存在し、従業員の人事管理、労務法規の遵守、給与等の労働者宛債権債務管理等のさまざまな側面があるが、それぞれの業務目的を得意とする外部ソフトが乱立し、競合が激しい状態にある。各社にとって最適な人事・労務システムのデザインはさまざまである。したがって、管理部門責任者もしくは人事労務のライン責任者による組織ライン・システムインフラを組み合わせる力、業務フローのデザイン力によって業務の効率性は大きく左右される。

全社員の人数が限られる少数精鋭の組織では手軽な外部ソフトの組合せが現実的であり、社員数が大きい組織の場合には、人事関連業務全体の効率があがる外部ソフトの利用の仕方を検討する必要がある。

単一商品・サービスを手がけるIPO準備企業の場合、売上拡大の原動力を営業人員・コンサルタントの増員に求める事業計画を策定するケースが多く、こうした計画では、人事労務の管理業務負荷が短期間に急激に増す可能性が高い。担当ライン別の最適な人員配置等、効率性が高く機能的な業務執行ができる組織をデザインする力が重要である。

従業員の入退社管理は、デジタルデータ化して効率的な処理により書類は大幅に減らす、従業員情報のデータベースをできるだけ一元管理して労働法

規対応・雇用条件管理等を効率化する、一元化できない情報は他システム等のデジタル情報とのデータ連携の仕組みを構築する、などの対応が求められる。

上場審査の関係では労務管理、労働法規遵守に問題がない体制・運営が行われている状態が大前提であり、社員数の多い会社では人事労務情報のデジタル化は必須である。人事労務でさまざまな得意分野をもつ外部ソフトが競合するなか、人員規模の大きい会社で効率的な業務体制を実現するには、社内情報システム部門と連携してデータ連結等の業務インフラを構築する必要がある。非財務情報の一部として人的資産管理の情報開示も強化されており、人事労務データの重要性は増している。

③ 契約管理

契約書等重要文書を含む情報管理も、内部統制上の重要項目である。法務部門による一元管理のみならず、契約進捗の管理、契約期間管理、契約雛型設定とその利用管理、台帳管理、編集・承認の履歴管理、電子署名との連携等の業務を円滑に遂行できる体制が望まれ、契約情報のデジタル化、社内承認プロセス構築・整備が求められる。

汎用的な契約管理ソフトは複数存在するが、自社の契約管理の重点項目を管理できる機能をもつ契約管理ソフトを選定し、営業／管理部門等の部署間にまたがる契約管理業務フローの運用を実現する。全社一元管理を担う法務ラインの人員は限られることが多く、社内手続説明のグループポータルへの掲載、契約管理システムのマニュアルの社内共有、社内研修等で、契約書作成・締結に関わる社内関係者への周知徹底を図ることが多い。

④ 経営管理

IPO準備では、予実管理、予算統制に問題がない状態を整えることが求められる。上場後、収益実績の迅速な開示が必要となるが、実績と計画の著しい乖離は一般投資家からの信用を失う懸念があり、IPO準備企業は精度の高い予算統制機能をもつ必要がある。上場審査では計画と実績の差異の発生状況とその理由が確認されるが、迅速な計数把握とその分析には、重要な経営

管理情報を把握できるBI（ビジネスインテリジェンス）ツールを利用し、計数管理能力を実装することが一般的である。事業モデルごとに適合するKPIはさまざまであり、事業計画を担う経営企画部門の中心人物にとって使い勝手のよいBIツールが選定される。BIツールへのデータ入力者は社内関係者多数にのぼり、分析作業は複数メンバーで手分けすることも多いため、社内作業や標準化を進めるためには、契約管理と同様に、社内研修や社内マニュアルによる情報共有が有用である。また、集積・分析データは重要情報であるため、データ入力やアクセスへのコントロール等の操作制御も重要である。

4 外部ベンダー活用とDX

◆慣れの部分が大きい日常業務

プロジェクト等で職場環境を1～2年単位で異動する人は体感されているであろうが、会社間の移動で意外と負荷が重いのは、勤怠管理や経費申請等、日常システムが変わることである。日常利用するシステムは日々の慣れで負荷を軽く感じる面があり、利用者の操作への慣れでストレスを減少させている部分と利便性の向上、利用満足度といったものは明確な区切りが難しい。日常システムを提供する外部ベンダーにとっては、いったん導入したクライアントには長期需要が見込まれるため、新規顧客の獲得には相応のマーケティングコストをかける意味がある。クライアント側は、長期的な視点では新規機能が多く備わっている新システムに切り替えたい願望があるものの、システム導入・切替えには検討、購入費用、導入対応、社内説明等の負担が発生する。慣れ親しんだ既存システムからの切替えには、通常、社内からの一定の抵抗もあるため、新システム導入には慎重な姿勢をみせる企業が多い。

◆IPOは強力な旗印となる

IPO準備企業は一定期間内に管理体制を整備する重要なフェーズにある企業であり、特定職員による属人的な作業からの脱却を含め、業務インフラを大幅に見直さなければならないニーズが明確な状況にある。なかなか変革で

きない管理業務の効率性、機能性を一気に高める機会であり、このタイミングをうまく活用できるかは重要なポイントである。管理部門、担当部門は、できるだけ多くの機能を求めたい、あるいは自らの現行作業を確保して残したいなど、さまざまな思惑を抱く可能性があるが、経営者やCIOは、会社が本業に専念するために必要な業務インフラの実現を明確に意識し、全社最適の視点で関係部門への指示を出すべきである。

　デジタル技術の進化に伴い、大量情報の迅速な処理、定型作業の自動化、生成AIの活用等、いわゆるDX推進が求められている。IPO準備であるかどうかを問わず、業務インフラ基盤の見直し、管理業務の変革は、本来、企業価値創造の重要な基盤を強化する取組みであり、中長期的な目線で経営者は、あるべき業務インフラ基盤と現状の見直しを視野に入れるべきである。

第6節

費用管理

① IPO準備の費用はいくらかかるのか

　IPO準備の費用にはいくらかかるのかは、会社の体制整備が事前にどこまで進んでいるか、業務委託費用の個別差もあるため、一概にはいえないが、関心事の高い項目でもあるため、あくまでも1つの参考として例示する。

　主だった外部専門家への年間費用としては、監査法人の監査費用1,000～3,000万円、幹事証券上場指導料1,000万円、証券印刷費用で500万円、株式事務代行機関500万円、コンサルティグ費用1,000～2,000万円とすると、単純合計で年間4,000～7,000万円の費用負担が発生する。本費用には、社内人材の採用・雇用コスト、システム利用料、個別案件にかかる弁護士や社会保険労務士への相談・委託費用は含めていない。申請会社の現状によるが、上場に向けた社内体制整備として、CFO、IPO準備責任者、経営企画、経理、法務、情報システム、労務、内部監査等の部門で新規採用、増員の手当てをするケースも多く、その場合には人件費だけでなく、人材紹介会社への手数料も発生する。

　したがって、N-3期末、上場準備に本格的に取り組むことを決意した時点で、申請会社の現状体制を再確認のうえ、IPO準備に必要な費用概算を見込んだ事業計画を策定することが必要である。

② 無駄な費用の抑制

　IPOに限ったことではないが、無駄な費用はできるだけ抑制する観点が重要である。重要性、緊急性が高い課題の克服にあたって良質な外部コンサルタントの活用は必要だが、中長期的に想定する業務水準、自立性の向上も意識して、社内人材を育成・活用し、日常の継続的な対応とその改善は社内で取り組める体制を構築する必要がある。社内人材で抱えきれず、高度の専門

性が必要な作業を外部専門家へ委託する際には、費用対効果を含めて効率性を期待できる外部サービサーを活用し、費用の水膨れを抑えながら機能を強化することが必要である。IPO準備では、内外のリソース・マネジメントが求められるが、中長期的な経営資源の最適配分にも通じる点があり、経営者による常時確認が必要である。

第 **4** 章

ガバナンス

広く「優れた者」の知恵を取り込める組織は大きく発展する。IPOという大きな節目にあたって、社外役員の参画、ガバナンス体制構築に向き合う企業は多い。では、どのように、社外役員を選定し、取り込むのであろうか。本章では、ガバナンスの重要な担い手である社外役員の役割期待に焦点をあてながら、企業の発展を導く礎を考察する。

第 1 節

IPOとコーポレートガバナンス

1 権威とガバナンス

◆ おのれより優れた者

　アメリカの鉄鋼王アンドリュー・カーネギーは墓碑に「おのれより優れた者に働いてもらうことを知る男、ここに眠る」と刻んでほしいといったという。価値観が多様化する時代のなかで「優れた者」として関係者を尊重する視点がますます重要となっており、企業理念、求める姿に「尊重」を掲げる会社も増えてきている。それでは、経営の最高意思決定機関である取締役会の場における関係者への「尊重」を経営者はどのように捉えているだろうか。

　「おのれより優れた者」として将来を見通す力、有用で豊富な知識・経験が想定されるが、問題意識、気づき、助言を取締役会で誰がどのように発言しているか、実際に議事を思い起こせば参加する各メンバーの具体的な真価が浮きあがってくるだろう。

　参加者の有益な見識をうまく引き出し、取締役会として適切な判断プロセスにつなげていくには、取締役会議長の進行の手腕が大きく影響する。取締役会のプロセスを形式的に整えることで手一杯の場合、制御できない議論や余計な対応の発生を警戒し、根回しを行って実質的な質疑や議論が乏しい無風状態の取締役会に安心する経営者は多いが、「優れた者」の知恵を得る機会を見逃すのはもったいない。

　取締役会の運営には経営者の姿勢が色濃く反映されるが、上場会社に求められるコーポレートガバナンス・コードにおいて、意思決定等活動の主語はほとんどが「取締役会」や「上場会社」であり、「経営陣」はあっても「経営者」はない。会社とは機関決定で動く組織であることが明確に示されている。コーポレートガバナンスの意識が高い企業にとっては当然だが、上場企業であってもオーナー企業の組織風土から抜け出せない企業では経営者個人の意思決定が実質的に組織を動かしている企業は多いとみられる。

140

第**4**章　ガバナンス

◆ 会社は機関決定で動く

　経営者一代限りで終わらせず、持続的に成長発展し続ける組織とするためには、日常業務のオペレーションだけでなく、意思決定も組織的プロセスに基づくものに変化していく必要がある。経営者の価値観が会社の永続的な発展に目を向けているか、経営者の支配欲の充足に重点を置くかは大きな分水嶺であり、この葛藤を乗り越えることで組織文化は大きく変わっていく。

　コーポレートガバナンス・コードにそっているかどうかの質問に対し、上場企業の多くはYesで答えている。その回答が実態を伴っているか、形式的かは、取締役会における議論だけでなく、「会社は機関決定で動く」という表現に違和感を覚える役職員が多いか少ないかで、リトマス試験紙のようにガバナンスの実態は明確にあらわれる。

　社外役員を含め、取締役会の優秀なメンバー全員が連携、協力し合う体制が中長期的な企業成長につながることは明らかだが、社外役員を含めたワンチームとなることを阻む葛藤は何か、そして、それがどのように克服されていくのか、典型的な視点をいくつか捉えることで、本章ではコーポレートガバナンスの進化の形を追う。

② 　自らの権威と権力に対する意識

◆ 経営者のキャパシティとの相克

　オーナー経営者に率いられる企業では、創業経営者の商才やリーダーシップが現在の隆盛を導いたと、その才能が語られるケースが多いが、実績づくりの裏側では創業者が他の役職員の誰よりも企業発展に向けた強い情熱を抱いていることが通常である。経営者による創意工夫や努力で難局を乗り越えながら、その経営手腕が磨かれると同時に、組織が経営者を中心とする運営スタイルとなっていく流れは自然である。企業の価値を大きく伸ばすか、もしくは損なうかを左右する重要な意思決定の結果責任を負える者は経営者のみであるため、経営者の承認や指示なしに、組織は簡単に動けない状態をつくりだしていく。

　通常、創業経営者は大口株主であることが多く、経営者の権力とともに、

その権威も高まっていく。「権威」とは「他人を強制し服従させる威力。人に承認と服従の義務を要求する精神的・道徳的・社会的または法的威力」（『広辞苑 第七版』岩波書店）と定義され、権威をもつ者の言動が周囲に与える空気を適切にいいあらわしている。

　自らの権力・権威が傷つくことに神経質なタイプの経営者は、経営支配を長期に保ちたい意向もあり、優秀なメンバーを頼りとする一方で、自分の判断や存在を脅かす言動に嫉妬、厄介さや警戒心を内心で抱く場合もある。

　自らの万能感が強い経営者が動かす組織では、経営者を第一に尊重、敬服する人々が自然に集まり、取締役会は予定調和のとおりに議事が進む空気感が支配する。結果責任の重責を負うのも経営者個人となる。そのような経営者にとって有益なヒントを得る機会は、友人・知人とのたわいない会話かもしれないし、有識者と１対１の面談で特定課題に助言を求めるような意図的な行動かもしれない。

　創業経営者を中心とする社内ピラミッドの意思決定メカニズムが確立している組織において、取締役会等で外部者（独立役員）の意見で簡単に意思判断が覆ることに対して、社内・現場の混乱のみならず、経営者の権威や求心力を低下させる意味でもリスクを感じる経営者は多い。独立社外役員のチェックを定期的に受ける経験がこれまでになければ、外部の人間が加わって組織運営はどのように変化していくかの先行き不透明感に不安を抱く経営者、経営幹部も多いであろう。

　一方、組織拡大で知らない社員が増える、技術進歩等でビジネス現場の課題がわからなくなる、事業モデルの複雑化や派生の増殖でどの部署が何をしているのかがつかめないなど、もはや経営者による直接把握が難しい規模に組織が拡大すると、経営者は以前のように自分の思いどおりに組織を動かせなくなっていることを感じる。

　経営者個人のキャパシティを超えて会社が成長する段階に至ったとき、今後、会社をどこまでどのように成長させていくのか、経営者のビジョンと舵取りがますます重要となり、参考となる豊富な経験や知識をもち、経営者に直言してくれる人材が必要となる。

第**4**章　ガバナンス

◆コーポレートガバナンスの整備

　IPOに向けてコーポレートガバナンスの整備は必須要件である。コーポレートガバナンス・コードの要件に応えた意思決定体制のもと、組織運営が行われる状態を整えなければならない。具体的には取締役会、監査役会／監査等委員会等の重要な意思決定機関に社外役員の参画が必須となる。

　未公開株式のオーナー企業、100％子会社等は、オーナー、親会社、大口株主、金融機関等、特定者の経営支配を受けているケースがほとんどであることから、一般投資家を含めた株主平等の原則を遵守する体制は、組織運営の姿勢が大きく変化することを意味する。一方、日常の事業活動を展開する現場ではIPOに備えて業務執行ラインの統制強化が必要であり、ガバナンスと内部統制という2つの側面の強化をどう乗り越えられるかという、組織運営面の大きなハードルに臨むこととなる。社外役員として加わる人物次第でガバナンスが大きく変わる可能性もある。社外役員にどのような役割が求められているか、社外役員の人選という揺るがない事実は、オーナー等の経営支配者が現実にどのようなガバナンスを志向しているかを示す重要な開示情報となる。

143

第2節

社外役員選定の切り口

1　社外役員に求められる独立性

　株主平等の原則のもと、上場企業は特定個人のお手盛り経営ではなく、意思決定機関による健全な議論・監視・牽制が機能する運営が求められ、その実効性を確保するために社外役員の独立性、公正な視点が求められている。

　重要な意思決定における法令等遵守や財務報告の信頼性を確認するうえで法務、会計の専門知識をもつ人材が社外役員に選定されるケースは多い。また、他社での経営や事業運営の経験を豊富にもつことで、自社の企業価値向上に有益な見解や意見が期待される人材が社外役員に就くケースも多い。

　創業経営者、経営陣の社外役員に対する期待は一様ではなく、経営者の価値観、組織文化、内部統制の整備状況等によって異なる面がある。自社の現状を踏まえ、今後、どのような会社にしたいか（現状からの変化・変革を望むのか、安定成長を望むのか）、その期待内容で求められる社外役員の人物像は変わってくる。

　世間一般では、社外役員は「オーナー社長のお友だちであり、社長判断に文句をいわない」「サイレント・ダイレクター」といったイメージを抱かれることが多い。そのような目線での社外役員の人選は現実に多いといわれるが、社会経済情勢や事業環境が大きく変動するなか、取締役会の議論の質が事業の成否、会社の将来を握る大きな要素となることに認識を深める経営者も増えている。

　社外役員が加わるコーポレートガバナンスとはどのようなものなのか、取締役会等での議論を積み重ねながら、社外役員の言動と企業価値の向上の結びつきへの理解がはじまるケースも多い。社外役員がもつ豊富な経験、ノウハウを取締役会判断に活かす、外部の目で業務執行に重大な見落としがないように客観的に確認する、円滑な議事進行を通じてメンバーの相互理解や信頼を高めるなど、実践・実演を通じて良質な議事を実現するコツを徐々に関

係者で共有し、ガバナンスの実践力を身につけていくことが大事である。

　社外役員に対するイメージは、創業経営者等、特定個人の価値観や経験に左右され、重視するポイントはそれぞれであるが、IPO準備を意識して社外役員を選定する際の典型的な切り口として「形式要件の充足」「経営者ロールモデルとしての役割」「経営者を評価する役割」の3つを説明したい。

2　形式要件の充足

◆投資家目線と社内事情

　社外役員選定の切り口の1つ目は、「形式要件の充足」である。上場企業の全取締役・監査役等の履歴は開示情報となる。新規上場企業の場合、どのような人物が社外役員として加わるか、ガバナンスの姿勢および体制を示す項目であり、IPO準備段階で社外役員の顔ぶれを揃える際は、独立性、公正性の発揮を期待できる経歴をもつ人材が適任と目される。社外取締役就任者には、他社経験を活用した企業経営への助言を期待して上場会社の経営経験者、関連業界の豊富な知見を有する者が就くことが多い。社外監査役には、業務執行に問題ないことを確認できる関連知識をもつ者として弁護士、公認会計士が就くことが多い（図表4－1）。

　社外役員選任について投資家が抱く主な懸念のポイントは、①取締役会メンバーのスキルマトリックスの内容が抽象的で、取締役が求められるスキルがどのように発揮されるのか、選任理由がわかりにくい、②ジェンダー等、メンバーの多様性が欠如しており、構成メンバーに偏りがある、③兼職が多く、社外役員としての職務遂行に不安がある、④社外役員の独立性について、特定者からの影響等の疑念がある、⑤過去の不祥事での関わり等、個人の属性に不安材料がある。こうした観点で懸念が少ない候補者が、社外役員の適切な候補者として選ばれることが多い。

　社外役員の選任にあたっては、社内人材や事業内容、特定株主による影響も受ける。たとえば、常勤監査役に適任な人材が社内にいない場合、外部から招聘する場合がある。事業拡大に向けて知財戦略、M&Aや財務戦略等、法務、財務に関する高度な議事が予想される場合は社外監査役だけでなく、

図表4－1　社外役員の属性（東証上場会社）

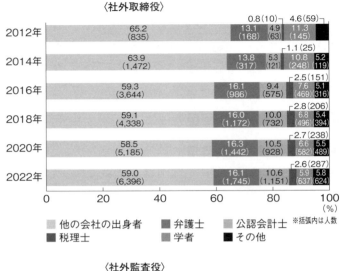

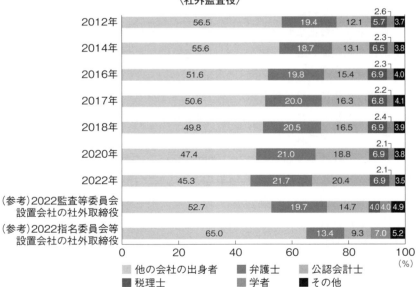

（出所）　東京証券取引所「東証上場会社コーポレート・ガバナンス白書2023」（2023年3月）

第**4**章 ガバナンス

社外取締役にも弁護士や監査法人出身者が就くケースもある。また、経営関与を求めるファンドや重要な資本提携先等の大口株主から社外取締役や社外監査役が派遣されるなど、各社固有の状況に即して社外役員の候補発掘と選定が行われている。

◆ 社外役員候補の発掘

　形式要件を最優先として社外役員を選定する場合でも、まずは経営者、経営陣のネットワークから社外役員候補の人選をはじめることが多い。形式要件に加えて、候補者の人物評価があらかじめわかっており、上場企業として求められる要件に理解がある人物であれば、社外役員就任早々から適切な助言、意見を期待でき、かつ、相互の信頼関係を背景に、取締役会の円滑な議事進行のもとで、実りが多い建設的で活発な議論が交わされることが期待される。

　しかし、上場企業経営経験者の候補者は少ないだけでなく、IPO準備企業はガバナンスや内部統制の水準が未成熟なことから生じるさまざまなリスクを抱えていることが多く、オーナー株主、経営者の自前でのネットワークによる社外役員候補発掘には限界があり、実際には人材エージェントを起用して社外役員を発掘するケースが多い。また、IPO準備を円滑なものとするため、上場審査への対応や上場後の投資家評価といった面を考慮して、幹事証券やIPOコンサルタント等の意見を聞くことも多い。

◆ 社外役員の参画のはじまり

　創業経営者中心の経営スタイルが確立した企業では、新たに社外役員が入ってくると、ガバナンスはどのように変化するのか、従来の業務執行に大きなメスが入らないか、現状業務に大きな支障が出ることがないかなど、漠然とした不安が社内に生じることもある。

　業務執行側、社外役員の双方が影響し合う面もあるが、社外役員の参画する取締役会においても、業務執行側は提案どおりの内容で円滑に取締役会の承認を得たいものだが、社外役員は自らの役割期待、善管注意義務等を意識するであろう。社外役員は自らが選任された背景、すなわち法律、会計、経

営の知識・経験等を活用し、取締役会承認適否の判断として不明瞭な内容、注意が必要と思われる事項があれば確認を求め、自らの知識・経験に基づく意見を述べる。取締役会で交わされる具体的な会話を通じて、経営者・経営陣の能力、組織対応力、内部統制の整備状況等について取締役会メンバーの理解が深まるなか、参加者全員が納得する結論をどのように導いていけるかは、取締役会議長の手腕による部分が大きい。

　たとえば何らかの大きな問題が生じたとき、ただちに停止させる、追加確認・改善を伴う付帯条件をつける、努力義務を意識した取組みとするなど、適切な対処判断は状況によってさまざまであろう。緊急性、重大性等についての参加メンバーの認識をすり合わせ、取締役会としての合意を模索し、合意に至らない場合は多数決か、議長一任か、それとも継続審議か、取締役会として何らかの結論を定める。社外役員の有無にかかわらず、取締役会には建設的で活発な議論が求められるが、社外役員の参加を通じて、経営・業務執行・ガバナンスが底あげされていくことが企業価値の向上につながる。社外役員の重要な指摘、的を射る助言が取締役会の議論の流れをつくる場合が多ければ、業務執行側は社外役員の意見を事前確認、対処するプロセスをとるようになるなど、組織的な対応は進化していく。

　IPO準備企業では管理部門の特定分野における専門人材は限られる場合がほとんどであろう。取締役会の円滑な議事進行に不安がある場合は、社外役員への事前説明を通じて重要なポイントの見落とし、必要な対応を認識できるケースも多い。社外役員の価値を執行側が活用する方法はさまざまにある。もし社外役員の企業価値への貢献があまり感じられないならば、次回改選時における適切な社外役員の選定に向け、ナレッジが蓄えられていくだろう。

　業務執行側と社外役員との相互理解が進まず、実質的な議論が乏しいまま、形式的な議事進行で終始してしまうのは、企業価値向上の観点で残念なケースである。健全な緊張関係は持続的成長に必要な要素の1つであり、会社の成長がステップアップする栄養素の1つでもある。社外役員の大所高所からの貴重な意見は現実に企業運営に活かされれば意味があるが、単なる時事評論や無難な第三者的コメント等であれば企業価値への具体的な貢献はみ

第**4**章　ガバナンス

えてこない。

　大切なのは、業務執行側と社外役員は対立関係ではなく、企業価値向上を目指す仲間であるという視点であり、取締役会は、社外役員が現実にどのような意識をもっているかを示す場でもある。たとえば、IR等で投資家から社外役員の選任理由を問われたとき、取締役会における具体的な議事の様子を示すことが説得力をもつかを思い起こせばよい。取締役会議事録はガバナンスの実態を示す重要な上場審査の資料でもある。

　社外役員には中長期的な企業価値向上への貢献が求められており、企業の成長とともに、求められるコーポレートガバナンスの内容も変化する。IPO準備の段階では、内部統制整備といった要件を確認する役割が社外役員に期待されるが、上場後の企業の成長を支える取組みに力点が移れば、市場戦略、海外戦略、技術開発、資本市場との対話等、重点施策の実行と管理に向けて、適切な助言、監視・監督ができる社外役員が求められる。したがって、取締役のスキルマトリックスの定期的な見直しは重要であり、ボードメンバーの最適構成の確保と健全な見直しができるように、役員任期の実質的な設定、メンバー交代プロセス等の整備も徐々に進めていく。コーポレートガバナンスの強化も持続的な進化が求められているのである。

③　経営者ロールモデルとしての役割

◆「憧れの経営者」は道標

　社外役員選定の切り口の2つ目は、「経営者ロールモデルとしての役割」である。起業家が会社を興すにあたり、目標とする先輩経営者が存在する場合は多い。かつて勤めていた会社の経営者等、自分もいずれそうなりたいと願う「憧れの経営者」である。そうした「憧れの経営者」から重要な気づきや指摘、助言をもらったことが、起業やその後の成功の原体験につながったという経験が語られることは多い。第2章で述べた「経営者の旅」の先を歩む先輩であれば、自分の道標を示してもらうロールモデルのイメージであろうか。こうした「憧れの経営者」に社外取締役に就任してもらい、経営上の重要事項や悩みについて定期的に意見を得られる状態を望む経営者も多い。

149

◆メリットとデメリット

　「憧れの経営者」が社外取締役に加わるメリットは、会社のビジョン、経営の方向性に安定感が増し、経営戦略の磨き込みが進む点である。IPO準備期間中には、幹部社員の退職、権限委譲の是非、主要取引先対応、新規事業の取組み、コンプライアンス事案等、事業発展とともに乗り越えていかなければならない、さまざまな課題があらわれる。経営哲学やビジネスの価値観が似かよっている、信頼できる先輩経営者の経験、ノウハウを聞かせてもらえることは経営者にとって非常に心強い。突如あらわれたかのような問題も、自分、自社だけではなく、多くの会社で起こりがちなトラブルや課題であり、解決手法や手段はさまざまにある。参考他社事例を知ることで、経営者の悩み、精神的な負担は軽くなるであろう。

　デメリットは、「憧れの経営者」のモデルや教えに縛られることで、経営者が自由に柔軟に発想する力が弱まり、未知の事象に対する抵抗力、強靭性が脆くなることである。経験に基づいた助言は非常に有益であり、真似をしながら学んでいく効用は大きいが、先例やお手本がないなかで、さまざまな試練に葛藤しながらも克服する経験は、潜在的解決能力を深める側面がある。模範解答をみれば、似た問題を簡単に解けるようになるかもしれないが、現実の個別課題はさまざまな背景や事情が絡み、唯一絶対の正解があるとは限らない。結果として、現時点で問題がなければ、過去の対応を正当化してしまう「正当化バイアス」がかかる面もあるかもしれない。「勝利の方程式」のような安直なノウハウの裏側には、多くの危険が隠れているものである。

◆独自スタイルの追求と視野の広がり

　現実・現場をみて、自社の優位性、他社との差別化を磨きあげるには、自身の考えを振り返り、時には大きく見直して一皮むける通過儀礼が必要になる。競争激化や技術進歩で不透明感が高まる事業環境のなかで、過去の成功体験はいまも通じるのか、「憧れの経営者」の弟子にとどまらず、師匠を越える存在を目指すことで、独自、独立のベースができる面もある。

　経営者のビジョン、世界観は、さまざまな場で関係者に繰り返し説明することで自然と磨きがかかっていく。また、ESG（環境、社会、ガバナンス）、

第**4**章　ガバナンス

SDGs（サステナビリティ）、人的資本、DE&Ｉ等、社会経済、事業環境を取り巻く諸々の課題が増えているが、これらは社会における企業の責任、存在感が増していることでもある。こうした課題に経営者がどのように向き合って対応していくのかが問われることになる。IPOという会社が成長する大きな節目の１つを乗り越えながら、「憧れの経営者」という他人の世界観から、経営者、企業独自の世界観へ移行し、それを広げていくのか。経営の適切な舵取りにあたっては、取締役会等を通じて社外役員の有益な見解・見識を取り込む、建設的な議論がますます重要になるであろう。

４　経営者を評価する役割

　社外役員選定の切り口の３つ目は、「経営者を評価する役割」である。

　「おのれより優れている者」として経営者を評価する者は誰であろうか。最高責任者である社長への評価は、業績や株価、メディア等外部者評価が想起されるが、それは会社全体の代表としての社長が捉えられるものが多い。会社の内情を踏まえ、経営者としての判断が適切であったかどうか、取締役会をはじめとする意思決定、業績管理、組織人事管理等、内情を捉えて、経営者を評価するのは「指名・報酬委員会」の役割であり、その委員会の会長には独立性・公正性を期待される社外取締役が就くケースが多い。

　各社の状況、経営スタイルはさまざまだが、CEOが全般統制とモニタリング、COOが業務執行、担当役員が管掌部門の責任を担うなど、機能分化・権限委譲が進んだ経営スタイルがある。一方、オーナーが社長を長年務め、強力なリーダーシップで好業績・高評価を得ている会社もあるが、人間には寿命があるため、会社組織を存続させるには、オーナーの後継者が必要となる。社会の公器としての必要性、役割期待の大きい企業であれば、その存在意義から会社の持続性が考慮されなければならず、後継経営者となるべき人物の適任・適材について指名委員会等によってスクリーニング、モニタリングされる仕組みが求められる。

　表面に登場するのはキング（経営者）であるが、その裏でキングメーカー（指名委員会）が会社の命運を大きく左右する。経営者は一心に社業邁進に

151

努めなければならない存在であるが、取締役会付議案件を含め、すべての結果責任を負う覚悟、そのプレッシャーは自ら経験しなければ理解が難しい。経営経験者が社外取締役に就く場合、会社経営の重要課題の解決に向けた執行の取組みにおける課題の本質、克服策の要諦、留意が必要な事項等について適切な評価・確認、助言等が期待される。VUCAと呼ばれ変化が激しい時代であるが、いつの時代であっても社長業を経験するなかでは、「どうしようか」と思い悩む課題へ対応しなければならないことがある。特に成長企業は変化のなかに機会を見いだしていく会社であり、知恵や経験で競合他社との差別化を生み出す会社でもある。なお、社外役員は執行から一定の距離を保つ客観的な視点が機能する面もあり、客観性、公平性に裏づけられる冷静な言動が必要である。

IPO準備、上場直後の企業でも、中長期的な成長や持続性を求める意識の高い企業では指名報酬委員会を導入するなど、ガバナンス機能の強化・活用、意思決定の機関化を意識している。未公開企業の段階でも、優秀な経営者は執行とモニタリングの分離の意味と価値を早い段階から理解し、会社経営に取り込んでいる。こうしたケースは比較的若い世代の経営者に多い印象があるが、大きく成長する成功例が増えることで、成熟企業だけでなく、成長の初期段階からガバナンス強化とその活用の有意性・重要性への認識が広まり、ガバナンス強化と企業価値向上の好循環がより明確になっていくことが期待される。

◆ 後任経営者の選定

「会社を自分の思いどおりの姿になるようにしたい」「思い描く姿を実現できそうな人物を、後継経営者に据えたい」といった経営者の思いは、支配欲・権勢欲からくるものなのか、それとも企業理念を実現したいという信念なのか、その真意は経営者本人にも判然としていないかもしれない。創業者が思い描く姿は普遍的なものなのか、後世に委ねられるべきものなのかは、創業者の哲学・価値観にもよるであろう。

独立性の高い社外取締役が指名委員会の委員長に就く企業は、企業理念の実現に真摯に臨むガバナンス体制をもつ企業、意思決定の機関化が進んだ企

第**4**章 ガバナンス

業と認識される。特に指名委員会に加わる社外役員は、他社の経験等を含めて、ガバナンスにおいても豊富な知見を有し、社外役員としての役割期待に応えられることが求められる。

◆取締役会事務局の重要性

　取締役会機能の実効性の確保では、取締役会事務局の重要性がよく指摘される。社外役員をはじめて受け入れてから、取締役会が実効性の高い議論の場にシフトしていくなかで、取締役会の運営実務が徐々に整っていくケースも多い。

　取締役会の運営実務では、スケジュール調整、招集通知の発送、議事録作成といった最低限のファシリテーションは当初から必須である。さらに、取締役会の議論を実効性の高いものとするため、議論の焦点を明確にする、重要な前提・関連情報の事前共有で混乱を少なくするなどに配慮して、事前に取締役会事務局が社外役員に案件の説明を行う企業は多い。また、業務執行側と社外役員の意見交換の質を高めるため、社外役員に企業をよく知ってもらう機会として、会社イベントへの参加や現場視察をお願いするなどの工夫をしている企業も多い。

　また、取締役会事務局は取締役会の実効性評価実施の対応、ガバナンス状況に関する統合報告書への活動報告、事業活動説明等での関連部局との連携等も行っており、コーポレートガバナンスの高まりに応じて、関連調整を担う機能がますます重要となっている。

　取締役会事務局の人員体制は、取締役会の意思決定機関としての運営について企業側の考えがわかる象徴であり、他社役員兼職も多いプロ経営者が、役員就任を引き受けるかどうかを判断する材料の1つにするケースもあるといわれる。

153

第3節

社外役員に対する役割期待

1 コーポレートガバナンス・コード

　コーポレートガバナンス・コードでは、上場会社における「独立社外取締役の役割・責務」において、助言者や監督者として独立性・公正性の機能発揮が求められている（図表4－2）。

　この「役割・責務」を果たすにあたり、独立社外取締役として、2つの基本要件が暗黙の大前提として求められていると筆者は考える。

　1つは、極めて当然のことであるが、独立社外役員には、善管注意義務、忠実義務、守秘義務等の法的責務の遵守の意識徹底が特に求められる。経営者の親しい友人であるからこそ、社外役員を断るという話を聞くことがある。個人間の親交はあっても、社外役員となれば厳しいこと、いいたくないことをいわなければならなくなるという賢察であり、取締役の本質をよく理解した判断である。

　もう1つは、現状の改善、将来に向けた成長発展に貢献する姿勢をもつことである。助言、指摘、監督を行っても、傍観者・評論家を思わせる言動で

図表4－2　「コーポレートガバナンス・コード」における独立社外取締役の役割・責務

【原則4－7. 独立社外取締役の役割・責務】

　上場会社は、独立社外取締役には、特に以下の役割・責務を果たすことが期待されることに留意しつつ、その有効な活用を図るべきである。

　(ⅰ)経営の方針や経営改善について、自らの知見に基づき、会社の持続的な成長を促し中長期的な企業価値の向上を図る、との観点からの助言を行うこと

　(ⅱ)経営陣幹部の選解任その他の取締役会の重要な意思決定を通じ、経営の監督を行うこと

　(ⅲ)会社と経営陣・支配株主等との間の利益相反を監督すること

　(ⅳ)経営陣・支配株主から独立した立場で、少数株主をはじめとするステークホルダーの意見を取締役会に適切に反映させること

（出所）　東京証券取引所「コーポレートガバナンス・コード」（2021年6月11日）

あれば、取締役会メンバー、特に業務執行側との溝が生じる懸念がある。関係者相互の信頼と尊重のもとに、コーポレートガバナンスの実効性は向上するものであり、相互の尊重を損なう言動をすれば「社外取締役は業務執行のアラ探しをする」「質疑の少ない取締役会が望ましい」などの印象を業務執行側に抱かせ、本来あるべき取締役会運営の姿から乖離し、社外役員が本来発揮すべき役割が機能不全を起こしていくことにも結びつきかねない。IPO準備の段階では、社外役員との関係性の模索をはじめたばかりの状態であることも多く、社外取締役は良質な経営への道筋を示すプロ人材として、業務執行に十分な敬意と健全な緊張感を保ちながら、ガバナンス構築の重要な一翼を担う存在である認識をもつことが、重要である。

2 社外役員の効用

◆社外役員に期待される3つの視点

個々の企業の状況によって相違はあるが、社外役員の助言者、監督者としての役割は、①外部者、②現在、③未来の3つの視点をもって意思決定プロセスに参画することで発揮される（図表4－3）。

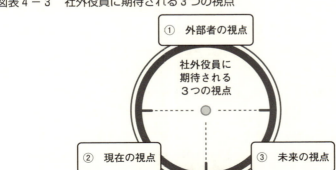

図表4－3　社外役員に期待される3つの視点

①　外部者の視点

　社外役員は、独立性・公正性の役割を果たす者として、一般投資家等の少数株主をはじめとする株主、また、その他のステークホルダーの視点を意識しなければならない。

　取締役会付議の案件は、業務執行の必要、また、社内合意のもとで準備された提案がほとんどである。社内検討での暗黙の前提や前例踏襲等から導かれた取組みは、対外的に納得性、一貫性をもって説明できる内容か。「社内の常識は世間の非常識」といった事態が生じていないか。多面的な視点での検討・確認の内容等といった、適切な説明を確認できれば問題ないが、偏った見方、重要ポイントの見落としがあるなど、質疑を通じて、自己都合・会社都合の強い見方・姿勢に不安が高まる場合は要注意である。

　コンプライアンスをはじめ、社会の価値規範が昨今大きく変化するなか、これまで「やむをえない」慣行としていたことが、現在、重大な問題となる不祥事が毎年のように噴出している。長年の前例踏襲に基づくものであるものの、世間の常識に照らし合わせて気になる議案には、他社事案の例示で気づきを促す、時には毅然として内容確認を徹底するなど、事案に応じて外部者の視点を意識した言動を行わなければならない。企業の組織風土やTPOを勘案して、どのような言動が適切であるか、実際に効果を出せるか、といったテクニカルな面はあるが、「悪しき前例をつぶす」ことに躊躇してはならない。「あのときに、いっておけばよかった」という後悔を残さないことが大切である。

　「外部者」とは単純に社外ととられてしまいがちであるが、「業務執行に直接携わらない」という意味である。会社を外部からみることは、投資家、取引先、従業員やその家族といったさまざまなステークホルダーの立場では、どのようにみえるかという視点でもある。関係者だが、執行に携わる者ではない者の視点に基づく発言は、必ずしもステークホルダー全員の利害に一致するものではない。たとえば、賃金上昇は従業員にとっては好ましいが、投資家にとっては利益配分の減少である。この場合、従業員の士気を高めて生産性を上昇させ、企業価値の向上により中長期的には投資家にも還元をもたらすといった道筋で捉えることが重要である。ただ、賃金上昇で報酬水準に

目がくらむ役職員が増えれば、より高い賃金を払う企業に安易に転職するようになるなど、退職リスクは逆に高まるかもしれない。優秀な役職員が中長期的に定着する仕組みとして捉えられているかどうかは、投資家にも従業員にも大事な視点である。

既に社内関係者で十分な討議を尽くされていることは多く、聞かずとも想像できることの詳細をつつくことは、「自分は知っているが、あなたたちは知らないでしょう」といった示威行為に受け止められることは多く、逆効果であることが多い。案件説明で気になることがあれば、素直に自然に質問することである。会社に不平不満や評価悪化を抱くかもしれないステークホルダーから後日責められるような取組みについて、健全な課題意識をもち、必要があれば対応策を準備しているかどうかを確認し、外部の目をもって会社を守る役目を果たすという視点である。

② 現在の視点

社外役員は、選任された役割期待を発揮し、法律、会計等の専門知識、経営者経験等に基づいて取締役会の審議に参加する。自分の知識、経験から根拠やロジックがよく理解できないこと、将来トラブルが起こりやすいことへの対応を確認するなど、取締役会の議論で気になることがたくさん出てくるケースもあるであろう。

社外役員は、業務執行に携わらずに監視・確認する立場であり、執行による十分な取組みを確認することが本来の仕事である。詰めが甘いところがたくさんあるようにみえる企業の場合、担当役員による取締役会での説明が不十分であったり、社外専門家との相談・確認で適切なコミュニケーションが行われていなかったりするなど、さまざまな状況がありうる。本来は経営者、担当取締役の責務であるが、社外役員自身も善管注意義務等を意識して必要な意見を述べざるをえない。業務の取組みにおいては、実は業務執行側と社外役員ではみえているもの、意識しているものが異なる面がある。業務執行側は当期目標の実現のために動く、あるいは経営の指示に基づいて動くが、社外役員は専門知識や経験をもとに先行きの不安、懸念がない状況を確認する。したがって、業務執行側が知らない、みえていないものを社外役員

が指摘、助言し、その指摘を受けて業務執行側が課題を認識して対応改善を図るケースは少なくない。収益拡大に取り組む業務執行側と専門知識・ノウハウを活用する社外役員の立ち位置は大きく異なっており、社外役員には会社経営の質の向上、ガバナンス機能発揮への貢献が求められている。社外役員の指摘等を踏まえて業務執行側の確認プロセスが向上する、関連対応が洗練されていく状況を見守ることは、社外役員の重要な役割である。ファンド等から派遣される社外役員であれば、派遣当初から求められる役割とその発揮が明確かもしれないが、オーナー株主、経営者・経営陣が自らガバナンスを構築する場合、ガバナンスのデザインがそもそも不明瞭なままであることは多い。社外役員の役割期待が混沌としているのであれば、その状態から早く抜け出していくことが重要である。社外役員の専門知識・ノウハウに基づく言動が、事業活動、業務オペレーションの品質の向上に結びつき、目前の課題解決を積み重ねていく動きは、企業の中長期的成長を支える基盤づくりの実践といえる。

　社外役員の指摘に対して、業務執行側は当初「細かい」「面倒くさい」といった印象を抱くかもしれない。社外役員にいわれる前に、「問題はないか」「こういう場合にはどうしたらよいのか」と業務執行側が自ら積極的に確かめる意識に変化していくことが重要である。社外役員は複数会社の実例を見聞きする経験を通じて、将来伸びていく会社かどうかを見極めるポイントを習得していく面もあるだろう。

　なお、証券会社や証券取引所の審査においては、取締役会付議案件の資料と議事録の確認があり、質疑を含む議事録は取締役会の実効性を確認する重要な資料である。

　IPO準備にとどまらず、企業価値向上に向けて社外役員のスキルが適切に活かされているかは重要である。目の前にある課題を克服するための徹底した取組みは、少し先に待っているリスク要因を事前にあぶり出す効果ももつ。業務執行側の着実な理解を見守り、その先の動きへのステップバイステップでのガイダンスを社外役員と業務執行側が語り合う関係は、良質なガバナンスと企業価値向上との好循環の1つと考えられる。

第 **4** 章　ガバナンス

③　未来の視点

　企業理念、将来目指す姿に、企業が本当に向かっているのかどうかが、未来の視点である。経営者自身が強い信念を抱いていても、事業計画に関する審議が数値積みあげの確認にとどまっているケースは多い。企業が目指す姿に向けた経営の意志は、計画のなかにどのように反映されているのだろうか。社外役員は、独立した立場で事業計画をどのように捉えることができるだろうか。もし企業理念とのつながりが不明瞭であれば、補足説明を求め、質疑、議論を重ねることで、改めて、会社の目指す方向を取締役会メンバーで認識共有することは取締役会として大きな意味をもつ。業務執行側の役員は「いまさら何を」「青臭い」と感じるかもしれないが、一般投資家から企業の将来像はどうみえるかなど、社外役員が議論の口火を切ることは大きな役目である。

　また、他社での好事例を経験した社外役員は、その経験をこの会社で適用できるのかどうかと考えるかもしれない。こういった、よりよいガバナンスを目指す試行錯誤は、取締役会メンバーに貴重な価値をもたらす可能性がある。IPOに向けて、重要会議の運営のあり方をレベルアップさせるような学びが得られることもあるだろう。

　会社の成長ステージに応じて、取締役会における議論水準、品質も変わってくる。IPO準備で社外役員の受入れをはじめたとき、業務執行側の役員は、社外役員による質問、発言の真意を捉えず、とにかく取締役会承認を得るために精一杯であるケースは多い。一般に、業務執行の邪魔をしようと思って、質問や指摘をする社外役員はいない。新興企業に対して、不慣れな対応による重要な見落としがないか、将来に向けた予防的対応を示唆しようとするケースがほとんどである。善意の質問の意味・意義は、業務執行側の実践経験の積み重ねで理解されることが多い。業務執行側はしばらく時間が経ってから、社外役員の問いかけの意味がわかってくるのである。そうした経験を得た業務執行側の役員が、他社の社外役員に就き、その活躍を通じて好事例が連鎖していくことが期待される。

　社外役員は、他社の事例も踏まえて、少し先の未来を見通した発言を行う視点をもつことがある。未来の視点に基づく社外役員の発言を業務執行側が

159

理解することは、現在は１つの通過点でしかない、という気づきにつながっていく。そして、将来像を具体的に描き出すこと、その成功の蓋然性を高めるための現在の取組みという認識は、多くの関係者から積極的な関わりを引き出す役目を果たす。

◆ 有益な発言のベース

　取締役会が形式的手続の状態を脱し、企業価値向上につながる重要事項を本質的に議論する場にできるかは、社外役員が「外部者」「現在」「未来」の３つの視点をもって言動を重ね、業務執行側との会話が掘り下げたものになっていくことが必要である。

　独立性・公正性の観点を重視する社外役員は、反面、自らの独善性を戒めなければならない。社外役員の評価尺度が企業価値向上への貢献度にあるとすれば、発言内容が正しくても企業価値の向上につながらなければ、貢献は発生しない。業務執行側の行動に影響を与えない、あるいは逆に頑な抵抗が生じれば、企業価値を損ねる結果にもなりかねない。社外役員は業務に携わらずに、業務執行を健全な方向へ進む言動を意識しなければならず、それが最終的に企業価値の向上をもたらす。

　社外役員の有益な発言のベースは、「会社を守る」「会社の健全な成長に貢献する」意識を示し、業務執行側も社外役員の言動の真意を認識共有できることが重要である。

◆ 定期的な見直しと新陳代謝

　社外役員の参加の前と後で、取締役会の運営実態は大きく変化する。高度の専門性や豊富な経験をもった外部者が取締役会に加わることは、社内関係者にプレッシャー、ストレスをかけるが、その負荷以上のリターンが社外役員には求められている。「外部者」「現在」「未来」の３つの視点による効用が得られれば、健全な緊張感はむしろ効果を高めるプラス材料でもある。

　一方、社外役員の取締役会での発言が企業価値向上への貢献が不透明なものであっても、その人物が社外役員としての形式要件を満たし、上場審査の無事な通過に問題がないだけで十分な効用があり、むしろ、業務執行にスト

第**4**章　ガバナンス

レスをかけてほしくないという企業も存在する。どのような取締役会運営が企業の成長につながるかは明らかであるが、運営スタイルの選択は経営支配株主の嗜好による。

　社外役員の専門性・経験を企業価値に積極的に取り込もうとする場合、社外役員の効用は定期的に見直す必要がある。当初活発だった取締役会の運営がマンネリ化し、社外役員の気づき、助言、指摘や質疑が乏しくなってきた場合、現在の社外役員による貢献は役目を終わりつつあるのか、それとも新たな検討材料での刺激が少ないのかなど、状況を見直すことも必要である。事業基盤強化に伴い、取締役会に諮られる案件についてより真剣な議事が必要となり、社外役員の存在が一層重要となるケースもある。高度な議論が必要となる専門分野の特定化が進み、その分野の見識がより必要となれば、社外役員に求められる要件も変化するかもしれない。また、専門性の有無にかかわらず、企業価値向上への貢献が限られれば、社外役員の見直しも必要である。

　なお、社外役員の価値・効用を引き出すためには、経営側から社外役員への積極的な働きかけも必要である。社内事情がわからないことを理由として、発言を控えている社外役員は多い。取締役会をより有効な場とするために、取締役会の実効性評価の導入も一般的になりつつある。取締役会メンバーの新陳代謝も含め、取締役会の適切な運営をレベルアップしていくことが重要である。

◆ 社外役員選任とIPO準備

　前節で、社外役員選定の3つの切り口（形式要件の充足、経営者ロールモデルとしての役割、経営者を評価する役割）を述べたが、多くのIPO準備企業では、形式要件を満たす社外役員の選任で手一杯であり、社外役員が本来あるべき役割を早々に発揮するケースは少ないかもしれない。IPOに成功する重要な要素の1つとして「健全な組織文化」に触れたが、社外役員の参画による取締役会の変化を通じて社外役員の効用への理解がはじまるという観点でも、社外役員が本来の役割期待を発揮できる環境を整える意識が重要となる。

社外役員の受入れという点でIPO準備は重要な機会であり、特に最初の社外役員の選任は非常に重要である。優秀な取締役会メンバーによる他社との差別化、新規事業の取組み等における視野の拡大、事業ポートフォリオ見直しの健全な議論等、企業価値増大に向けた新たな視点の取込みは重要な意味をもつ。持続的な成長の仕組みづくりとして、取締役会の機能強化は経営者個人の舵取りから意思決定機能の組織化へのシフトを進めていく一環でもある。

　ここまで、社外役員の役割・責任について個々人の言動に焦点をあててきたが、取締役会以外にも重要な機関、監査役等が存在する。次節では、取締役の職務執行状況を監視・監督する存在である監査役等について述べる。

・第 4 節・

監査役等

1 監査役等とは

◆監査役の源流

　監査役等とは、監査役会設置会社における監査役、監査等委員会設置会社における取締役監査等委員、指名委員会等設置会社における取締役監査委員を指す。

　古代ローマでは「ケンソル」（監察官）と呼ばれる政務官がローマ市民の家族・資産状況等の調査「ケンスス」を指揮し、市民の風紀を正すとともに、元老院の名簿改訂や除名ができる強固な権利を有していた。日本では、源平合戦で源義経の監督を命じられた、梶原景時が源頼朝への訴状を提出したことで義経の失脚は決定的になったともいわれる。

　組織の長の単独行動を監視する役割は古くから存在しており、権力の分立あるいは強固な牽制機能によって、特定個人の暴走を防ぐ仕組みがつくられてきた。

　大航海時代には王侯貴族が航海プロジェクトに投資し、航海者（業務執行）と投資者（株主）で利益を分与したのが株式会社のルーツともいわれる。航海者にはオペレーションが委ねられたが、同時に、資産の管理を行う別人が不正に目を光らせていた。貴族の資産管理は管理人（スチュワード）に委託され、これが後の会計監査人や資産管理会社、監査役等の源流であるという説もある。

◆監査役の役割

　監査役は、会社の経営を監視・検査する者として、取締役や重要な役職員の職務執行に問題がないこと、重要な報告にまちがいないことを確認するのが基本的な役割である。

　社外取締役と社外監査役の役割の決定的な相違は、監査役は自己の責任に

おいて監査報告書を提示する点にある。

　過去の企業不祥事において監査役の本来の役割が発揮されなかった反省を踏まえ、監査役には職務遂行に必要な調査権・費用請求権、会計監査人の再任可否、取締役会の招集、取締役の違法行為差止等、強力な法的権限が与えられている。

　一方、多くの重大な不祥事では、外部弁護士を委員長とする調査委員会による調査において、監査役が十分な機能を発揮できなかったとされる場合がある。その理由としては、①監査役に適切な報告が行われていない、②監査役が重要な情報を見逃している、③監査役としての問題意識が十分でない、といった点が指摘されることが多い。そして、これらの指摘内容は絡み合っている面もある。

　こうした事例を踏まえ、証券会社や取引所のIPO審査では、「監査役はどのような監査を行っているか」という質問を通じ、監査役に重要な情報が入っているか、どのような確認を行っているか、監査役は経営陣と良質な会話を行っているか、といった観点での監査役の行動内容の確認が求められる。

◆ 常勤監査役の役割

　前社長が会長に就くことで新社長の後見人と目される人事は多いが、副社長・専務が監査役に就くことで、経営陣に目を光らせるとみられる人事もある。このような人的関係を背景にもつ常勤監査役であれば、経営陣への強力な牽制機能が期待される。単なる人間関係だけでなく、経営経験等から、経営陣の見落とし、不注意を戒める機能を具備していることが想定されるからである。

　経営経験をもたない場合でも、営業、管理、内部監査等のさまざまな経験が常勤監査役の職務には役立つ。監査役（会）スタッフや内部監査の機能が十分でない場合、常勤監査役自身がリスク管理、経理財務、内部統制等の基礎知識をもち、業務の実態を公正に確認する姿勢が求められる。監査の実効性を高めるためには、経営者と同様に、常勤監査役にも必要な情報収集・分析に努めることが求められる。

　また、監査役会では社外監査役が半数以上、監査等委員会・監査委員会で

164

第**4**章　ガバナンス

は社外取締役が過半数以上を占めることが求められている。監査機関のなかで常勤監査役が中心となって、社外役員への情報発信や認識共有をはじめとする、社外役員と業務執行側との重要な橋渡し役を担うケースが多い。IPO審査では、監査役会の議事録・資料等や監査役調書等の活動記録で、監査役活動の実効性の確認が求められる。

② 監査役の選定

◆常勤監査役の選定

　常勤監査役は、事業内容に精通し、役職員を知り、的確な意見を直言できる人材が望ましい。TPOをわきまえたエチケットは当然必要だが、適時適切な確認を求めて、経営に話しかけるような人材を監査役に選定することが、良質なガバナンス、健全な組織文化の形成につながる。「取締役にはしないが、監査役に」といったように本人適性をよくみることなく行われる監査役任命は、ガバナンス機能に対する経営者の理解不足の象徴であり、多くの不祥事において監査役の機能不全が明らかにされている。監査役の良質な行動は組織の健全性を保つことが中心であるため、その効能は表に出にくい実相があり、監査役人材の選定を難しくしている側面もある。

　監査役職務には、年齢に関係なく、学習曲線の上昇継続が求められる。監査役に就くことを想定して、これまで長年の業務経験を積み重ねている人は少ない。監査役任命時に、これまでの経験をどのように監査役職務に活かせるか、戸惑いを覚える人がほとんどであり、自ら学習、成長する姿勢が求められる。社内に適任者がいない場合には社外から常勤監査役が招かれる。他社での経験の活用を期待され、他社監査役経験者や監査法人出身者が就任するケースが多い。大手上場企業では監査役スタッフが充実している場合が多いが、新興企業の場合は監査役の補助スタッフがいない、他業務との兼任者が多いなどの状態が通常であり、監査役自らがスケジュール調整・PC操作等をいとわないフットワーク、積極的なコミュニケーション能力、会計等を含めた管理業務の基礎知識、会社事業活動への関心等、多面的な実働が求められることが多い。

165

◆非常勤の監査役の選定

　社外監査役は社外役員であり、選定の切り口、役割期待は社外取締役の選定で触れたとおりである。経営の執行状況を監視・確認する観点が重視されるため、非常勤の監査役には特に形式要件の充足とともに、外部者として現在の取組みの課題を注視する視点が求められる。したがって、専門知識の発揮が期待され、弁護士、会計士が就くケースが非常に多い。常勤監査役には管理業務経験者が就き、常勤監査役が一般的なビジネス知識で見落としがちなリスクを、法務・会計の専門知識をもつ非常勤監査役が補い、監査役のメンバーが協働することで、監査機能全体の実効性を発揮する組合せが典型的である。

　非常勤監査役の専門知識、豊富な経験を活かすためには、自社重要情報の共有が必要であり、常勤監査役、経営者のみならず、取締役会事務局、監査役会事務局等から非常勤監査役に対する情報の提供が重要となる。

③　三様監査

◆「連携」と「連係」

　協力しながら手に手をとってともに対応するのが「連携」、それぞれ独自の動きを尊重、認知して全体力を高めるのが「連係」という解釈がある。野球のダブルプレイは連係プレイといわれるが、セカンド、ショートはそれぞれの役割を果たすことで守備力を発揮するものであり、カバーはするが互いの領分には立ち入らない。現在は「連携」で統合された表現が一般的であるが、「連携」と「連係」の相違をよく意識すべきである、と説くベテラン監査役は多い。

　筆者は「監査を受けるのを楽しみにしていました」という言葉に驚いたことがあるが、監査業務には警戒感を抱かれるのが通常である。監査業務への風評が一般的に芳しくないのは、監査役や監査部門が業務の支援やカバーをすることは「自己監査」と呼ばれ「禁じ手」である影響が大きい。監査には助言、指摘が求められるため、監査役が自ら業務執行に加わった場合、その作業を監査する資格を失う。業務執行側からみれば「口は出すが、手を貸さ

ない」人となるが、独立した牽制の発揮が監査の大前提である。上場審査では、独立した牽制機能の発揮が健全な組織運営の絶対条件であり、自己監査の疑いを招く活動を監査役・監査部門が行った場合、内部統制は不十分とされて上場申請は通らない。

　また、過去の監査で「問題ない」と判断されていたにもかかわらず、社会規範、価値観の変化を背景に判断基準が変化している場合がある。したがって、過去の監査で問題がないとしても、その後を保証するものではなく、監査の都度、適正性を確認する必要がある。監査を受ける側にとっては、何度も同じような対応を繰り返し、担当者によって判断が変わるのは本当に公正かというイメージを抱くかもしれないが、仕方ない面がある。

◆三様監査

　三様監査とは、監査に関わる監査役、内部監査、会計監査人の三者が「連係」することで監査の実効性を高めることである（図表4−4）。監査役は取締役会・取締役の職務執行の監視と重要な報告の確認、内部監査は内部統制システム上で問題ない社内処理の確認、会計監査人（監査法人）は財務報告・計数管理を中心に問題がない状態を確認する。

　これら三者の確認対象・視点はそれぞれ異なるが、会社の事業活動という同一対象を異なる三者の視点で捉え、経営・業務執行の課題と対応状況等を確認することで重要なリスクや問題点が浮きあがる。重要問題が発見された場合、取締役への聴取、社内プロセス・証憑等の確認、財務数値の検証等、三者は各々の役回りで状況を把握し、情報共有・意見交換等を行うなど、三様監査を通じて実態把握が深まる。

　IPO審査では、それぞれの監査活動の状況・確認結果とともに、三者間でどのような連係が行われていたのか、監査役・内部監査・会計監査人の定期会議、会計監査人の監査計画に対する監査役活動の確認等を証券会社・証券取引所は、会議内容や関連資料を通じて確認し、三様監査が正常に機能している状態が確認されることとなる。

図表4－4　監査体制の整備と三様監査

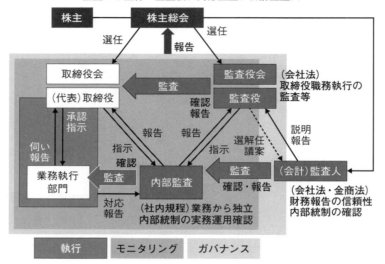

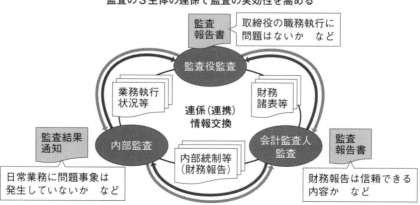

第**4**章　ガバナンス

4　企業の成長フェーズと監査役

◆IPO準備前段階の監査役

　取締役会設置会社では監査役の設置が必要となるが、監査役の活動状況は、会社、監査役個々人でかなりの違いがある。IPO準備では、複数の監査役から構成される監査役会等のガバナンス体制を手当てする必要があるが、その前段階の個別監査役の活動状況によっては監査役会の組成自体が難しく、IPO準備は時期尚早のケースもある。監査役の活動状況は、IPOまでどれほどの時間がかかるかを見定めるポイントの1つである。

　法律上、取締役会が設置されれば、監査役を置かなければならない。実際には創業者の親族を監査役として、その業務を会計に限定すること（「会計限定監査役」）で形式要件を整え、雛型どおりの監査報告書は用意されるものの、実質的な監査役活動は極めて限定的である会社は非常に多い。しかし、会社の成長とともに、個別課題だけでなく、会社全体の状況を把握し、組織運営における大きな問題の有無確認・運営状況を監視することはますます必要となる。そうした状況を背景に、会計に限定せず、業務執行の状態を確認する常勤監査役の設置は自然である。監査役の活動は、取締役会への参加、会計数値確認、法令等遵守を最低条件とし、適法性の観点等で懸念事項がある場合には指摘、意見を述べ、重要な役職員との面談等も通して会社運営実態への考察を深めていく。この状態まで整えたうえで、IPOに向け、社外監査役が参画する監査役会の設置に取りかかることになる。

◆顧問・アドバイザーとして相性を確かめる

　IPO準備の検討時点では内部監査体制ができていない会社は多い。コスト管理に厳しい中小・中堅企業は、管理部門を最少人数で対応する運営方針となっていることが多いため、その状態からIPOを目指して、監査役、内部監査、内部統制の人員を徐々に手当てしていくことになる。監査役には管理業務のベテラン人材が就くことが多く、外部からシニア人材を招くことも多い。また、正式に監査役として就任する前に、そうした外部人材に内部監査・内部統制の顧問・アドバイザーに就いてもらうケースがある。

169

会社の事業内容、オペレーションの整備状況、組織風土を知らないまま、常勤となる社外監査役に就任するリスクはかなり大きい。したがって、会社のリスク状況等を監査役就任前に知っておく観点でも、監査役就任前に内部監査や内部統制の整備を助言、指導できる機会は貴重である。社外役員としての「外部者の視点」で役職員の法令遵守等の価値規範に大きな違和感を覚えるような組織風土・組織文化であれば、監査役に就任するリスクは大きく、経営者、業務執行側との信頼関係の構築が難しいことも予想される。

　会社側にとっても監査役候補者の経験、実力、仕事の進め方等をあらかじめ知る意味は大きい。大企業では内部統制システムが十分整備されている状態が通常であるが、大企業と同等の水準を新興企業に求めると、現状業務の継続に著しい障害が発生してしまう状況が起こりうる。会社の実情に応じてリスクの優先度を見定め、段階的な改善を進めていく指導、助言ができるかどうか、また、役職員が理解、適応できるかどうかを考えなければならない。実際に仕事を一緒にしてみれば、監査役候補者と業務執行側の双方がうまくかみ合って動けるかどうかの感触が得られる。

　監査役に限らず、社外人材を要職者に招き入れる場合、当初、顧問、アドバイザーといったステータスで受け入れ、一種の試用期間として、双方の相性がわかる期間を設定することは賢い対応である。

◆ 監査役の評価

　上場審査における監査役の評価は、監査役監査計画や監査調書等の関連資料と面談で行われる。監査役が業務執行側と結託している、自己監査を行っている、役職員の規律を正すべき点が緩いなど、監査役の業務執行への牽制機能に疑念がある場合、上場審査では深刻な懸念事項とみられている。その確認のため、監査調書、監査役活動記録など、監査役が実際にどのような活動を行っているかを示す書類を求められる。

　実情をよく捉えないまま、形式的な指摘を重ねる「社内審査官」のような監査役が社内関係者から不興を買っているケースもある。「監査役の誤解と、監査役が上場審査担当者に与えた誤解を解くことが大変だった」と、監査役がIPO準備の障害であったと振り返る経験者もいる。

監査役に求められる役割期待は各社さまざまであるが、重要な事項について業務執行側が監査役に事前に見方・意見を求めるケースは多い。口封じのための根回しは問題だが、公正不偏で、社内関係者にとって相談しやすく話しかけやすい監査役が理想的であろう。

　常勤監査役は社内で独立性を高く保つことが求められるため、監査役職務について気軽に話し合う相手を社内で見いだすことは難しい。また、一個人が監査役として関わる会社の数は限られることもあり、日本監査役協会等で他社の監査役と直接、情報・意見交換ができるネットワークは、監査役にとって非常に貴重な存在である。

◆六正六邪

　監査役に限らず、周囲を自分の思いどおりに動かそうとする人物は厄介で、周囲に有益な気づきを与えてくれる人物はありがたい存在である。

　監査役は強い権限をもち、独立性が高い役職でもあるため、経営者は、監査役が内外関係者にどのような影響を与えているか、注意深くみる必要がある。監査役は、通常の業務執行側とは異なる角度でさまざまな情報収集・分析を多面的に行う職務でもあり、その職務を果たしている者の見解、意見は重要な示唆をもつことがありうる。帝王学の古典『貞観政要』に、評価すべき家臣・遠ざけるべき家臣を示す「六正六邪」のたとえがある。現代風に解釈すると、遠ざけるべき家臣とは、周囲の様子をうかがうばかりの者、こびへつらい経営者判断を迷わす者、組織を混乱させ、最悪には会社を存続の危機に陥れる者である。一方、評価すべき家臣とは、良心良識を促す者、高い倫理観、優れた助言等によって貢献する者、諫言を含め、窮地から救う活動をする者があげられている。なかでも「聖臣」は「兆しもみえない状態から存亡の危機となる芽をことごとく摘み、超然として続く繁栄をもたらしてくれる」者とされる（山本七平『［新版］指導者の帝王学』PHP研究所）。

　大騒ぎしながら問題解決に活躍する者は人の目を引くが、的確な対応で未然に問題を防ぐ人に目を止めることは容易ではない。会社が進むべき方向を示す「灯台」のような存在、「リトマス試験紙」のように客観的な状態を示す存在は、組織の永続的な成長発展を支える重要な存在である。

第5節

機関設計と会社の動かし方

1 会社法上の機関設計の3タイプ

　会社法上の機関設計は、大会社・非大会社（中小会社）、公開会社・非公開会社の区分によって**図表4-5**に示した選択が存在する。基本的には、IPO準備企業は公開会社かつ大会社となる前提で、①監査役会設置会社、②監査等委員会設置会社、③指名委員会等設置会社のいずれかを選択する必要がある（**図表4-6**）。IPO準備スケジュールでは、N-1期（申請直前期）には機関運営が開始され、議事録、会議資料等でN-1期、N期（申請期）の運営状況を証券会社、証券取引所による審査で確認するため、このスケジュールを前提に社外役員の選任手続等を進めなければならない。

　機関設計に応じて必要な要件や、社外取締役、社外監査役等の役割期待の相違があるため、経営者は自社状況に適した機関設計を選択する必要がある。

　機関設計タイプ別の特徴を簡単に説明していこう。

図表4-5　会社法上の機関設計

	公開会社	非公開会社
大会社	● 取締役会＋監査役会＋会計監査人 ● 監査等委員会設置会社 ● 指名委員会等設置会社	● 取締役＋監査役＋会計監査人 ● 取締役会＋監査役＋会計監査人 ● 取締役会＋監査役会＋会計監査人 ● 監査等委員会設置会社 ● 指名委員会等設置会社
非大会社	● 取締役会＋監査役 ● 取締役会＋監査役会 ● 取締役会＋監査役＋会計監査人 ● 取締役会＋監査役会＋会計監査人 ● 監査等委員会設置会社 ● 指名委員会等設置会社	● 取締役 ● 取締役＋会計参与 ● 取締役＋監査役 ● 取締役＋監査役会 ● 取締役＋監査役＋会計監査人 ● 取締役会＋監査役＋会計監査人 ● 取締役会＋監査役会＋会計監査人 ● 監査等委員会設置会社 ● 指名委員会等設置会社

図表4-6　機関設計の3タイプ

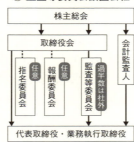
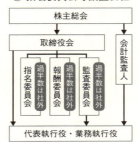

2　監査役会設置会社

◆最も選択される機関設計

　監査役会設置会社はIPO準備企業として最も選択される機関設計である。その最大の理由は、会計監査人不在の状態が認められるためである。上場承認時には2期分の監査証明を提出する必要があるため、IPO準備として、監査法人と監査契約を締結するが、監査契約の段階では正式な会計監査人とはならない。会計監査人が未就任の場合、監査役による会計監査が正式なものとなり、監査役会メンバーのなかに会計に詳しい監査役が加わることが通常は求められる。

　取締役会設置会社は監査役を置くことが求められるが、IPO準備開始のかなり前から「取締役会＋監査役」の機関設計で運用されている会社は多く、その次のステップとして、監査役の人数を増加した監査役会の設置はイメージされやすい。監査役会設置会社では、監査役会に半数以上の社外監査役が求められる。常勤監査役を中心に、監査役会運営、監査計画等の監査体制の構築・運用を早急に進める必要がある。

◆監査役の独任制と取締役会への参画

　過去の企業不祥事の反省を踏まえ、監査役には強力な法的権限が与えられている。また、監査役の個々人が1つの機関であり、その独自の判断が尊重

される独任制とされている。監査役会決議が行われても、監査報告書に異見・異論を述べる権利をもつなど、監査役は監査役会等によってその行動を制限されない。

監査役および監査役会は取締役会および取締役の職務執行状況を監視・監督し、適法性の観点を中心に重要な問題がない状態を確認する。監査役は取締役会における議決権をもたず、取締役会の運営状況に問題がないことを議事、資料等で確認する。確認を要する点、関係者の認識共有が必要な点等があれば、取締役会で発言することで善管注意義務を果たすことは社外取締役と同様である。

◆ 監査役会の属人性

監査役会設置会社は、監査役に強力な権限を与えることで経営に対する牽制機能を発揮することが期待される機関設計である。したがって、監査役は個々人として取締役、取締役会の職務執行を確認する姿勢が求められるが、業務執行側との円滑なコミュニケーション、信頼関係の構築が可能かは監査役個々人に依存する。しかし、実際には監査役個人の情報収集・分析等の行動には限界があるため、通常、監査役同士の連携により監査役監査の実効性を高める対応が現実的である。

3 監査等委員会設置会社

◆ 経営側に好まれる機関設計

監査等委員会設置会社は、2015年から導入された比較的新しい機関設計である。過半数の社外取締役を含む取締役3名以上で構成する監査等委員会が、取締役会の職務執行を組織的に監査する機関となる。

監査役会設置会社では、社外監査役と社外取締役は異なる人物であるが、監査等委員会の監査委員となる社外取締役は、取締役会の社外取締役でもあり、結果として会社全体における社外役員の総数を絞ることができる。また、監査等委員会は組織的活動を基本とするため、常勤の監査等委員を必須とはしない設計となっている。社外役員総数の減少、常勤性が任意となる点

第**4**章　ガバナンス

が経営に好まれ、監査役会設置会社から監査等委員会設置会社に移行する会社が多いと一般的にはみられている。

◆ 組織的監査とは

監査等委員会設置会社が組織的監査を行う体制として、業務執行から独立して内部統制の運用状況を確認する「内部監査部門」を監査等委員会の下に置くことに一定の合理がある。常勤の監査等委員は不在でも、監査等委員会をレポーティングラインとする内部監査部門が内部統制の状況確認を担うことで、事業活動・組織運営詳細が監査等委員会に報告される状態となる。

監査等委員には、弁護士、会計士、他社経験者等が就くことが多く、委員の専門分野や経験から詳細確認が必要な事項があれば、直接、内部監査部門に指示し、結果報告を求めることができる。また、監査等委員は取締役でもあり、取締役会における議決権を有する。監査等委員は社外取締役であるが、会社の詳細現状を知りうる立場でもある。議決権行使をもつ責任は相当に重い役目を担っていることを意識する必要がある。

◆ 組織的監査の光と影

監査役監査は監査役の属人的な部分による部分が大きいが、内部監査には業種・業態を超えた標準的な手法が存在する。高度な専門知識や豊富な他社経験をもつ監査等委員の指示に応えるため、内部監査部門には専門スキル・ノウハウをもつメンバーが求められる。

監査等委員の過半数は社外取締役であるが、社外取締役の総数が絞られ、かつ、社内実態を掌握できる監査等委員は必然的に重みを増す。内部監査部門等との緊密な関係をもとに、監査等委員の会社への理解が深まるため、取締役会において実務詳細の説明が減り、経営戦略の実効性、事業ポートフォリオ見直し等、経営の本質に関わる議論が深まったことを評価する取締役会メンバーは多い。

一方、監査等委員会設置会社への移行の狙いが、社外役員の削減、常勤となる監査等委員の排除であれば、社外からのガバナンスをできるだけ抑えたい意向は明確である。監査等委員会、内部監査の活動の本格化で強力な組織

175

監査を期待できる一方、内部監査が監査等委員会の指示どおりに動かない、監査等委員会に必要な情報が入ってこない、といった事態に陥った場合、コーポレートガバナンスの機能が著しく低下する懸念が生じる。

　監査等委員会設置会社において常勤となる監査等委員の有無は法的に任意であり、十分なガバナンスが効いている実態を示せれば、上場審査でも問題にはならないが、実際は常勤の監査等委員取締役を置くケースが多い。常勤の監査等委員を置かない場合には、株主総会、投資家向け説明会等で、経営者のガバナンス意識が十分であること、そして、監査等委員会の活発な活動、内部監査やレポーティングラインの充実を十分に説明できる状態を整えることが求められる。

　監査等委員会設置会社におけるIPO準備の審査のポイントは、監査等委員会の活動実態、業務執行に対する牽制機能の実効性であり、監査役会設置会社の場合と大きく変わらない。社外取締役の資格要件、監査等委員会・内部監査部門の活動実態・議事録等の関連情報記録が整っているうえで、監査等委員の視点で会社はどのように捉えられているか、必要な対処が講じられているかなどが、上場審査でも重要である。

4　指名委員会等設置会社

◆ ガバナンスの先進事例に倣って

　指名委員会等設置会社では、指名委員会、報酬委員会、監査委員会の委員会設置が必須となり、各委員会では過半数が社外取締役であることが求められる。他の機関設計でも指名・報酬委員会を任意で設定する会社は多いが、指名委員会等設置会社は、こうした委員会を必須とし、経営者の後継選定、報酬をお手盛りにできない体制を明確にする機関設計であり、アメリカの企業等の事例に倣ったものである。

　指名委員会等設置会社は高度なコーポレートガバナンスを取り入れた機関設計として、2003年の商法改正で「委員会設置会社」として導入がはじまったが、外部役員が主導するガバナンスには慎重な企業が多かった。その後、2015年改正会社法で「指名委員会等設置会社」に名称を変更した後も導入企

第**4**章　ガバナンス

業の数は限られ、東京証券取引所上場の企業で88社にとどまっている（東京証券取引所「東証上場会社コーポレート・ガバナンス白書2023」（2023年3月））。しかし、実際の機関運営状況をみると異なった様相がみえる。

◆ **指名委員会・報酬委員会の設置状況**

　指名委員会・報酬委員会が任意とされる会社も含めると、プライム上場企業の8割以上、スタンダード上場企業の3割以上が指名委員会・報酬委員会を設置している（**図表4－7、図表4－8**）。

　コーポレートガバナンスの高度化を背景に、プライム上場企業における委員会の設置比率は2018年から2022年の5年間で大幅に伸びている。

　指名委員会・報酬委員会の運営においても、社外取締役の比率は指名委員会等設置会社で7割強、監査等委員会設置会社で7割弱、監査役会設置会社で6割弱となっており、任意設定の場合でも過半数の社外取締役が占めている。指名委員会等設置会社で求められる機関運営は、監査等委員会設置会社、監査役会設置会社の機関設計においても、ほとんどのプライム上場企業で取り入れられているのが実態である。

図表4－7　指名委員会・報酬委員会の設置状況（東証上場会社）

集計対象	社数	指名委員会等設置会社		監査等委員会設置会社または監査役会設置会社			
		法定の指名委員会・報酬委員会		任意の指名委員会		任意の報酬委員会	
		会社数	比率	会社数	比率	会社数	比率
全社	3,770社	88社	2.3%	2,036社	54.0%	2,175社	57.7%
プライム	1,837社	72社	3.9%	1,464社	79.7%	1,499社	81.6%
スタンダード	1,456社	11社	0.8%	494社	33.9%	547社	37.6%
グロース	477社	5社	1.0%	78社	16.4%	129社	27.0%
JPX日経400	399社	37社	9.3%	330社	82.7%	333社	83.5%

（出所）　東京証券取引所「東証上場会社コーポレート・ガバナンス白書2023」（2023年3月）

図表4-8 指名委員会・報酬委員会設置の推移（東証プライム）

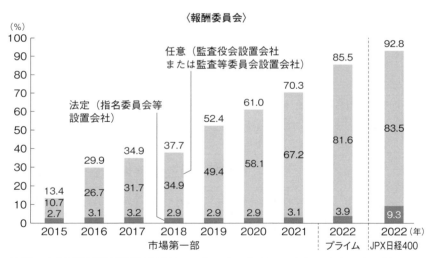

（出所）東京証券取引所「東証上場会社コーポレート・ガバナンス白書2023」（2023年3月）

第**4**章　ガバナンス

5　IPO準備企業に対する示唆

◆ ツールとしてのコーポレートガバナンス

　IPO準備に必要な形式要件を整える視点で、コーポレートガバナンス体制の整備を進める経営者、関係者が実際は多いかもしれない。しかし、単なる形式要件としてコーポレートガバナンスの体制を整備するだけではなく、コーポレートガバナンスの機能を企業価値向上に活かす意識の覚醒が経営者にはますます求められている。多くの上場企業が指名委員会、報酬委員会を導入するなか、設置しない会社は逆にその理由を問われることになる。指名委員会等設置会社の取締役会の議論では、「中長期成長」「持続的成長」がキーワードとして多く検索されると分析されている。

　本章第2節で、社外役員選定の切り口の1つとして「経営者を評価する役割」をあげた。これはプライム上場企業では当然の切り口であり、グロース上場企業においても、経営者に独立・公正を保つ社外役員から評価を受ける存在である。社外役員を担う者に対して、会社代表者である経営者が説得性・透明性をもった言動を示せる存在であるかどうか、上場企業の責任者である覚悟・理解ができているかどうか、経営者は自らを改めて振り返ってみる必要がある。

◆ 成長の源のベールを剥がす

　機関設計のタイプ別での特徴等を本節で説明したが、取締役会での議論等、個々の会社の意思決定機関の運用実態に触れる者は限られている。取締役会メンバーは、取締役会の議論、判断、決議だけでなく、その後に実際にうまくいったこと、いかなかったことの検証もプロ経営人材の知見の積み重ねには有用である。将来の追跡は難しいとしても、現在問題となっている案件が、過去どのように議論、判断されてきたかを確認すれば、議論・思考のプロセスを追うことができる。事例審議の積み重ねを通じて意思決定の要諦を捉え、思考力、応用力、先見力を高め、企業価値向上につなげることが重要である。どの会社でも同じような課題や意思決定プロセスを実行しているものであり、多くの他社事例、特に大きく成長した企業における意思決定プ

179

ロセス、企業成長の源となるベールを剥がせば参考となる点は多い。守秘義務の厳守徹底は必要であるが、特に社外役員は、参考事例をはじめ、多くの機会・経験をもつことによる広い視野、多面的な視点が期待される。社外役員は、各社の実情を踏まえたうえで最適なアプローチを心がけ、業務執行側はさまざまな問いかけを通じて社外役員の真価を活かすアプローチが有用である。業務執行側、社外役員がともに企業価値向上を目指し、健全で活発な議論が実践されるガバナンスは、企業の成長の重要な源でもある。

第4章 ガバナンス

進化するコーポレート
ガバナンスの担い手

　日本監査役協会は2024年に創立50周年を迎え、「進化するコーポレート・ガバナンスの担い手として」というタグラインを策定し、監査役等のあるべき姿を追求する決意表明を行っている。また、同協会はウェブサイト上で「改めて知る監査役のこと」という動画で監査役の役割や活動目的を紹介している。そのなかで、取締役と監査役は対立の関係ではなく、両者はコーポレートガバナンスの重要な担い手であり、コーポレートガバナンスの実現に向けた「協働」の関係にあると明言している。また、監査役の主な職務として、①取締役の職務執行の監査、②経営判断原則（事実認識、意思決定プロセス、意思決定内容の合理性）に基づく善管注意義務、③社会的責任の観点での経営状況を確認、をあげている。

　監査役の活動は「適法性監査」に重点を置いた説明が一般的であるが、コーポレートガバナンスの広がりと浸透、開示情報への監査義務等、監査役に対する役割期待の高まりを反映し、監査役活動の本質的な内容について広く理解を求めるという、強い意向があらわれている。

　筆者は、近頃、知人から、監査役人材に関する照会を受けることが増えている。会社買収等で社長、CFO人材の手当てはメドがつけやすいが、監査役の候補者は適任者がなかなか見つけにくいという話を聞いた。人材エージェント会社からの候補者紹介は多いが、監査役業務に詳しいエージェントは限られているともいわれる。監査役は「閑散役」と揶揄される時代もあり、いまだにそのイメージの強い会社もあれば、コーポレートガバナンスの重要な担い手としての監査役を求める会社もある。監査役会体制を構築するなどの際に、他社での常勤監査役経験者を外部から採用する場合、監査役活動に対する考え方、経験・背景は候補者によってさまざまであり、

181

会社側と候補者側双方に相違がある状況もある。形式要件を満たす手続であれば監査役経験者採用には時間がかからないかもしれないが、企業価値向上への役割期待を求めるのであれば、慎重に候補人材を探ることが重要である。

　会社の機関設計の3タイプを前述したが、このタイプの違いは、監査役の役割期待の相違でもあり、機関設計上、コーポレートガバナンスにおける監査役の役割がいかに重要であるかを物語っているものでもある。

　一般的に「監査役はこだわりをもつ人が多い」と経営者からみられることが多いようである。監査役が反対意見を述べること自体に抵抗を示す経営者もいれば、反対意見の理由、根拠がわからないという経営者もいる。前者は、経営者のガバナンス意識に問題があり、IPOに向けて意識改善が必要となるだろう。後者は、経営者と監査役の間のコミュニケーションが十分でなく、監査役の説明能力や状況理解に不足がある場合もある。経営者と監査役の双方にとって、企業価値向上が共通目的であれば、両者にわだかまりが起こる真因は何かを掘り下げて考える必要がある。

　前述した日本監査役協会の説明動画は、監査役のあるべき姿を示したものであるが、監査役の気づき、助言、指摘が、会社、従業員等のステークホルダーを守り、経営者の課題意識に刺激を与え、企業価値向上につながっていく事例の広がりが期待されている。監査役のあるべき姿に関する情報発信の広がりにより、経営と監査役のあるべき「協働」について関係者の理解が浸透し、健全な課題認識がさまざまに議論されることで、経営品質や監査品質が企業価値向上を生み出す好循環が広がっていくことが期待される。

第 **5** 章

資本政策

第 2 章〜第 4 章ではIPOに備えた組織体制の構築を念頭に置き、経営者を含む役職員、外部専門家、ガバナンスを含む人的要素と内部統制への意識等、重要な内的要素を説明した。本章からは、IPO準備企業の経営者として外部への働きかけ、関わりとして理解しておくことが望ましい外的要素を取りあげたい。

第 **1** 節

資本という経営資源

1 資金管理と資本政策

◆経営資源と「カネ」の位置づけ

　最初は、資本政策である。公開企業とは、株式市場から直接資金調達ができる企業であると同時に、自らの資本政策の認識を市場から問われる。多くの未公開企業は資金繰りには十分に配慮しているが、資本政策への理解は浅いことが多い。なぜだろうか。本章では、その背景から説明をはじめる。

　経営資源は「ヒト」「モノ」「カネ」とよくいわれる（**図表5-1**）。ヒト・モノ・カネの順番自体、経営資源の代替性・希少性の順番を示しているのかもしれない。

　「ヒト」は、経営者、商品開発・営業の責任者といった要職に就く者のみを指すのではない。人材流動化、人口減少、個々人の多様性尊重といった潮流のなかで人的資源への注目が高まっており、世界で唯一無二の存在である社員一人ひとりの個人とその能力は、「ヒト」という経営資源で捉える重要な差別化要因である。

　「モノ」は、企業の提供商品・サービスでもあり、企業の独自性をお客さまや市場に示す具体的な商材である。他社と差別化する自社商品をつくりだす具体的なツールとしては、設備投資、サービスインフラ、知的財産等がある。競争力の高い商品の生産・サービスを提供できるかどうかは、事業戦略のコアとなる。

　「カネ」は、ヒト、モノと異なり、その保有自体が信用力等の価値を生み、その活用が企業活動の評価につながる。すなわち、より多くのカネを、より有効に活用できることが企業価値の絶対評価向上につながる。

　事業の成功を実現するには、この3つの経営資源が備わっていることが必須である。一般に、事業の推進・拡大に専念したい経営者はヒトやモノの差別化に注力しがちであり、カネは従属的な位置づけと認識していることが多

図表5−1　経営資源の3要素

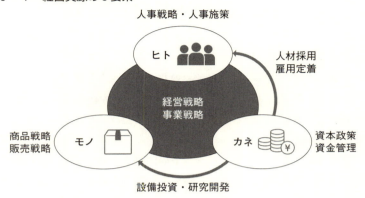

いが、経営者はカネの意味について本質的に理解しなければならない。

　「資金繰りがつかなければ、企業が破綻することはわかっている」「資金が回っていれば問題ない」といった認識をもつ未公開企業経営者は多いが、資金繰りと資本政策は異なる。経営者が資本政策の重要性に気づくタイミングが早ければ早いほど、上場企業としての成長可能性は高まる側面がある。上場とは資本政策の選択の機会を増やすことであり、その機会の意味を理解している必要があるからである。資本政策の重要性に気づくかどうかは、IPO準備企業の事業モデルにおける必要資金の性格が関係する。

　なお、経営資源は現実にはヒト・モノ・カネの3つに綺麗に分かれるものではなく、これら3つが相互に絡み合う側面もある。モノとの関係を考えた資本政策、人的投資という観点でのカネとヒトの絡み合いもある。なお本章の最後では、ストックオプションというカネとヒトが絡む象徴的な内容について触れる。

◆資金管理と資本政策

　資金管理とは、運転資金の不足が生じないよう、資金繰りを管理することである。一方、資本政策は、企業価値最大化のために資本を最も有効に活かす方策であり、企業収益の絶対額の追求だけでなく、投資戦略の期待効果が

投資家の要求水準を上回るか、また、配当金等株主還元策と投資戦略等を比較検討したうえで内部留保のあり方、銀行借入等の財務戦略等をどうするべきかなど、経営判断の合理性や投資家の納得性につながる方策である。

　資金管理と資本政策とはまったく異なる概念であるが、キャッシュフロー管理から事業活動に必要な運転資金、いわゆるワーキングキャピタルを把握し、その増減と収益性、資金効率の改善余地、財務レバレッジの適正水準等、資本政策のベースとなる基礎材料を確認したうえで、資本政策を考案していく。実際には、資本政策はキャッシュフロー管理を徹底し、キャッシュフローの状況を精査しながら、資本政策の内容を洗練させていく面がある。一定規模の会社であれば、財務の経験をもつCFOを中心に資本政策を考案するが、未公開企業では管理業務の統括責任者をCFOとし、重要な資金変動を伴うイベントは経営上の重要事項として、社長、経営企画等の直轄ラインが意思決定の中心となるケースも多い。上場前後で資金調達環境が大きく変わるなかで、最適な資本政策の検討が十分ではなく、上場後、投資家向け説明が後づけとなってしまう事象が発生しがちである。IPO準備の実務対応で余裕がなく、十分な経験をもつCFO人材は人件費も高いため経費面でも難しいなど、IPO準備企業は経験豊富なCFOを活用できないさまざまな事情を抱えていると思われる。

　IPO準備の対応余力に限界があるなか、資本の最大活用への意識は、株式公開後、株価形成や投資家対応を通じて揉まれていくケースが多い。本書でも、資本コストについては、第6章において簡単に触れることとし、本章での「資本政策」は、上場前に株主構成はどのように整理されるかを中心に説明する。

2　ビジネスモデルと資本政策

◆ ビジネスモデルと事業資金の性格

　工場建設等の設備投資、高度専門人材の人件費を含む研究・開発費用、市場戦略を実現する広告等マーケティング費用等に多額の資金が必要な事業の場合、資金調達額、調達方法、資金回収計画等の中長期的な資金計画が極め

第**5**章　資本政策

て重要である。綿密な資金計画は常に経営の重要課題となる。

　一方、人的なサービス提供、スポット的なシステム開発等では、大規模な固定投資を必要とせずにフィー収入が伸びていくことを見込む事業モデルが多い。オーガニックな市場成長を前提として発展が見込まれる事業の場合、一定規模の資本金と内部留保で資金繰りが確保されるので、資金管理のリスク意識は低く、資本政策も後回しになりがちな企業が多い。前出の図表1－6でIPO企業上位業種を示したが、トップの情報サービスでは、サービスアプリを展開するSaaS企業、システム開発の下請、コンサルティング企業等、運転資金のサイクル（商材・サービス提供から資金回収まで）が短い企業が多い。こうした事業資金の性格は、会社の経営支配スタイルとも密接に関わっていることにも注意が必要である。

◆経営支配と資本政策

　短期で資金回収を繰り返す事業モデルの場合、資金調達面では第三者からの影響が限定的であり、オーナー株主による経営支配が強く、上場後もオーナーの株式保有比率を高水準で保持することを好む傾向がある。また、このような企業の場合、事業計画は売上高、総利益、営業利益を重視してトップダウンで策定される。CFOは管理部門を幅広く統括するにとどまり、主な活動は何か特定課題が生じたときの短期処理に集中する傾向がある。

　長期での資金回収が必要な事業モデルであれば、ファンドや取引先等の第三者からの資金調達が前提となり、事業開始時のシード投資を含め、その後の事業拡大とともに段階的な資金調達を積み重ねる対応が一般的である。事業推進面において経営者を中心とする意向は重要であるが、資金調達面では社外関係先のコンセンサスを確保する経営姿勢も求められる。資金調達のみならず、資本効率等の経済合理性に基づく説明が必要となるため、経験・知見が豊富なCFO人材を早期から採用し、経営者、事業部門責任者と緊密に連携し、事業フェーズと資本政策を連動させる対応が求められる。

　オーナー企業では筆頭株主と経営者が同一人物であることが多いが、短期で資金を回収できる事業モデルの場合、配当性向の意思決定はあっても、最適な資本構成、資本効率性の目線をもっていない未公開企業がほとんどであ

187

ろう。上場企業においても、ROE（自己資本利益率）水準に基づく経営意識が明確に強まったのは、2014年8月の伊藤レポート（経済産業省「『持続的成長への競争力とインセンティブ〜企業と投資家の望ましい関係構築〜』プロジェクト　最終報告書」）が契機ともいわれており、外部投資家をもたない未公開企業の多くにおいて、資本コストの概念が希薄であることは自然でもある。

　IPO準備企業の資本政策としては、まず、上場前に資本構成をどのように整備しておくかが重要である。

第2節

ステップが重要な資本政策

① 資本政策の策定

◆資本政策は慎重に

　商品開発やマーケティング、営業活動では、仮説検証や前提変更の試行錯誤を重ねながら、徐々に基本方針が固まっていく動きが常であるが、資本政策の場合、実験のようなものはなく、修正コストやリスクも大きいので、やり直しがきかないことを意識した、十分な事前検討が必要である。

　ファンドや事業法人等の第三者は、上場に絡めた株式売却益を期待して、未公開企業に投資するのが基本である。一方、創業経営者に代表される経営者の資本調達に対する思いはさまざまである。IPOに向けた具体的準備が進み、上場時の株主としての参加要請というケースもあれば、資本の調達以上に資本参加者による企業価値向上への貢献（資本提携のみならず業務提携を合わせた事業拡大の弾みへの期待、設立後まもない事業を長期的な成長・発展につなげるための先行企業・大手企業との連携、豊富な経験に基づく助言・支援のファンドへの期待等）を期待する面もある。しかし、第三者の資本参画後、業績低迷、減資等、逆境の局面において、関係者間の思惑のズレが大きくなった場合、既存株主持分の希薄化が進むとしても追加資本を受け入れるか、他の株主を見つけるか、出資維持のために役員派遣等の追加条件が課されるかなど、さまざまなやりとりが想定される。したがって、相互の当初の思惑だけでなく、相手先がもつ性格についての深い洞察が重要である。起業まもない時期に参加した株主を含めた株主構成の見直しをする際には、買戻しコスト、条件交渉等で重い負担が生じることは多い。未公開企業の株式の流動性は限定的であり、自社株式の価値が増加するほど、その譲渡や買戻しには高いコストが生じるというリスクを認識することが、創業経営者にとっては特に重要である。

◆資本政策の原点

　資本政策は、企業と資本提供者との関係構築が原点である。上場企業の資本政策では投資家と企業との関係を問われるが、IPO前の未公開企業の出資者はオーナー中心の場合もあれば、ファンド等出資者の関わりが深い場合もあり、提供される資本の属性に応じて資本政策の色合いに相違がある。また、資本政策の色合いは、事業モデルに求められる必要資金の性格が原点にあるが、事業の成長・発展に向けてM＆A、海外進出、新規事業等に取り組む場合、多額の資金調達が必要となることによって資本政策には変化が生じてくる。

　IPO準備企業の場合、必要資金・資本調達状況を踏まえた資本政策の現状を原点とし、将来に向けて資本政策をどのように変化させていくかについて、ある程度の見通しをもって取り組むことが必要である。経営資源である「カネ」の認識が希薄な経営者は多いが、IPOは資本市場へのアクセスのはじまりでもあり、多くのIPO企業の事例を参考にしながら、中長期の成長戦略を実現するために自社の資本政策の原点とその現状がいかなるものかについて、十分に認識することが大切である。

② 　後戻りの難しさ

　資本政策はやり直しがきかないと述べたが、資本政策を、具体的な対応ステップに合わせて考えてみよう。①創業者の個人資産を管理するベースの構築、②企業成長のフェーズを意識した資産価値の可視化、③会社成長に深く関わる社外関係先の検討、の３つのステップで資本政策を捉える。

① 　創業者の個人資産を管理するベースの構築 ── 税務対応

　上場時に株式売却益として獲得する創業者利益のみならず、事業継承における株式譲渡益、保有株式が相続される際の相続税等を勘案し、創業経営者は資産管理会社をつくって保有株式をそちらへ移すなどの税務対策としての株式保有形態があらかじめ整えられることが一般的である。上場申請にあたっての有価証券報告書では、上場前の一定期間における株主異動は開示情

第 **5** 章　資本政策

報となるが、開示されるかどうかはともかくとして、資産管理会社の設立・株式移転等は、自社株式の資産評価が相当額となることを認識した時点で早々に行われるケースが多い。資産管理会社の設立は、創業者だけではなく、親族を含めた株式保有のあり方を見直す機会でもある。また、創業者が他の事業にも関わり、資産管理会社が経営支配権を有する会社を他にもつ場合、その会社は兄弟会社として、IPO準備企業の関連当事者となり、相応の開示が求められることには注意が必要である。

　創業者個人の保有資産や債務、親族等の共同保有者、事業継承の考え方等で、最適な選択は異なるが、守秘性の高い案件でもあり、客観的に冷静な判断をするためには、税理士等の信頼性の高い専門家に直接相談することが望ましい。経営者ネットワーク等で評判の高い専門家を見つけ出すケースもあるし、信託銀行、証券会社等の金融機関では個人富裕者向けサービスを重要分野として相談窓口を広く設けている。いずれにせよ、早めに相談のうえ、親族等関係者の関わりを含めた、株式保有形態の具体的なイメージをつくり、実行に移すことが、オーナーとして腰を落ち着けて企業の経営の舵取りに専念できるベースをつくる意味でも大切である。

② **企業成長のフェーズを意識した資産価値の可視化**
　―― 株価算定のタイミング

　企業の成長フェーズ、中長期的な事業計画を踏まえて株価算定のタイミングをはかることが有用である。企業価値の算定には、純資産方式、類似業種比準方式、将来キャッシュフロー還元方式（DCF法）が主な算定方法である。設立後まもない時期で会社規模・事業規模が小さく、将来成長の不透明感が高い段階であれば、純資産方式による低廉な価値を企業価値の算定額にできる。創業経営者の保有株式の資産管理会社への移管をはじめとする、IPO準備取組み前の株主構成の整理・設定等の大きなフレームワークづくりには企業価値が小さい状態のほうが取り組みやすい。

　事業規模の拡大に伴い、資金、人材の手当てが必要となる段階では、魅力的な事業価値、将来収益見込みを織り込んだ企業価値算定を示すことで資金調達やストックオプションによる人材調達等の経営資源の手当てを広げてい

くのが成功事例の典型である。留意点は、成長企業に対する期待、イメージどおりに企業価値が右肩あがりに伸びていく状態であれば、外部からの資本・人材の調達は比較的順調に進むが、業績の伸び悩み等で1株当たりの企業価値に減少が生じる場合、周囲の評価に冷や水をかけるリスクは大きいということである。したがって、事業収益の手堅い伸びを示せるタイミングを意識した株価算定、資本調達で、事業伸長と資本調達を連動させる認識が重要である。上場時期までの道のりを想定し、何回の資金調達をして、最終的な資金調達総額はいくらになるかを試算する。想定どおりであれば、多数のファンド等からの資金調達もできるだろうが、事業環境だけではなく、金融市場等の資金調達環境にも予測困難な事態もありうるため、資金調達戦略、資本政策は慎重に積みあげていくのが経験者の知恵とみられる。

　なお、株式譲渡、新規発行における株価算定内容の妥当性、算定根拠・方法に問題がないことは、上場審査の重要な確認項目となる。特に上場に近い時期であれば、事業計画の精緻化とともに株価算定の精度を高めることが期待される。そうした株価算定の位置づけも認識のうえ、株式譲渡・新規発行のタイミングを計画的に考え、時期・金額ともに余裕ある資金調達を実行する意識が必要である。

③　会社成長に深く関わる社外関係先の検討 —— 大口株主の選定

　企業の成長発展を支える経営資源のなかで「カネ」だけでなく、「ヒト」「モノ」の観点も含めて外部支援を受け入れることで、企業成長の可能性を大きく高めることができる。

　売上増加や内部体制構築に向けた協力、助言、支援を受けることを目的とした資本・業務提携は、企業発展の強力なツールとなりうる。一方、こうした提携を背景に、会社経営に外部の関与を招く可能性も秘めており、契約条件だけでなく企業風土等で相性が合うか、中長期的に伴走できる適切な相手かなどの見定めが重要である。

　株式上場後、敵対的買収や株主提案への賛同等を求め、アクティビストファンド等から大口株主に直接コンタクトが入るケースもあり、短期的な経済合理性で動く関係者であれば、会社運営に大きな揺らぎを与える可能性も

第5章　資本政策

ある。ファンドや提携先の組織風土はこれまでの活動のなかで自ずとあらわれているものであり、過去にどのような行動をしてきた相手であるかなど、重要な候補先の事前調査は重要である。提携先については、目的に応じて事業会社、ファンド、金融機関等がある。

③　上場後の経営スタイル

　経営スタイルは、特定個人の主導、集団指導、権限委譲、組織化等のいずれの段階にあるだろうか。特定個人の主導に近いほど、筆頭株主による保有比率が高い状態にあり、事業資金の性格に自ずと影響されてきた面が強いであろうが、一般投資家も加わる上場後には、経営者はより強い意思で経営の舵取りに臨む必要がある。

　世間で「カリスマ経営者」と目されるような、創業会社を大企業に育てあげる、類い稀な経営手腕実績をもつ経営者の場合、経営者の株式保有比率にかかわらず、強固な支配力を保持し続けるケースはある。祖業にこだわらず、大規模な新規事業に取り組む経営者の場合、大胆な行動の裏側で会社の経営支配権について冷徹に計算し、資本政策にも長けているケースがほとんどである。オーガニックな成長を前提とする事業計画の場合でも、計画の着実な遂行と規模拡大には、権限委譲、経営人材育成等、会社経営の組織化の進展をけん引していかなければならない。会社は公器であるが、特に上場企業として社会的存在価値が大きくなるなかで、公器としての意味、その経営責任は一層重みを増す。

　第2章で「経営者の旅」を示したが、IPOは会社成長の大きな節目であり、この節目を乗り越える機会は、会社の経営支配権、経営スタイルも変容しうる時機でもある。

④　既存株主の見直し

　株主のあるべき姿への変容、株主の見直しは、筆頭株主が主導し、IPO準備前のかなり早い段階から行われている。上場後に筆頭株主の株式保有比率

193

がある程度希薄化することを見越すだけではなく、さまざまな視点で検討、取組みが行われている。実例から垣間みえる、いくつかの印象深い事象を紹介する。

① 創業者と創業メンバー

　一般に、意思決定者は単独であることが望ましく、仲間割れ、主要メンバーの離脱が大きなリスクとなる事態は好ましくないとみられることが多い。しかし、実際にIPOに成功した実例では、IPO準備期間中の創業メンバー同士の連携関係、主要メンバーの株式保有比率は大きく変わっていないケースが多く、逆に、準備期間中に創業主要メンバーの保有株式を筆頭株主に寄せたケースはあまりない。IPOに成功した企業例が中心なので、創業メンバーの仲間割れで上場が難しくなったケースもあるのだろうが、創業メンバーチームで上場を目指せる規模、水準まで成長し、既存体制でIPO準備を決めたのであれば、そのまま、複数の創業主要メンバーでやりきる取組み自体に問題はない。

② オーナー企業の次世代継承

　オーナー企業の場合、経営継承とIPOにセットで取り組んだとみられる企業もある。

　創業者の引退に備え、会社の意思決定システムを組織化・機関化することは、企業文化の変化、内部統制システムの整備とも足並みが揃う。事業継承とIPO準備の一体化で、実態を伴った会社運営の仕組みづくりが進められた事例は多い。また、外部投資家を受け入れる前に、既存株主の整理・見直しを行う区切りは、事業継承を伴った持続的な企業成長への下地ならしとなる点もある。

③ 経営陣の意識づけ

　会社成長のステップのなかで、外部から招聘した取締役の経営参画意識を求めるために、創業者から経営幹部に株式を一部譲渡するケースも散見される。大企業のライン業務責任者・管理者と新興企業の経営陣では役割期待、

第**5**章　資本政策

職務執行の姿勢に大きな相違がある。部門責任者から取締役への昇進も含め、新たな取締役として経営参画意識を高めたいという創業者の思いが伝わる。経営幹部に経営陣としての意識づけを促す動きは、経験の豊富なベテランオーナーだけでなく、若手創業者が実践するケースも多く、経営力向上に積極的な姿勢をもつ経営者の意識と行動は、必ずしも経験や年齢によるものではないことがあらわれている。

④　利害関係者の整理

　創業家一族、元従業員の持株だけでなく、M＆Aで既存会社を買収する場合にも、被買収企業の株主整理が必要な場合がある。今後の企業成長への貢献が期待できない株主は、買収前に整理するのが原則である。しかし、買収前にどこまで労力やコストをかけることが適切なのかが不明な状態も現実には多いためか、結果的に、買収後に利害関係者の整理に時間とコストがかかってしまうケースがある。

⑤　スポンサーシップ主導

　上場会社のカーブアウト、子会社上場等、筆頭株主としての親会社主導でIPOが行われる場合、目標達成志向の高い組織気質、既存関係先の巻き込み、一定の事業規模感等に加え、幹事証券等の関係金融機関の支援等を得られやすい。そのため、筆頭株主の事業方針どおりに株式売却は順調に進むことが多い。親会社内部での対象会社の位置づけの議論はさまざまであることが想像されるが（親会社株主が一定比率で残るか、完全売却するかなど）、いったん決めた事業方針はそのまま実行されるケースが多い。

　前述の事例は、いずれも独立会社としての価値を高めるために、筆頭株主が「あるべき株主構成」への調整を行っていることを示す。企業価値向上に真剣に取り組む創業経営者や筆頭株主にとって、企業価値向上への貢献が期待できない株主の排除は、企業価値向上を達成した際に自らへの恩恵を厚くする事前整理でもある。ROE、ROIC（投下資本利益率）等の定量面の資本収益性をどこまで明確に意識しているかどうかはともかく、経営者のアニマ

195

ル・スピリットの本能に基づき、まず、株主の事前整理を通じ、内部の資本固めという資本政策が実践されている。

第3節

株主構成と流通株式

1 株主の変化

◆会社の成長発展と株主構成

　創業者以外にも、会社設立時の支援者による出資、創業家関係者への資産継承、士気向上を求める幹部への分配等、未公開企業の株主となる経緯はさまざまである。会社利益の享受者である株主が、企業価値増大に何らかの形で関与している間は問題ないが、引退や退職等によって関与がなくなった状態となっても、配当等の既得権益が保持されたまま、手つかずの状態にある会社は現状維持に安住する気風にもなりがちである。

　会社を成長発展させたい創業経営者は、高い株式保有比率を保って経営支配力を発揮するとともに、企業価値向上への貢献者に自社株式をあてがうことで、関係者の会社成長への士気を高められることを感じとっている。

　創業家による経営が長年続いてきた会社において、会社を大きく成長させたいという意識に覚醒した経営者があらわれた場合、親族間での経営主導権争い、創業家以外の者への権限委譲等を巡って、お家騒動のような事態は現在でも起こっている。経営主導を巡る混乱が生じている企業で、その事前整理のメドがついていなければ、IPO準備のハードルはあがる。ハードルの高いプロジェクトには多くの横やりが入ってくるため、それをさばけるリーダーが必須である。

　経営者が企業変革の旗印として「株式上場」を掲げて社内求心力を高めることは、株主構成の安定化の観点でも取り組む意味がある。なぜなら「お家騒動」のような身内の論理の優先や、一種の非合理な行動に対して情報開示義務は抑止力を発揮し、一般株主、投資家にどのように企業がみられるかという視点、株価形成という面でも多くの関係者に経済合理的な判断が求められることになるためである。

　それではどのような株主構成の状態でIPOに臨む企業が多いのであろうか。

2 株主構成タイプ

◆IPO準備企業における株主構成タイプ

　企業と資金提供者の関係は、具体的には株主構成であらわれる。2023年に東京証券取引所に新規上場した企業の株主構成をみると、約7割はオーナー主体、約2割はスポンサーシップ主導や持株会社上場、約3割はファンドが企業価値向上に強く関わった企業である。この数値は単純合算で10割を超えるが、複数の主体が同時に深く絡み、明確な区分けが難しい企業が存在するためである。特にファンドは投資事業組合も含めると関わる企業数が非常に多いなか、前述の約3割という数値はファンドが筆頭株主となるなど、経営に強く関与したと思われる企業を推計したものであり、その前提での推計と理解してもらいたい。

　発行株式の推移をみると、会社設立から第三者割当増資、減資、新株予約権の発行とその普通株変換等、株式発行の経緯が賑やかな企業は多い。当初の計画どおりというよりも、事業環境や業績実績の変動を通じて、結果的に上場直前の株主構成に至ったケースがほとんどと推察される。各社各様ともいえるさまざまな株主異動のケースがあるが、株式保有の過半数をオーナーが実質的に保有する企業の場合でも、上場準備が視野に入るよりも相当に早い時期から会社を強くする株主づくりに意識して取り組んできた軌跡が多くみられる。オーナー企業の株式公開では、保有株売却で多額の創業者利益を獲得するイメージが強いが、実際には創業経営者の保有株式比率は上場前後で若干低下する程度であり、上場後も株主構成面の支配構造を基本的に維持することを志向しているケースが多い。

◆上場前後の株主構成変化

　IPOの狙いは企業によってさまざまであるが、ほぼ狙いどおりに上場前後の株主構成の変化は実現される。オーナー企業のIPOの場合、上場後もオーナー株主が極めて優位な支配比率を保持することが多いのは前述のとおりである。スポンサー主導のIPOの場合、親会社の事業ポートフォリオ見直し等によるスピンオフであり、基本的に親会社の保有株式は完全売却、ないし極

端に低い保有比率となるケースが多い。ファンド主導のIPOの場合、ファンドによる企業価値向上とともに、上場前から他投資家への株式譲渡が徐々に進められ、上場後には完全売却され、ファンド利益の最大化が図られている。

③ 流通株式の意味

◆ 流通株式と経営支配

　優秀な経営者は将来展開を想定して着実な布石を打つが、思いどおりの経営スタイルを上場後も堅持するには、これまで経験のない存在を強く意識することになる。流通株式である。

　上場審査の形式要件として、流通株式比率はグロース市場・スタンダード市場では25％以上、プライム市場では35％以上が求められる。対象会社の役員およびその関係者、国内の普通銀行、保険会社、事業法人など、その株式保有が固定的であると証券取引所が認める株式は流通株式から除外される。売買目的で株主となる投資家が一定比率以上存在するという前提で、経営支配の適正な水準を考える必要がある。

　法定上の株主の権利としては、議決権比率が1％以上であれば、株主総会での議案提出権、3％以上であれば会社帳簿・経営資料の閲覧権、3分の1以上で特別決議の阻止（拒否権）、2分の1以上で普通決議の決議権を有する。3分の2以上の議決権をもてば、特別決議を行う権利をもち、取締役・監査役の解任、定款変更、合併や解散等の重要事項を決定できる。したがって、経営側に3分の2以上の議決権があれば会社の経営支配は基本的に安泰であり、2分の1以上の議決権があればほとんどの結論を確保できる状態となる。

◆ 株価形成への影響

　法定上の議決権では経営支配権に問題がないとしても、流動株式の売買を通じて株価は大きく変動する可能性がある。大きな不祥事が発生した場合、未公開企業であってもメディア報道等を通じて企業の信用力が大きく損なわれ、企業の存続が難しくなるケースがある。上場企業の場合は、さらに株価

暴落という可視化された企業価値の毀損により、経営破綻の状態に追い込まれるリスクがある。

　流通株式の存在が、適切な開示を通じた会社情報の発信姿勢と経営の透明性の確保に重要な意味をもたせる。オーナーによる高い株式保有比率の保持等によって、経営支配の安定感が高く、オーナーを中心とする身内の論理が支配する組織風土の場合、有事による株価下落が企業存続の大きなリスクとなる懸念は他人事と楽観視して、危機意識が希薄な経営者は多い。「内に強く外に弱い経営」となってしまっているかどうかは、流通株式に対峙する姿勢に象徴的にあらわれる。株価が非合理な安値に下落した場合には、救援を申しでる先が登場するかもしれないが、支援条件やその後の交渉次第で経営支配権を脅かされることにもなりかねない。上場後の株価変動、IR活動経験を通じて流通株式を理解する経営者は多いが、収益結果の追求だけではなく、社外役員を加えたガバナンス、内部統制の整備に伴う課題の洗出し等が「外にも強い」経営につながり、流通株式に対峙する会社情報の発信、資本市場を活用した企業価値の向上につながる。

4　流通株式対応と留意事項

◆ 流通株式の事前手当て

　流通株式要件を満たし、会社の経営支配に混乱を起こさない株主構成は、事業モデルの特性を反映しながら創業者、親会社等の支配株主が中心となってイメージがつくられる。会社体制の整備・強化にファンドを活用するケースがあるが、ファンドの保有株式は審査上、通常、流通株式となるため、上場直前に流通株式を手当てするリスクを減少させる面をもつ。

　流通株式の形式要件は、創業経営者保有の株式比率に上限が設けられることを意味する。そのため、上場が具体的な視野に入ってきた時点で、流通株式の保有者資格をもつファンドに株式を譲渡する動きは多い。流通株式比率の制限をクリアするだけではなく、上場時における筆頭株主の売出を抑える、プロ投資家が評価する企業であるというステータスを市場にみせるなどのメリットを意識した対応でもある。一方、ファンドへの株式譲渡価格、

第**5**章　資本政策

ロックアップ（売却制限）期間といった条件設定、資本政策、市場評価、株式公開時の需給予測や市場動向といった他の重要な関連材料もあり、金融・投資の知見が豊富な専門家、証券会社等の意見、助言を聞いたうえでの判断、対応が有用であろう。

◆ 将来を見通した株式保有比率

　株式公開時に筆頭株主の株式保有比率はいったん確定するが、創業経営者は、上場直後のみならず、その後も筆頭株主の保有比率変更が生じるケースを念頭に置いて中長期的に最適な株式保有比率を考えることが多い。筆頭株主の株式保有比率の変更が生じる主なケースは、創業者利益の確保（上場時の株式売却益）、事業継承・譲渡等、経営者交代、合併・買収に伴う株式交換・新規株式発行等による既存株主の希薄化、MBO（経営者の買戻しによる非上場化）等が考えられる。

　前述のケースに対する一般的な考え方について簡単に触れたい。

　経営メンバーの保有株式の一部売却、創業者利益の確保は、上場後の最適な株主構成を見据えたものであり、それを円滑に実行できる株式公開が準備される。

　オーナー経営者が事業継承・譲渡を考えるとき、経営者交代後に描く会社運営の姿として、一定の関与を続けるのか（オーナー経営者が会長となるなど）、それとも第三者に完全に売却するのか、選択肢でオーナー経営者株式保有比率は大きく異なる。経営者交代の準備に向けて関係者の様子もみながら、いずれ自らの保有比率を徐々に減らしていく、自社株式の売り手として買い手に有利的な条件交渉を進めるといった観点から、オーナー経営者は上場直後の株式保有比率はスタート台として高くもちたいと考える傾向がある。一方、オーナー経営者が株式保有を実質的に独占する限り、オーナーへの依存度が高いまま、自立的に経営できる経営者がなかなか育たない、外部招聘の経営者の定着も難しい、といったジレンマが生じる事例は多くみられる。

　合併・買収の方法として株式交換や増資が行われることで、経営メンバーの株式保有比率が低下する場合がある。こうしたケースでの株式保有比率低

201

下（希薄化）も見据え、経営メンバーの株式保有比率は高い水準を保持しておきたいと考える傾向もある。

　MBOは株価が市場で割安に放置され続けた状態の打開策の１つである。上場後の業績低迷、IRの不調等で、株価があがらず流動性も低い株式は一般投資家の関心も低く、市場からの資金調達は困難になっていく。収益性、営業CFから割安な株価評価が明確である場合や、有望パートナーとの連携で大規模な戦略転換が可能な場合等には、株式を経営者が買い戻して非上場化するケースもある。MBO（非上場化）はIPO準備と真逆の動きであり、上場企業が非上場化した場合、再上場には厳正な上場審査が求められることになろう。

　上場後、流通株式の保有者、一般投資家等のステークホルダーが増え、経営に求められる要件が複雑化、高度化するなか、現在の経営支配株主が会社のベストオーナーであり続けることができるか、経営者としてあり方も進化が問われ続けることになる。

5　ユニコーン企業とIPO

◆有力な新興企業の登場

　日本経済の成長力を高める重要課題として、欧米や中国と遜色ない水準まで起業活動を活発化させようとする取組みが本格化している。2022年11月に政府は「スタートアップ育成５か年計画」を策定し、「スタートアップ創出に向けた人材・ネットワークの構築」「スタートアップのための資金供給の強化と出口戦略の多様化」「オープンイノベーションの促進」を３本柱とする方針を打ち出している。

　この背景には、上場前に相当規模の総額をもつ企業の事例が、日本では欧米に比べて限られているという現状がある。図表５－２のとおり、ユニコーン企業（未公開企業の時価総額10億ドル以上の企業）の数は、アメリカ（274社）、中国（123社）、ヨーロッパ（67社）に対し、日本は４社（プリファードネットワークス（深層学習）、スマートニュース（ニュースアプリ）、リキッド（仮想通貨）、プレイコー（モバイルゲーム開発））にとどまっている。

図表5－2　ユニコーン企業の国際比較

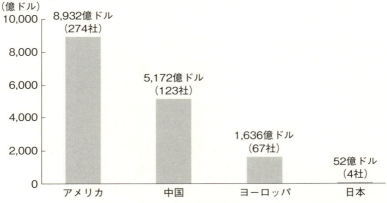

(注) 2021年3月1日現在におけるユニコーン企業（時価総額10億ドル超の未公開企業）の数の国別内訳。時価総額は、CB Insightsの推計値。
ヨーロッパは、イギリス（26社）、ドイツ（15社）、フランス（7社）、スイス（5社）、スウェーデン（3社）、オランダ（3社）、スペイン（2社）、ルクセンブルク（1社）、リトアニア（1社）、アイルランド（1社）、エストニア（1社）、クロアチア（1社）、ベルギー（1社）の合計。
※CB Insights「The Complete List Of Unicorn Companies」
(出所) 内閣官房 成長戦略会議 第8回「基礎資料」（2023年3月17日）

ユニコーン企業、IPOはいずれも有力な新興企業のイメージが抱かれるためか、日本ではユニコーン企業が少ないという問題と小粒上場が多いという問題に関する議論がよく混濁される。

◆ **体制整備に相通じるもの**

ユニコーン企業は未公開（非上場）企業、IPOは公開（上場）企業という明確な線引きがある。ユニコーン企業の数が少ないのは、未公開企業（公開前）の投資機会・資金が少ない環境が問題である。ストックオプションの税制見直し、有価証券販売の規制緩和、官民ファンドによる資金提供等の公的な環境整備が重要な意味をもつと同時に、起業家、事業関係者は多額の時価総額に見合った事業活動、組織体制を整備することが重要である。有望な事業の立ちあげの際には、製品・サービスの提供、知的財産価値の実現化だけではなく、事業収益を生み出す組織体制の構築に向けた内部統制システムの

整備が必要となる。適正かつ迅速な会社経営を実践するには、機関投資家の資金を受け入れられる組織となる体制整備・確保が必要であり、IPO準備における内部統制システムの整備と相通じる点がある。

◆ユニコーン企業の生成と出口戦略

　ディープテックと呼ばれる先端技術を活かして社会へインパクトを与える事業を軌道に乗せるには、ファンドや事業法人等の資本参加・資金供出が求められることが多い。先端技術等の専門性は判断が難解であるゆえに大きな潜在価値をもつ側面もあり、実用化・商用化までの段階的な進捗には時間だけでなく、高度専門人材の投入も含めた研究開発費のために資金調達が必要であり、資金調達を繰り返しながら、大きな価値総額をもつ未公開企業へと成長する。事業化の取組みが固まるとともに、事業基盤の強化を支える資本政策も必要となる。満了期間があるファンドは投資先の出口（売却先）を見つける必要があり、IPO、大手企業への売却等が有力な出口戦略の１つである。

　ユニコーン企業の新規上場は、機関投資家、個人投資家等を株式市場に呼び込む重要な機会であり、経済活動の健全な新陳代謝を社会に示す動きでもある。

・第 4 節・

資本・業務提携

1 アライアンス戦略

◆ウィン・ウィンの関係

　IPO準備企業が事業法人、ファンド、金融機関とどのような関わりをもつケースが多いか、資本政策を絡めて典型的なパターンを捉えてみよう。まずは、事業収益の基盤拡大に直接つながる他事業法人とのアライアンス戦略を取りあげる。

　アライアンス戦略は、提携強化を通じて双方のメリットを高めることが狙いである。中小・中堅企業は、提携強化をうたって、大手企業からの出資を受け入れ、資本・業務提携契約を締結することが多い。実際にアライアンスがうまく機能するためには、次に示すメリット（ウィン・ウィンの関係）が相互に認識される状況を持続することが重要である。

① 事業収益の拡大

　中小・中堅企業にとって、特定の大口顧客との取引確保は、事業収益の安定化に大きな意味をもつ。大口顧客の事業拡大に伴い、自社事業も連動した伸びを期待できる場合もある。大手企業にとっては、特殊な原材料の調達確保やコスト抑制、自社商品との組合せや取扱い商材・サービス提供のラインアップ拡充等を通じて、収益拡大につながる可能性を高める。

② 独自性・競争優位性の強化

　市場拡大に伴って競合他社が増えるなか、技術進化・顧客要望の変化に対面しながら、事業機会・顧客の取込みに向け、独自性、競争優位性の強化を考えるのは自然である（**図表5−3**）。新技術の活用から最終顧客獲得までを単独企業で対応するには限界があり、バリューチェーンにおける自社の位置づけ（研究・開発、製造・加工、マーケティング・販売等）を的確に捉え、

205

図表5−3　競争優位性の源泉

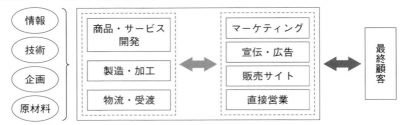

有力企業をパートナーとするアライアンス戦略による事業機会拡大を通じて競争優位性を活かし、生き残りの橋頭保(きょうとうほ)を築く機会をうかがっている企業は多い。

③　機能・役割の相互補完

　経営資源が不足する中小・中堅企業にとって、大手企業との提携によりそれを補えることは大きな助けになる。大手企業にとっても、特定の中小・中堅企業との提携により事業領域の拡大、戦略的な機能強化を図ることは重要な意味合いをもつ。

　典型的なのは、特定の商品・サービス開発に共同で取り組み、大手企業側は特殊な専門分野の知見を取り込み、中小・中堅企業側は開発コスト負担の転嫁を図るケースである。たとえば、海外事業展開において、大企業は現地の規制、マーケティング調査、販売網等を提供し、中小・中堅企業は現地ニーズに合致する商品・サービス開発を手がける。

　大手企業の事業基盤をベースに、周辺分野における中小・中堅企業の動きを取り込む構図が一般的であり、大手企業が発注、中小・中堅企業が受注する下請が想起されやすい。

　しかし、デジタル技術の進化、先端研究の深化とともに事業モデルの進化・多様化が進むなか、中小・中堅企業がECサイト運営で特定顧客層の取込みに強みをもつ、デジタル専門技術がコンサルタント会社の最終顧客へのDX支援に活用されるなど、中小・中堅企業の専門性・先端性が、大手企業の資本力に引けをとらない武器となるケースも出てきている。

第 **5** 章　資本政策

◆ 提携ステップと相互理解

緩やかな提携関係は、既に多くの取引先企業間で存在することが多い。そのなかで同一業界、類似業界のなかから頭一つ抜けた関係の構築に向け、業務提携、さらに資本・業務提携へと提携ステップが徐々にあがっていくことも多い。魅力的な専門知見を有する企業は、その強みを最大限に活かす役割発揮を意識することが、自社の持続的発展の仕組みをつくるうえで重要である。

大手企業の出資にあたっては、資本・業務提携の条件交渉、提携先担当部門による社内説明、社内の合意取りつけといったプロセスがあり、必要ステップを踏みながら、両社相互の理解とコミットを深めていくこととなる。

② アライアンスと資本政策

◆ 対外イメージと知名度向上

中小・中堅企業にとって、大手企業との資本・業務提携の対外公表は、取引先、新規採用候補者などに自社の独自性・競争優位性をアピールできる格好の材料であり、社員の士気向上も期待できる。

また、上場時の投資家向け説明等において、事業収益の蓋然性のみならず、緊密な関係先から技術面・信頼面で高評価を得られている存在をイメージさせる。特に提携企業の知名度・好感度が高い場合、上場時の自社イメージづくりにポジティブな材料となり、知名度の向上に一役買うことにもなる。

大手企業にとっては、提携先・出資先となる企業のトラブルはレピュテーション、ブランディングに悪影響をもたらす可能性もあることから、株式出資検討の際には沿革、過去の係争案件、与信管理や反社チェックの確認は当然として、経営者意識等、経営品質の面でも問題がないかという点も、提携先の社内検討における重要項目となっているケースが多い。

◆ 株主参画の意味

事業収益・安定株主の確保といった思考で、事業法人への資本・業務提携をもちかける中小・中堅企業は多いが、大手企業を株主として招聘すれば、

業績報告、取締役・監査役の選任、株主総会対応を含め、主な経営状態を正式に対外的に説明する意識が求められる。未公開企業であっても、身内だけでなく外部株主宛てにしっかりした説明ができる状態を整えることはIPO準備作業につながる面がある。

業務提携を前提に株主となった大手企業にとっては、配当、キャピタルゲインといった株主還元よりも、大手企業にとっての相乗効果、関連事業機会の拡大のほうがはるかに重要性をもつ。一方、出資後に、脆弱な経営状態が判明した場合、資本関係等のあるべき姿について見直しが入るケースもある。

◆ 出資比率と経営関与

緩やかな業務提携から1歩進んだ資本・業務提携であれば、大手企業は数パーセント程度の出資で主要株主に名を連ねる程度の会社が多い。優れた専門性をもつ企業の場合、業界大手の複数社が株主に名を連ねるケースもあり、その卓越した専門性の存在をうかがうことができる。上場審査や上場後のIRにおいてもポジティブな評価材料となる。

共同で事業・研究開発を実施するなどにより、大手企業の中長期的な投融資金額が積みあがっていく場合、リスク管理の強化だけでなく、経営戦略・事業戦略に大手企業が一定の関与を求められる場合もある。大手企業にとっての重要性が高まれば、第三者増資引受等での資本増強、出資比率上昇のみならず、役職員派遣なども合わせ、出資先企業の経営関与の度合いを高めていくことも多い。

企業の成長・発展に伴う、大手企業と創業経営者の関わり方はさまざまである。新興企業が大手企業に全株式を譲渡し、経営陣を刷新する動きはGAFAM等の買収では通常であり、日本企業においてもめずらしいケースではなくなっている。一方、大手企業への吸収・統合、子会社化といった資本構成の変更後も創業経営者・経営陣の業務執行体制を維持し、IPOに成功し、親会社の株式放出後にオーナー企業に戻るケースも存在する。

立ちあげた事業が手離れする時期まで成長したのか、新たな事業創造へ取り組みたいのか、経営者自身で既存事業の一層の成長を推進し続けたいのかなど、経営者の思惑はさまざまである。また、事業環境の変化だけでなく、

第**5**章　資本政策

大手企業の事業ポートフォリオ運用の取組みも進化しつつあり、資本構成、資本政策も短期間で大きく変化しうる時代に入りつつある。ここで、資本・業務提携を背景にIPOに成功した企業数社の事例を紹介する。

③　IPO成功企業の具体例

有価証券報告書等の開示情報から、スポンサー企業との連携を背景にIPOに成功したと目される企業3社、①㈱yutori、②クオリプス㈱、③㈱ソラコムの事例を紹介する（開示情報をもとに、筆者理解を簡単にまとめたものである）。

①　㈱yutori

（証券コード5892、2023年12月東証グロース市場上場）

㈱yutoriは、Z世代を主対象にアパレル商品のブランドを立ちあげ、ECサイト等での販売を行う企業である。同社の展開ブランドは22（2023年9月）あり、同社ウェブサイトとアプリ（YZStore）、ZOZOTOWNで販売しており、YZStoreとZOZOTOWNでの売上構成は全体の8割を超えている（2023年3月期）。

同社のビジネスモデルは、「ECを多く利用し、デジタル・ネイティブ世代とも呼ばれるZ世代を主対象とする」「テイストで細分化した、多種多様なアパレルブランドをポートフォリオで提供」「SNS全方位から発信するマーケティングによる複数チャネルでのファン形成」をコアに置いている。独自の企画・開発、マーケティング、ブランド育成のノウハウを強みとし、オーガニック成長のみならず、ブランド買収での成長戦略を志向している。

上場直前の筆頭株主は㈱ZOZO（出資比率44.62％）であり、同社上場に際して、㈱ZOZOはプレスリリースを発信し、同社の独自文化を高く評価し、同社への引き続きの応援を表明している。アパレルを扱う㈱ZOZOとの連携が同社上場にあたって大きな支援となったと目されている。

209

② クオリプス㈱

（証券コード4894、2023年6月東証グロース市場上場）

ヒトiPS細胞由来の再生医療等製品の研究・開発を行う企業であり、「心筋細胞シート」による世界初の重症心不全治療法開発に注力している。大阪大学発のベンチャーで、創業者／CTOは日本の心臓領域における再生医療のパイオニアである。なお、社長／副社長には金融業界出身者が就任している。

上場直前の筆頭株主は第一三共㈱（15.75％）であり、ほかにテルモ㈱、大幸薬品㈱等の医療関係の事業法人、大学系・金融系のVC等が加わり、製薬企業・医療機器メーカーと共同研究を行っている。同社は設立（2017年3月）からまもない2017年8月に、第一三共㈱と、同社への出資と販売オプション権に関する契約締結を公表している。また、2018年7月にはテルモ㈱、2020年12月には大幸薬品㈱が同社への出資を公表している。

IPOの調達資金によって臨床試験による研究開発活動を加速させ、収益の多角化、生産能力の拡大に取り組むとしている。

③ ㈱ソラコム

（証券コード147Ａ、2024年3月東証グロース市場上場）

㈱ソラコムは、IoTデバイスや通信回線、データ保存、アプリケーション、ネットワークサービス等、包括的なサービスを提供する企業である。柔軟なクラウドサービス、さまざまな通信規格、グローバルコミュニティ、機能開発を競争優位性としており、具体事例としては、スマートガスメーターにより複数の無線の統合をしたり、決済端末をグローバルベースでデバイス管理したりしている。

同社は2017年8月にKDDI㈱への株式譲渡によってKDDIグループに参画。上場直前の筆頭株主はKDDI（65.7％）であり、創業メンバーのほか、セコム㈱、ソースネクスト㈱、ソニーグループ㈱、日本瓦斯㈱、㈱日立製作所からも出資を受けている。

KDDIとの取引では、SIM／通信回線の調達を受ける一方、プラットフォームサービス等の販売を行っており、また、KDDIからの役職員派遣がある。KDDIとの業務提携契約では、「新たな通信サービスの共同での技術開

第**5**章　資本政策

発および販売等、当社が保有するデータ通信に関連する技術および知見を活用したKDDIの通信ネットワークの高度化、KDDIグループが保有する通信に関連する技術開発環境および営業上の販路等のリソースを活用した当社の販路拡大および競争力強化」（同社有価証券報告書より）を目的とし、通信ネットワークに関する技術開発および収益ビジネスの創出・拡大を図っている。また、同社は戦略的アライアンスとグローバル展開で加速するさらなる成長をうたっており、そのなかの戦略的アライアンスとしてコネクテッドカーの領域を掲げ、KDDIとの戦略的アライアンスにより、日本の自動車メーカーの海外基盤を活用し、コネクテッドカー市場へのサービス展開を図ることを目指している。

　KDDIと同社は、同社の上場を「スイングバイIPO」と呼んでいる。スイングバイとは「宇宙探査機が惑星の重力を利用して加速することを表現した言葉」であり、スイングバイIPCは「スタートアップが大企業のサポートを得て成長し上場を目指すこと」としている（2024年3月同社上場時のKDDIプレスリリース）。同社のスマートガスメーターを利用する日本瓦斯等も上場前に同社株主として受け入れるなど、同社は戦略的な提携をてことして、積極的に成長・発展の実現に取り組む企業であることがうかがえる。

④ アライアンスにおける留意事項

◆双方の役割期待と実現性

　資本・業務提携を結ぶ両社のウィン・ウィンの関係が続く限り、基本的に問題は起こらないが、当初の期待と異なり、両社の思惑にズレが生じる事例は多い。具体的な提携に取り組むことではじめてわかってくる点はあるが、当初から留意しておけばよかったと思われる内容は少なくない。

　非常に大きな潜在可能性を秘める技術、新規市場を対象とする場合、提携内容が抽象的で漠然としたものになりがちであり、双方の役割期待が不明確なまま具体的な事業を生み出す成果につながらないことは多い。複数企業と類似した提携を結んでいる場合も多く、互いに拘束力のない提携であれば害も少ない。

211

ただし、当初の期待が大きかったために資本提携契約を締結しても、提携による具体的な効果がもたらされないまま、事業収益での関わりが薄い提携先に株主利益が流出する結果となってしまうケースがある。提携先が当初からキャピタルゲイン獲得の狙いをもっているような場合もあり、契約解消には株式買戻しコスト等を伴う懸念もあるので注意が必要である。

◆ 社内における影響力と決裁権限

　企業は一枚岩であると対外的には説明が行われるが、複数事業を抱える大手企業の場合、規模が大きくなるほど、事業部門ごとに異なる組織気質をもつ傾向がある。たとえば、提携候補先の大手企業において新規事業担当部門の社内における影響力が弱く、担当部門の当初説明と会社最終決定が異なるなどの事態が起こり、中小・中堅企業が振りまわされるなどのケースは少なくない。

　担当部門の決裁権限が限られ、社内影響力が弱いのであれば、その状態は早急には変わらない可能性が高い。相手先の会社名のみならず、担当者・担当部門が言行一致する相手であるか、先方社内での調和・合意の乱れ等に懸念がないかを、しっかりと見極める必要がある。

◆ 提携先との相性

　従業員個々人の多様性が評価・尊重される時代ではあるものの、一般に、大きな組織では、属人化リスク等を考慮して、定期的な人事異動が行われるのも通常である。中小・中堅企業の場合、創業経営者の情熱が原動力となっていることが多いため、提携先と組織風土に相違があるのは当然であり、その調和には洞察が必要である。大手企業によっては担当者異動や担当部門変更の際に関連情報の引継ぎが十分でなく、中小・中堅企業担当者は大手企業側担当者に同一説明を繰り返すなどの対応が必要となることも多く、一定の理解と覚悟が必要である。

　また、新たな機会に対して「まずやってみるか」「事前にどこまで調べておくか」などの想定レベル、学習効果の期待等について中小・中堅企業が大手企業側をけん引する気構えをもち、その論理・説明が受容されるかも大事で

第**5**章 資本政策

ある。商品開発等の後段階となるほど、資金負担等のリスクが大きくなる可能性は高く、最後にハシゴを外される結果となる事態は回避しなければならない。そのためには、提携先企業の意思決定プロセス、企業文化等について考察を深め、自社との相性をよく確かめておく必要がある。

◆ウィン・ウィンでなくなる不均等な発展

　事業の成長・発展した場合にも、提携先相互の関係が変質していくケースがある。中小・中堅企業の知名度があがっていくと、提携する大手企業が競合する他社との取引に制約がかかる場合がある。また、中小・中堅企業のノウハウを会得し、大手企業が関連事業の内製化を進める、あるいは、取引拡大と受注コスト削減がセットとなって取引は伸びても中小・中堅企業の利益が伸び悩むなど、事業利益の分配の争奪が激しくなる可能性がある。それを避けるためには、あらかじめ提携内容・対象を明確にする、知財権や守秘情報の取扱い等を契約条件に明記するといった実務対応が重要である。大手企業との係争の事態に陥らないことが重要であり、やはり提携先の企業風土を理解しておくことが後々大きな意味をもつ。特に一時的な流行に乗じて短期的な成長を享受した新興企業は、安易な二兎追いをしたり目前の収益にとらわれたりすることなく、中長期的な収益基盤の構築を意識するのが重要である。

⑤　上場とアライアンス戦略見直し

◆提携先との関係の見直し

　事業発展の後、資本・業務提携先との関係をどのようなものにしていくか。首尾よく提携事業が成功し、相互の足かせが目につきはじめたとき、中小・中堅企業において、大手企業との関係をどのようなものにしていくか、大きな岐路の意思決定を行うのは創業経営者である。大手企業との良好な関係が強みであれば、上場後に取引先集中リスクの分散のために積極的な新規取引先開拓を進めながら、提携先大手企業との好関係をできるだけ維持し、企業価値の向上を丁寧に進めていく舵取りが一般的である。

提携先との関係の見直しが必要な状況であれば、IPOを契機に大手企業が保有株式を手放して株式売却益を獲得し、IPO企業は経営の独立性を高めるといった、ウィン・ウィンの区切りをつける好機にもなる。

◆ 子会社・関連会社上場、政策保有株

　上場企業が子会社、関連会社である場合、その資本構成の適正性について明確な説明が投資家等から求められる。親会社、スポンサー会社と上場子会社の間の資本関係がなぜ必要なのか、出資企業と投資先企業の間にはどのような相乗効果が生まれているのか、上場会社としての経営の独立性・自立性はどのように担保されているのかといったことを、IR等では頻繁に質問を受けることになるであろう。株主・投資家は、健全で独自の魅力をもつ企業を評価する。一般株主の利益を阻害する利益相反取引、関連当事者取引は許されず、透明性の高い情報開示を徹底する必要があるが、親密な関係先との絆の構築について明確で適切な説明を用意することは、経営者自身にとっても連携先との緊密な関係を公平公正に常時確認する契機ともなる。

　取引構築・強化のために出資した企業が上場し、上場後も政策保有株としてもち続ける場合、期待事業収益等、企業価値向上に貢献する裏づけを明確にし、対外的に説明できる状態が必要である。実質は資産運用にもかかわらず、時価評価の洗替を逃れるために長期投資勘定とするのは問題であり、上場株式としての株価変動リスクも勘案のうえ、資本コストを上回る収益を健全に稼いでいる状況を確認する必要がある。

　上場子会社、上場関連会社への投資維持は、親会社、スポンサー会社、IPO企業のIR上の対応も勘案し、説得力のある資本関係が強く求められる。

　IPO準備企業として大手上場企業との資本・業務提携による企業成長を図る場合、上場後に大手上場企業が政策保有株としてもち続けるには相当な経済合理性が必要となる。提携で強力な経済効果を得られるのであれば、その価値認識について提携先と十分な共有を続けることが必要である。経済合理性に基づく納得度の高い対外説明が困難であれば、株式売却に備えて大手上場企業に代わる新たな資本の受け手づくり、大口株主の異動を意識することになる。

第5節

ファンド

1 ファンドとIPO

◆PEファンド

　本節では、ファンドとIPO準備企業の関わりについて説明したい。資本政策、資金調達になじみの薄い経営者が多い一方、ファンドは新興企業等への資金供給に関わる専門組織である。IPO準備企業にとって、ファンドとの連携は企業価値向上に大きく寄与する側面がある一方、経営支配の主導権がファンドに移る場合もあるため、ファンドとどのような関わりをもつべきか、創業経営者はファンドの特性をよく理解したうえで意思決定することが重要である。

　投資対象によってさまざまなファンドが存在するが、IPO準備企業である未公開企業等を主な投資対象として、投資先の企業価値の向上に主体的に取り組むファンドはPE（プライベートエクイティ）ファンドと呼ばれる。

　ビジネスモデルの例は図表5-4に示すとおりであり、生損保、公的金融機関、年金基金等機関投資家の資金を集めてファンドを組成し、ファンドから複数の未公開企業に投資する。ファンド運用会社は投資先である未公開企

図表5-4　PEファンドのビジネスモデル（例）

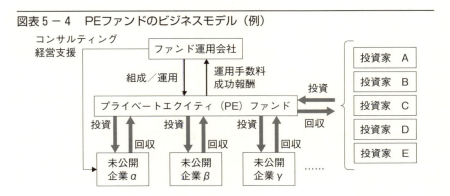

業への経営支援等を通じて企業価値を向上させ、未公開企業の保有株式を大手企業のM＆AやIPO等で売却し、ファンドが獲得した売却益は最終的に投資家に還元される。金利、為替、上場株式等、流動性の高い金融商品の売買よりも、企業の根源的価値増大を収益源とするビジネスモデルであるため、PEファンドへの投資では一般的に高い期待利回りが求められ、ファンドの投資家は高度な金融知見と投資判断能力をもつ機関投資家が中心である。

　日本のPEファンドの黎明期には「ハゲタカ」と呼ばれるイメージもあったが、知名度の高い大手企業の再生、経営改善等の実績の積みあげで関係者の認識は変わりつつある。また、事業環境変化が激しくなるなかで、専門家による企業価値増大の機会も増えており、PEファンドの活躍余地は一層広がることが予想されている。

　会社設立まもない時期から事業基盤がある程度安定するまでのフェーズ、成長可能性のより高い企業を中心に投資するファンドはVCと呼ばれ、PEファンドとは区分される。未公開企業の成長フェーズは、一般にアーリー（創業期）／ミドル（成長期）／レイター（成熟期）と区分されるが、この区分のなかでIPO準備はレイターに位置づけられることが通常である。本書ではIPOを目指す一連の取組みに触れているが、企業価値向上に向けた本質的な取組みの多くは本来、シード（創業直前期）、アーリーの早い時期からの対処が望ましく、早期の開始が成長力の強化に役立つことが期待される。しかし現実には、レイターとみなされるIPO準備企業において、基本的な対応・見直しが後手に回っていることが上場を阻んでいるケースは多い。

◆PEファンドとIPO準備企業との関わり

　保有株式の売却はEXITと呼ばれ、PEファンドによるEXITは、他ファンド・事業法人への売却、株式公開に伴う売却が典型的である。いずれも、高価格での売却を目指すビジネスモデルであり、そのために必要な対応もIPO準備と共通点が多い。

　企業価値を短期に増大させるには、競争優位性をもつ事業に集中し、業務品質を満たす人材・インフラを整える必要があるが、不採算事業の見極め・撤退、人材の入替に強い抵抗を感じる創業経営者は多い。企業価値向上のボ

第**5**章　資本政策

トルネックが経営品質である場合には、経営者・経営陣の交代を求められる可能性もあり、ファンドの関与に強い警戒感を抱く経営者は少なくない。

会社設立後まもない時期で経営支援・助言の効果が大きい早期フェーズはVCによる関わりが多いが、事業体制の整備を進める基盤構築フェーズ、流通株式比率・株主構成を意識した上場直前フェーズから、MBO等による上場企業の非上場化、経営危機に瀕した企業の再生等、ファンドは企業のライフサイクルのさまざまなフェーズで接点をもっている。

PEファンドにとっては、他社への売却でもIPOでも、より高い価格でのEXITが好ましく、また、投資先企業は改善余地が大きいほど、売却利益は大きくなる。したがって、ファンドの投資対象として魅力が高い企業は、既に収益見込みの高い事業内容をもち、企業価値を高める具体策がある程度みえており、一定の事業規模感はあるが資本や人材が不足しているような企業である。大手企業の事業部門のスピンオフ、子会社売却の受け手、ファンド間の企業売買やIPOが視野に入る企業がファンドの有望な投資対象となる。

PEファンドが経営関与に深く関わる場合、IPO準備に入る相当前の段階からファンドが株主に加わるケースが多いが、IPO準備が整い上場の確度が高まった段階で、流通株式保有者となる株主として新たに加わる場合もある。

◆PEファンドの強み

PEファンドは、IPOも含めたさまざまなケースで企業価値向上の経験、実績をもつことが強みである。投資先各社の状況はさまざまだが、事業戦略、経営資源配分等の戦略面、内部統制整備等の実務面等、具体的な打ち手に共通する項目は多く、未経験者による錯誤よりも相対的に短期間で成果をあげられることが通常である。また、事業の成長・発展をM&Aや海外展開で取り組む場合、次世代経営者への事業承継を図る場合等には、必要な知識・経験をもつ人材が社内にいない場合も多く、実績・経験を有するファンドからの支援は極めて重要な要素となる。

また、PEファンド関係者は、投資家や買い手候補企業がどのような基準で投資価値を算定するか、重要な意思決定の判断の際には何が求められるかを知っており、さまざまな助言を期待できる。

217

PEファンドの強みを活かすため、資本参加だけではなく、ファンドから重要な役職員の派遣を行うケースも多い。オーガニック成長をベースに上場を目指す場合は自力での内部管理体制構築が難しいケースもあり、IPO成功の確度を高める専門人材として、PEファンド本体のみならず、PEファンドのネットワークから専門性の高い人材がIPO準備企業に派遣されるケースは多い。

　外部人材が要職に就けば、業務プロセスの大幅な変革、従業員の採用・退職等により、組織風土に変化が生じる可能性はある。IPO実現に向け、内部統制システムの整備は必須の要件であるが、外部人材を活用することで短期間で実現するか、内部人材の育成・強化で徐々に底あげを図るかは、経営者の価値観による。ファンドによって得意分野、関与スタイルはさまざまであり、各社の補強が必要な部分にも相違があるので、ファンドとの関わりをもつ場合、ベストミックスとなる相手先かどうか、経営者はよく調べる必要がある。

◆ ファンド活動の制約

　ファンドは投資家への収益還元をベースとする事業であり、一定期間内にどれだけの収益額・収益率をもたらしたかで評価される。一般企業の事業投資との大きな相違は、ファンドは定められた期間をもつ点である。PEファンドの場合、ファンドの設定開始から投資家への資金償還を完了する満期までの期間が設定され、この期間のおおむね前半を投資期間、後半を回収期間とすることが多い。したがって、投資企業がIPOを実現した場合、上場以降の極力早いタイミングで株式売却を行うのが基本である。IPOのタイミングが延び、ファンド期間が満期を迎える場合、投資先企業を別ファンドに売却する場合もあるが、基本的には当初のスケジュールどおりのIPOを強く希望する。いったん準備に入ったらその実現に極力集中することがIPO成功の要点でもあり、IPO準備企業の思惑と一致する面もあるが、創業経営者等は事業活動の制約が厳しくなることを覚悟する必要がある。

　ファンドを運営する運用会社から、IPO準備企業に対して経営支援コンサルティング等の有形無形のサービスが行われることは通常である。上場審査

では、ファンド関連先との業務提携、関連サービス提供に関わる契約の有無が確認される。契約がある場合には、取引条件が客観的に公正、合理的な内容であり、関連当事者間の取引として開示できる体制を構築していることが求められる。ファンド関係者の有する専門知見・ネットワークはIPO準備企業にとって有用である一方、関連知識の不足等を背景に無用な費用流出を発生させないよう留意する必要がある。取締役会、経営会議等の重要な意思決定機関の議事録等、上場審査上も必要な重要書類整備、記録保持等を通じて健全なガバナンスの保持を図る意識が会社を守る動きにもつながる。

上場後には、ファンドの保有株式売却だけでなく、ファンドとの関係で派遣された人材が撤収されるのも通常である。IPOに向けた体制構築と、上場後の組織運用は若干異なる面もあるが、これまで組織運営のコアとなってきた人材が抜けた後、内部人材もしくは新たな外部採用者による組織運営に円滑にシフトできるかどうかについて、経営者は確認する必要がある。

管理本部長、IPO準備室長等の重要幹部に就いたのが外部人材で、仕事内容にブラックボックスの部分が多い場合、その離職により、新たな時価開示・IR等業務のみならず、財務報告の信頼性、事業計画の進捗確認等にも障害が生じる可能性がある。上場審査でも確認を求められるが、社内重要業務をブラックボックス化させない認識は極めて重要である。

② さまざまなPEファンド

◆規模感とスピード感

PEファンドの投資・運用スタイルはさまざまである。経営に深く関与する場合だけでなく、ファンド保有の株式大量売却が自社経営に大きな影響を与える可能性もあり、ファンドの参画・支援を求める場合、ファンド業界のなかでもどのような特徴・行動特性をもつファンド（ファンド運用会社）であるか、あらかじめ把握していることが必要である。

PEファンドは通常IRR（内部収益率：投資によって得られる将来キャッシュフローの現在価値と、投資額の現在価値が等しくなる割引率）20％を上回るリターンが求められるケースが多い。投資期間が5年の場合、投資価値

は開始から回収まで複利計算で倍以上に増加する。PEファンドは少数精鋭の組織が多いものの、複数名の業務量・報酬を勘案する収益を得るためには、ファンドの想定投資金額は数十億〜数百億円が基本的なイメージである。

大手企業の事業ポートフォリオ再構築に伴う事業部門売却やM＆Aによる事業再編が活発化する動きもあり、外資系PEファンドによる日本国内の投資機会への関心も一層高まっている。金額規模感の条件制約が基本的にあるものの、国内中堅企業への投資機会発掘に関心の対象を広げるファンドもある。中堅ファンドも伸長しており、事業規模の急拡大の可能性を念頭に、売上高が数十億円規模の国内企業に投資するファンドもある。

◆専門型と一般型

ファンドには、注力業界を絞るタイプと、業界にはこだわらないタイプがある。また、投資チーム（投資案件の発掘）と業務改善チーム（投資後の企業価値向上）の役割分担をファンド運用会社内で明確にする先としない先といったタイプの違いもある。事業成長・改善の課題があらかじめ明確になっていれば、特定重点課題の徹底改善に向けて専門性の高い対応を期待できるファンドが望ましい。一方、経営改善・業務改善等、課題対象を広く捉える場合は、全般的な取組み改善を得意とするファンドが好ましいとみられている。

実際にどのような分野・取組みを得意とするかは、開示されている投資先実績等から一定の想像ができ、自社と同じような課題を抱えた企業での実績・経験があるかどうかは参考情報となる。

◆得意とする運用スタイルとその背景

経営改革、業務改善、事業承継、M＆A、グローバル展開等、ファンドは過去の実績等から得意とする運用スタイルをもっている。柔軟に幅広く、さまざまな投資先企業を扱うアプローチをうたうケースもあるが、大手ファンドであれば投資実績から投資対象企業の規模感がわかり、新興ファンドであれば投資実力の裏づけの確認が必要である。

経営改革は、ほとんどのファンドが自らの強みに掲げており、いずれも経

営陣との良好な信頼関係をうたっている。信頼関係は双方向で成り立つものであり、経営者はファンドへの期待内容を明確にし、その期待に応えられるファンドであるかどうかを見定めなければならない。また、金融機関等の第三者が仲介者となって、企業とファンドをつなぐケースは多い。

　ハンズ・オン型の経営支援をうたうファンドは多いが、役職員派遣の有無等のハンズ・オンの方法、投資後のサポートに対する姿勢もファンドによって相違がある。複数ファンドの対外説明資料を比較すれば、取組み手法の特徴や得意な運用スタイル等について基本的な方針の相違は理解できるが、現実にはファンド側担当者の価値観、経験・実績に影響されることも多い。たとえば、次世代への事業承継の場合には、現行経営陣の課題認識との齟齬、適切な助言内容等について、経営者・経営陣とファンド側担当者との相性も重要である。

　業務改善やM＆Aでは、豊富な実績、経験の積み重ねが重要である。業務改善では、生産性・収益性指標改善等の一般的なものか、また、規制対応等、業界固有事情への精通が必要かによって、実績・経験に求められる内容は異なる。M＆Aにおいても、期待内容が、事前検証、デューデリジェンス、条件・契約管理、PMI（M＆A成立後の統合プロセス）といった一連の一般的支援か、それとも、業界ネットワーク、グローバルネットワークにおける最適な相手先の発掘・マッチングなのかで、必要な実績・経験は異なる。たとえば、海外事業展開を支援する場合、外資系の巨大PEファンドがそのネットワークと経験・実績を強みとすることが多い。

　日系PEファンドの代表者、外資系PEファンド日本法人の代表者の出身は、コンサルタント、投資銀行、総合商社、メーカーとさまざまである。少数精鋭を率いる代表者は、組織文化の象徴でもあり、ファンドの特徴を示す有用な情報の1つである。

　ファンドとIPO企業の関わりはさまざまだが、近年の上場事例から、事業再編、ハンズ・オン型支援でファンドがIPOに深く関わった具体的なケースをいくつか示す。

3 事業再編・大型IPOにおける事例

◆ KOKUSAI ELECTRIC ── 2023年の大型上場

　㈱KOKUSAI ELECTRIC（以下「KOKUSAI」）の事例では、大手PEファンドが重要な役割を果たしている。大手企業グループの事業再編に絡め、PEファンドの具体的な動きを示すものといえる。

　KOKUSAIは、半導体製造における成膜ソリューションに強みをもち、半導体製造装置の開発・製造・販売・保守サービスを行う会社である。同社は2023年10月に東証プライム市場に新規上場したが、オファリング総額1,245億円、（上場時）時価総額4,239億円の大型上場であり、オファリング総額1,000億円超は2018年のソフトバンク㈱上場以来の規模となる。

　同社の前身は、㈱日立国際電気（現　㈱国際電気）の成膜ソリューション事業だが、同事業の成長戦略実現にあたっては、事業再編の複雑な課題を解決する必要があった。

◆ 日立グループの事業ポートフォリオ見直し

　日立グループの事業ポートフォリオ見直しの推進は有名であるが、各個別案件にみられる事業再編の課題の解決は容易ではない。主要子会社の１つである日立国際電気は、もともと日立電子㈱、八木アンテナ㈱、国際電気㈱の３社合併で発足した会社だったが、合併後の事業発展のなかで、２つの中心事業である映像通信事業と半導体製造装置事業（成膜プロセス）の事業環境・事業の性格の相違が明らかとなり、成長戦略を描き出すのが難解な状況にあった。成膜事業単独視点での経営では、開発投資のみならず、半導体製造工程間の集約や海外展開を推進する必要が想定された。こうした状況下、日立国際電気と日立グループは資本構成、経営体制の見直しに向け、新たな資本パートナーの選定プロセスを入札にて行い、グローバルリソースネットワークと半導体関連投資の強みをもつKohlberg Kravis Roberts & Co. L.P.（以下「KKR」）と、事業カーブアウト、社会インフラシステム事業に強みをもつ日本産業パートナーズ㈱（以下「JIP」）を新たなパートナーとして選定し、日立グループ、日立国際電気、KKR、JIPの４社が、日立国際電

222

第 5 章 資本政策

気の事業再編実行に向けて協議し、事業ごとの経営の最適化の追求実現に向けた取組みを開始した。

◆ 日立国際電気の非上場化

そして、KKRを買付者とする公開株式買付（TOB）で日立国際電気の非上場化が実行された。個別事業の単純売却には数多くの制約要因があり、成膜プロセスの独自事業の発展、映像・通信事業の持続性をもった経営を実現するためには、事業構造および推進体制について抜本的な変革が必要であったことが、日立国際電気の上場廃止が必要と考えた背景である。

TOB時に日立国際電気の（日立グループ以外）非支配株主の構成比率は半数近くを占めており、買付価格引きあげを含めた数回の条件変更を経て、

図表 5 － 5 　㈱KOKUSAI ELECTRIC に関わる組織再編（1）
〈HKEホールディングスの組成とTOBの実行までの再編行為〉

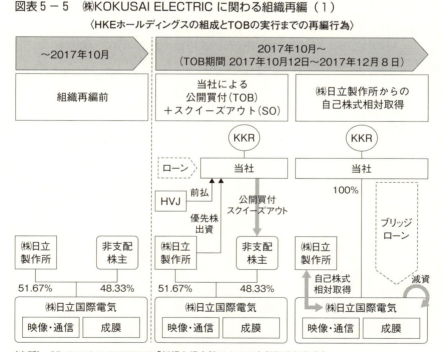

（出所）　㈱KOKUSAI ELECTRIC「新規上場申請のための有価証券報告書」

223

2017年12月にTOBが成立（図表５－５）。2018年３月、日立国際電気は上場廃止となった。

◆ TOB成立後の事業再編

　TOB成立後、KKRの公開買付の受け皿となるHKEホールディングス（KOKUSAIの前身）が日立国際電気を100％保有する持株会社となり、成膜事業を吸収して、日立国際電気の成膜事業と映像・通信事業の分離を行った。その後、日立グループ、HVJ（JIPグループ会社）がHKEホールディングスの株主となり、映像・通信事業が残る日立国際電気の株式譲渡を受け、成膜事業と映像・通信事業それぞれの資本関係は完全に分離された（図表５－６）。

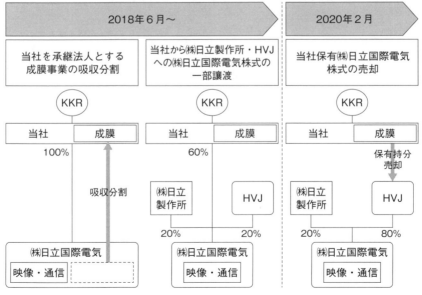

図表５－６　㈱KOKUSAI ELECTRIC に関わる組織再編（２）
〈2018年６月における㈱日立国際電気より事業を吸収分割した後の再編行為〉

（出所）　㈱KOKUSAI ELECTRIC「新規上場申請のための有価証券報告書」より作成

第5章 資本政策

◆ 事業再編後のKKRとの関わり

　KOKUSAI上場前に、KKRはKOKUSAI株式の73.2%を保有し、2名の取締役派遣を行っている。KKRとKOKUSAIの取引の合理性・妥当性は取締役会承認事項とされ、取締役会の諮問機関として、社外取締役で構成する「支配株主との取引等の適正に関する委員会」が設置されている。

　KOKUSAIの事業再編開始にあたり、KOKUSAIとKKRは「Monitoring Agreement」を締結し、KKRはKOKUSAIに対し、経営全般のコンサルティング、買収および処分案件検討、資金調達、財務計画、人事、その他のアドバイス提供を実施。IPOに備え、2022年3月に本Agreementの解除を行っているが、本Agreement締結時においてIPOの選択肢は既に想定しており、IPO準備における本Agreement解除の条件もあらかじめ設定した内容となっている。

◆ 映像・通信部門は日清紡グループの一員に

　成膜プロセスソリューション事業を分離した後の日立国際電気は、映像・通信ソリューション事業中心の企業として、事業発展に取り組んでいる。2023年12月、JIPグループの保有株式は日清紡グループに譲渡され（図表5－7）、日立国際電気は2024年12月に社名を国際電気に変更し、日清紡グルー

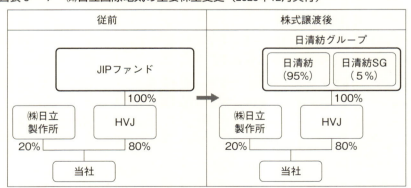

図表5－7　㈱日立国際電気の主要株主変更（2023年12月実行）

（出所）㈱日立国際電気 プレスリリース「主要株主の株式譲渡契約締結に関するお知らせ」（2023年5月31日）より作成

225

プの一員として、一段と事業成長の加速に取り組んでいる。

４ ハンズ・オン型経営支援における事例

◆ファンドによるハンズ・オン型経営支援でIPOを実現
── JRC

2023年８月に東証グロース市場に上場した㈱JRCは、コンベヤ部品の設計・製造・販売およびコンベヤ設備の運用改善／メンテナンス、ロボットを活用した自動設備等の設計・製造・販売を手がける企業である。ベルトコンベヤ関連製品で国内トップシェアを誇り、他業種展開、製造の自動化推進、独自商材の積極開発に取り組み、同社の2024年２月期から３年間の中期経営計画においては「コンベヤ部品事業」では市場のさらなる需要創造による付加価値とシェアの拡大、「ロボットSI事業」ではエースソリューションの具現化・標準化と顧客認知の獲得を目指すとしている。

2020年１月、国内独立系PEファンドのインテグラル㈱は、その運用ファンドおよび自己勘定でJRC株式を取得、常駐者派遣による同社経営テーマへの取組み、インテグラルネットワークを活用した新規事業拡大等による、JRCの成長支援を表明した。インテグラルは社外取締役２名、執行役員１名をJRCに派遣。JRC上場後の2024年５月の株主総会においてインテグラル派遣の役職員は、社外取締役２名が退任する一方、執行役員１名はJRCに転籍、JRC取締役に就任している。

2023年８月の上場直前時にインテグラルはJRC株式51.8％を所有していたが、上場後に保有株式の一部の売却を実行した。その後、2024年２月にインテグラルが運用するファンドの保有株式は創業経営者の資産管理会社に譲渡され、創業家の株式構成比率は４割強を占める結果となった。なお、インテグラルの自己勘定（プリンシプル投資）による株式保有（1.65％）は継続している（2024年２月末現在）。

インテグラルは、ハンズ・オン型経営支援「i-Engine」（イノベーションを起こすエンジン）、「ハイブリッド投資」（ファンド資金投資と自己資金投資を同時に行う）等を特徴として「Trusted Investor」（信頼できる投資家）を

第**5**章　資本政策

標榜しており、JRCのIPOは、インテグラルの機能を発揮した典型的なケースと捉えられる。

　なお、インテグラル自体も、2023年9月に東証グロース市場への上場を果たしている。

◆ファンド派遣の社長によるIPO実現
―― アウトルックコンサルティング

　アウトルックコンサルティング㈱は2023年12月に東証グロース市場に上場した会社であり、独自の経営管理システム「Sactona」の開発、導入、経営管理コンサルティングを提供している企業である。

　同社販売ソフトウェアの開発者であった創業経営者は、同社のさらなる発展には新たな経営による事業継承が適切と考えていた。そのニーズを受け、ソフトウェア業界の企業への投資を1つの柱と考えている、国内独立系PEファンドのアスパラントグループ㈱の運用するファンドが、2019年3月にアウトルックコンサルティングの持株会社株式を取得した。

　アスパラントグループはアウトルックコンサルティングの経営権を取得後、非常勤役員4名を同社に派遣。2021年3月にはアスパラントグループ派遣の非常勤役員が同社代表取締役社長に就任のうえ、コンサルティングをより意識し、適切な価格設定でのソリューション提供等の事業戦略・営業戦略の見直し、経営幹部採用・機関設計変更等の社内管理体制整備、研究開発への注力等を通じて、同社の収益力・組織力の強化を実現。2023年12月、アウトルックコンサルティングのIPOを行った。なお、アスパラントグループの同社株式保有比率は、上場直前は97.2％だったが、上場直後に47.82％に減少した。

⑤　事業価値増大の方策

◆PEファンドの実践事例をどうみるか

　PEファンドは複数の企業経営・事業運営に関与した実績・経験を通じて、企業価値向上のノウハウを蓄積しており、IPO準備企業の経営者にとって重

要なインサイトが多く含まれている。実際にファンドと深く関わるかどうか
は、経営者等の経営支配株主の価値観にもよるが、社内管理体制の構築・整
備をどのように進めていくか、事業活動を大きく成長させる経営資源は何
か、それらはどのように調達できるかといった点を、会社経営・現場運営を
舵取りする経営者は常に意識しているだろう。実際に経験豊富な専門家がど
のように取り組み、実績をあげていくのかを知ることは、自分の取組みを見
直すきっかけとなる可能性がある。その気づきは、上場後の企業成長をけん
引するうえでも引き続き役立つ可能性が高い。

◆ハゲタカ、それとも救世主?

　IPOは会社を大きく成長させる変革機会と認識していても、会社の現状を
前提とする思考に縛られ、足りない人材は外部採用で手当てすればよいと考
えがちであるが、既存の枠組み・制約を解き放ち、あるべき姿を起点とする
ことで事業戦略の描き方は大きく変わる可能性がある。これはIPO準備にか
かわらず、上場後の事業発展のためにも重要な視点である。

　世間一般では、「ハゲタカ」「アクティビスト」等、ファンドは自己利益の
追求に貪欲な存在という認識が広く、実際にそのような活動をみせるファン
ドも少なくないといわれる。一方、企業価値向上のためにハンズ・オンで経
営支援に取り組むファンドもある。事業継承、事業再編の動きが増えるとと
もに、是々非々でファンドの活用を検討する国内企業が増えることが予想さ
れる。

　企業の成長・発展は事業領域の拡充が基本にあるものの、独自の経営資源
を活用する観点で強みを発揮できる事業分野を見定め、自前主義に陥らず、
外部資源を有効活用できる経営者の資質は、企業の差別化、競争優位性を生
み出す重要な原動力である。

● 第 **6** 節 ●

金融機関

■1■ 成長企業と金融機関

◆金融機関との接点の重要性

　IPO準備企業と金融機関は、上場指導や公開株式の引受・販売における証券業務をはじめ、株主総会等に関する信託銀行のサービス業務等、幅広い接点をもつ。金融サービスは広範囲、多種多様にわたるが、本節では金融機関との代表的な取引である銀行借入、数多くのIPO企業との接点をもつ銀行系VC・銀行グループの存在等を中心に触れ、成長企業、IPO準備企業にとって念頭に置くべき信用力構築の重要性を金融機関との関わり方から考察する。

　金融機関との接点なくして事業活動は成り立たない。そして、成長ステージに応じて事業会社と銀行との関わり方には変化が生じる。取引資金、従業員給与、経費等の資金決済のほとんどは銀行口座を通じて行われ、セキュリティが確保された資金決済インフラの利用をはじめ、財務管理の体制整備は企業の命綱である。

　事業拡大は取引資金拡大と表裏の関係にあり、事業資金量の増加・円滑な決済とともに、当座貸越、手形割引、手形貸付、証書貸付へと、企業と金融機関の資金貸借のつながりは深まり、金融機関の与信管理に応える財務基盤の拡充を求められる。

　企業がIPOを目指す時期はさまざまだが、企業の成長・発展の確実性を高めるには、資金の出し手である融資者のさまざまな側面を、企業経営者は理解する必要がある。

◆銀行の与信業務の伝統的な強みとIPO準備

　銀行等金融機関の貸付判断は、基本的に審査に基づく信用力評価を原則とする。一方、多くの新興企業では、当初は事業立ちあげの成否が最優先であり、自社事業の信用力を意識する時期は、一定の事業活動基盤ができてから

となるケースが多い。

したがって、銀行の審査の初期では、成長企業には少なからず不安箇所があり、銀行の営業担当者等の協力も得た整備・改善が必要となるが、その対象は財務諸表の信頼性、さまざまな登記を証明する書類等、内部統制システム整備の初期情報から確認がはじまる。

事業拡大に取り組む企業において足元をすくわれる不備・不安がないか、コンサルタントやファンドとは異なる角度の審査を通じて、さまざまな観点での管理へのアドバイス、確認が求められる銀行との関係は、IPO準備企業にとって多くのメリットがある。不祥事案等の多くの問題事例をみていることで培われた銀行のノウハウは、事業会社が見落としがちなリスクをカバーする可能性が高いからである。

◆ 事業資金ニーズの開拓

事業会社への資金貸出は、銀行業務の根幹であり、優良・有望な会社との取引開拓・関係強化は、融資活動の基本である。地域創生・活性化を通じた地場経済の発展に向け、長年の貸付残高増加をアピールする地方銀行もある。

リーマン危機やコロナ禍対応等を経て、銀行貸付残高は増減を繰り返してきている。バブル崩壊後「失われた20年」の経済低迷の間、M&A、海外展開のための新規資金需要があった一方、新規設備投資への慎重姿勢、社債発行・資産証券化等の資金調達手法の広がりもあり、銀行貸付は成熟化が進んでいるとみる向きもある。しかし、社会経済の構造変化、新陳代謝が進むなか、新たな事業資金を必要とする成長企業に、多くの銀行は高い関心を抱いている。

中小・中堅企業の実績確認も踏まえながら、銀行の担当者は資金繰り計画、事業計画の作成を支援する機会をもち、さらに大きな成長期待があれば、銀行系VCとの連携で成長の底あげを支援する対応もあるかもしれない。いずれにせよ、銀行の担当者の取組み姿勢・対応力が、対象企業の中長期的な成長に影響をもたらすケースは多い。

第 **5** 章 資本政策

2 銀行系VCとIPO準備企業

◆銀行系VCの積極的な活動

　膨大な取引ネットワークを誇るメガバンクグループの成長企業支援を切り口としたVC事業は、IPO準備企業を含む成長企業と金融機関の広い事業基盤の接点を象徴する。

　三菱UFJ、三井住友、みずほのメガバンクグループはいずれもVC事業を担う有力子会社（VC子会社）を有している。各メガバンクグループは、社会課題の解決や社会的価値貢献を経営理念にうたっており、成長企業支援は重要テーマの１つであり、各グループ内におけるVC事業の位置づけはますます重要なものとなっている。

　2020〜2022年度の３年間における各VC子会社各社の年間投資件総数は60〜100件超、年間投資総額は50億〜100億円超で、IT、サービス、ライフサイエンスの分野を中心に積極的なVC投資を行っている。成長企業投資の成長ステージでは、シード、アーリーといった成長分野への投資が中心であるが、VC子会社単独で扱ったIPO企業数の累積が900社前後に及ぶ会社もある。

◆メガバンクグループによるプラットフォーム提供

　VC子会社の積極的な活動の背景には、成長企業に提供されるメガバンクグループのプラットフォームの存在がある。プラットフォームをもつ強みとして、①ビジネスマッチング、②コミュニティ形成、③コンサルティングの３つがあげられる。

① ビジネスマッチング

　メガバンクの膨大な取引先企業のネットワークを利用して、新規取引開拓、業務提携、事業支援サービス等の候補先企業の紹介を受け、事業基盤の拡充、経営資源の有効活用、コスト削減等の効果を得られる可能性がある。

② コミュニティ形成

　成長企業の事業アイデアを競うコンペティション、さまざまなテーマに基

231

づく講演会・交流会のイベント開催等が行われ、成長企業同士だけでなく、コーポレートベンチャーキャピタル（CVC）に関心を抱く大手企業も含む参加者が情報・意見交換を行う場・機会を積極的に設定している。同じテーマに関心をもつ者同士の直接交流によるイノベーション創発への期待もあり、こうしたコミュニティ参加に関心をもつ成長企業は多い。

③ コンサルティング

投資・支援経験やリスク管理ノウハウに基づく有用なコンサルティングを成長企業は受けられる可能性がある。ファンドの場合と同じく、銀行系VCにおいても、対象業界の注力分野・絞込みの有無、メンバー構成（銀行出身者が多いか、中途採用者が多いかといったバックグラウンドの違い）等、組織気風の相違がある。

VCとファンドの相違は多々あるが、VCは「投資案件数が多い」「1件当たりの投資金額が小さい」「シード・アーリーの投資案件が多い」「経営への関わりは相対的には少ない」と一般的にはみられている。ただし、VC担当者が投資先企業経営者と緊密に支援してIPOをリードしたとする事例もあり、一概にはいいきれない面はある。

◆地銀系VCへの期待

多くの有力地方銀行もVC子会社を設立し、地域経済活性化、地方創生に向けた成長企業支援に積極的に取り組んでいる。地域経済活性化に向けたコミュニティにおいて地方銀行のネットワークの価値は大きく、地域の産官学の連携、域内経済のエコシステムの整備強化、グローバル・国内ネットワークを活かす地域コアビジネスの競争優位性創出等を背景に、地域成長企業への支援を推進する役割が期待されている。

◆VC業界の広がり

VC業界では、独立系大手VCは成長企業の経営・育成支援に多くの実績をもつ、生保系VCは長期的視点やESG視点での独自の取組みを展開する、大手事業法人は自社との相乗効果が高いと見込まれるCVCを活用するなど、多

第 **5** 章　資本政策

種多様な活動が展開されている。産業政策においても成長企業支援は大きな
テーマであり、規制緩和、税制改正、公的資金投入の施策が追い風となり、
VC事業の活動はより広がることが期待される。成長企業にとっては、自社
に適したVCを見つけ出すことがますます重要となるであろう。

③　事業の信用力

◆ 担保・保証は前提か

　VC等による資本増強・支援を経て、事業基盤の拡充が進むなかで、銀行
の個別企業に対する本業の取組みは、事業の信用力を担保とする融資業務に
行きつくのではないか。無担保、無保証での銀行融資は、大手企業向けのイ
メージがあるが、IPO準備企業でも銀行のコミットメントライン（一定期間
の貸出極度枠）やシンジケートローンを受け、高い財務管理能力を示してい
る企業もある。どのような背景で非上場企業が、無担保・無保証の融資を受
けられるのであろうか。

◆ 事業・会社そのものの信用力

　無担保・無保証での融資は、事業資金、企業そのものが信用力をもつこと
を意味する。営業キャッシュフローを着実に生み出しているか、営業キャッ
シュフローを裏づける事業計画の信頼性は高いか、今後も成長していく見通
しは高いか、内部留保の蓄積等によって財務基盤の充実が進んでいるかなど
の視点で与信評価を得られるかどうかである。無担保・無保証の金融機関の
与信審査をクリアできる信用力の存在は、上場審査において評価される材料
の１つでもある。上場審査では、事業計画の精度、予算・実績管理の状況は
関心の高い項目の１つとされるが、多少の事業計画の揺らぎがあっても、銀
行のコミットメントライン（借入枠）が継続される企業であれば、現状の財
務基盤、事業資金の信用力のもとで許容される範囲内に収まっているとの見
方もできる。

　なお、コミットメントラインの利用は、短期運転資金のみが対象となる、
財務状況が一定の状態を保つ「財務制限事項」を設けられるなど、その利用

233

と事業活動に制約がかかる点には留意が必要である。

◆銀行側の視点と実情

　成長企業への融資強化を経営方針に掲げる銀行は多くあるが、中長期的な信用力という観点で、財務管理の計数面のみならず、企業の経営理念・事業方針、経営者の気質といった事業活動の基礎部分の信用力は重要である。銀行担当者は事業モデルを適切に理解したうえで、中長期的な事業の魅力と可能性を感じとれるかどうか、実際の事業活動と企業理念は整合しているか、現場業務に理念や強みが反映しているかなどを確認することが重要である。新興企業には、時代の流行に乗って短期収益を追う企業が多い。企業理念は机上の空論にすぎず、目先収益に追われる活動に終始している場合、銀行としては中長期的な取引関係を構築することに慎重になるであろう。事業内容のブレが大きい企業、事業収益の基礎基盤が脆弱な企業に対して、銀行の貸出姿勢は慎重にならざるをえない。新興企業と伝統的大企業である金融機関では、組織文化を背景に仕事上のさまざまなプロセスが大きく異なることが多い。銀行の融資担当者、特に若手の担当者が本書の第2章、第3章で触れたような新興企業の内情・内実への考察を深めることができれば、資金の出し手として新興企業の成長を支える業務は、銀行家としてのやりがいを感じさせる機会になりうる。本節では銀行系VCについて触れたが、PEファンドでも銀行出身者が多く活躍しており、銀行の紹介・仲介により中堅企業がファンドとの接点をもったことでIPOの成功につながっているケースもある。

　なお、大手銀行では担当者の定期異動は通例である。中長期的に銀行との良好な関係を継続するためには、銀行担当者の適切な理解、支援を得られた機会に、銀行内部における自社の認知を高め、パイプ強化につながる担当者を継続的に手当てしてもらう配慮を得られる関係を構築することが重要である。また、複数銀行との関係を維持することで、銀行と自社の健全な緊張感を保つ対応や、銀行のなかで自社の相性がよい先を知るなど、中長期的に銀行（団）とより良好な関係を構築する意識が企業側の財務責任者にとって有用である。

第**5**章　資本政策

◆CFO／最高財務責任者の重要性

　財務基盤強化の実現に向けては、CFO／最高財務責任者が自社の事業計画・資金計画の優れた部分を銀行に積極的に開示、説明する姿勢が重要である。与信審査は基本的に保守的に捉える性格面が強く、審査の要諦を知っている銀行出身者、大手企業の財務部門出身者等、銀行交渉経験の豊富な人材がCFOに就くことで、銀行との複雑な折衝を円滑に進められるケースが多い。

　先取的な財務管理の動きは、上場後のIR、開示等においても大きな関わりをもつ。機関投資家にとって、財務基盤強化の進捗、財務管理指標は重要なモニタリング項目の1つであり、こうした視点での先取的な取組み自体が、他の新興企業との大きな差別化を生み出すことにもなる。

◆デッドガバナンス

　日本企業のコーポレートガバナンスの進化を、デッドガバナンスからエクイティガバナンスへのシフトで説明する経営コンサルタントは多い。デッドガバナンスは、メインバンクが対象企業の信用力維持を財務管理中心に目を光らせるアプローチであり、企業の成長戦略への足かせとなってきた点が指摘されることが多い。

　メインバンクの借入を返済し、相当数の複数行への切替えによる借入先分散でデッドガバナンスを弱め、エクイティガバナンスへのシフトを進めた企業は多い。しかし、デッドガバナンスを弱体化させたものの、形式的な社外役員の選定等でガバナンス機能が無効化され、実質的なワンマン経営者の暴走に歯止めがかけられず、エクイティガバナンスも機能しないまま、経営破綻に至った問題事例も発生している。

　従前は、銀行によるガバナンス機能が発揮され、メインバンクの社外役員が、経営者に交代の引導を渡した事例は少なくなかった。現在は、筆頭社外取締役にそうした役割期待が求められている。

第 7 節

ストックオプション

1 役職員へのインセンティブ

◆インセンティブの意味

　IPOという企業価値を可視化する機会を捉えてインセンティブとしてストックオプションを使い、役職員の動機づけ、功労報償を図る対応は一般的である。ストックオプションの設計・運用は、株主構成に影響を与えるという面で、厳密には資本政策の一部である。しかし、その性質から資本金配分よりも人的資本投資の観点のほうが強い面があり、役職員への株式配分は経営者の役職員に対する考え方、経営者の経営価値観がうかがえる。

◆組織均衡の条件 ── 役職員の「貢献」と「誘因」

　基本的に、経営者は従業員を大切にし、従業員の活動を通じて、より大きな企業価値が生み出されることを期待する。そして、経営者は役職員を自分の分身のように捉え、経営者の期待どおりに動かない役職員を嘆くことが多い。こうした経営者が見落としがちな点は、経営者と役職員の目線、立場の違いである。

　仕事に対する正当な対価・報酬は当然だが、仕事への値踏みは会社、個人の双方から行われる面がある。この状態を組織構造として捉える「組織均衡の条件」がある。IPO準備等、組織の拡大・変質とともに、多くの役職員の多様な動機・インセンティブが重要であることを考える際に有用な理論であり、簡単に説明したい。

　組織存続のために、組織は所属員からの「貢献」を獲得し続けなければならず、そのために所属員個々人の動機を満足させる「誘因」が必要である。この「貢献」と「誘因」のバランスがとれた状態に組織は均衡する（「組織均衡の条件」）というのが、アメリカの経営学者C.I.バーナードが展開する理論である（図表5－8）。

236

第5章 資本政策

図表5-8 組織均衡の条件

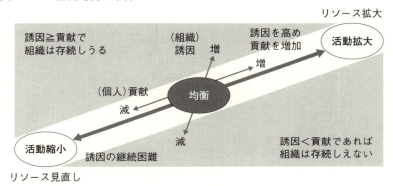

(注) アメリカの経営学者 C.I.バーナードによる理論の図示化

　役職員の「貢献」を大きくするには、より魅力的な「誘因」が役職員に与えられることが必要である。企業が従業員に与える「誘因」の状況で、「貢献」と「誘因」のバランス調整が進み、組織はバランスがとれる状態に落ち着いていく。興味深いのは、役職員が組織にとどまる条件は、組織に所属するメリットが組織への貢献を上回っている状態（誘因≧貢献）と説明される点である。他の職場に移るよりも現在の職場で働き続けるメリットが大きいときに、従業員は現在の組織にとどまるという解釈である。転職のリスク、コストが小さくなれば、従業員にとって長期雇用のメリットは減少する。転職市場の拡大、労働力の流動化とともに、こうした考えの説得力は高まっている。

　「会社の成長は役職員の価値向上とともにある」など、会社と役職員のウィン・ウィンの関係を伝える経営メッセージは多いが、役職員は自らの貢献以上に組織は自分に報いてくれるかどうかを考えるという視点を経営者・経営陣として認知する意味は大きい。

　売上、収益増大を図る際、人件費を原価・コストと捉える経営者はいまだ多いが、企業の成長を持続的にするには、従業員への「誘因」を増加させ続ける必要がある。従業員のエンゲージメント向上等、昨今流行の人的資本経営の議論の多くは、この「誘因」を説明している。

給与水準の引きあげや労働環境の改善は、従業員の「誘因」を増大させ、より多くの従業員がより長く勤務を続ける効果が一般的には期待できる。人事評価方法の変更では、より大きな「誘因」を感じる従業員と、不満を感じる従業員の双方が混在する可能性があり、「求める人材像」「あるべき組織構造・人員構成」に向けた経営意思を明確に示すことで、従業員は「会社における自らの位置づけ」に関する認識を改めていくことになる。新興企業、IPO準備企業では企業文化と同様に、人事制度が急速に変化するケースも多く、「組織均衡の条件」を念頭に置くことは、評価基準を考える際に有益である。

　役職員へのストックオプション供与は、役職員が株主としてもIPO準備企業とともにあることで経済的利益を得る重要な「誘因」の1つであるが、単なる利益供与だけではなく、「自分が特別な存在である」との認識欲求を満たすこと、また、経営者が役職員をどのように捉えているかという価値観を示す機会でもある。

2　IPO準備企業の「誘因」と「貢献」

◆IPO準備における「誘因」

　IPO準備を「組織均衡の条件」で捉えれば、会社は「貢献」として、IPO実現を後押しする売上・収益拡大、内部管理体制の整備を従業員に期待する。一方、従業員が期待する「誘因」としては、IPOと絡んだスキル・キャリアアップ、上場企業社員のステータス、ストックオプションによる利益、将来の給与上昇等がある。同時に、従業員が懸念する「誘因」のマイナスとしては、IPO準備に伴う業務増、IPO可否への不安、IPO後の変化への不安等がある。

　役職員にとってストックオプションによる経済利益の付与は、通常「誘因」の1つであるが、その魅力・価値の評価は、役職員それぞれに相違がありうる。経営者への信頼が厚い、企業理念・経営方針に強く共鳴する、自分の仕事で成長の手応えを強く感じる役職員は、自社株式の将来の成長価値を魅力的に感じるであろう。一方、目先の業務に追われ、将来の展望がみえにくい

と感じる役職員にとっては、自社株式の価値、特に成長性の魅力はそれほど感じないかもしれない。役職員のさまざまな役割期待、分担を踏まえた、役職員の士気・貢献意欲を考えたストックオプションの付与は、ストックオプションの設計の1つの重要な切り口である。

◆ストックオプションという「誘因」の成果期待

　ストックオプションの有効性を高めるには、役職員に期待する「貢献」を具体的に考える必要がある。一般的には、役職員の「自主性・積極性」と「組織運営力」の2軸で捉え、重要な「貢献」が期待される役職員にストックオプションの付与を厚くする（図表5－9）。

　「自主性・積極性」では、商品開発、研究開発、営業開拓等で個人がもつ専門性を発揮できる役職員が主に対象になる。「組織運営力」では、CXOと呼ばれる全社視点での機能発揮、担当部門を束ねる部門利益責任者が対象となる。「自主性・積極性」と「組織運営力」は絡み合う場合もあり、機械的に対象者が2軸で明確に区分されるわけではないが、経営者は自社の重点領域において重要な「貢献」を潜在的に意識し、大きな「貢献」を期待する役職員にストックオプションを手厚く配分している。

図表5－9　成長に向けた重点領域と役職員「貢献」の重視項目

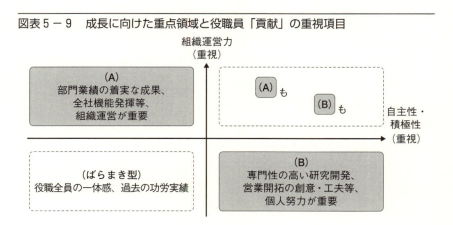

3 ストックオプションのメリット

◆優秀な人材確保とエンゲージメント向上

　役職員、業務委託等の社外協力者に、あらかじめ定めた価格で自社株を取得できる権利である「ストックオプション」を与えることで、対象者の動機づけ、士気向上が図られる。ストックオプションは「新株予約権」の1種であり、享受できる対象者が限定される、税制面の優遇があるなどの特性がある。

　ストックオプションのメリットは、利益の上限がないこと、会社の利益と個人の利益が合致した状態で価値をもつこと、発行費用コストがかからないことがあげられる。

　IPO準備企業においては、上場に向けて企業価値が大きく増加する機会が多いことから、ストックオプションの権利行使による低価格での株式取得、取得株式の売却利益が期待され、給賞与等の報酬が見劣りしてもストックオプションの活用で、より優秀な人材を採用できる可能性が広がる。また、オプション権利行使を在職中とする条件により、役職員の退職を抑制する効果も期待できる。企業価値増大は株価上昇、株式売却益増加につながり、既存役職員の会社へのエンゲージメントを高める手段となる。また、高度な専門知識・知見をもつ外部人材の関心を引き、採用に限らず、有意な協力・連携を得る手段となる効果が期待できる。

◆ストックオプションを巡る諸条件

　役職員にとって、ストックオプションの魅力は、税制優遇を通じてより多額の利益を獲得できる点にある。ストックオプションには、無償税制適格、無償税制非適格、有償等の複数の種類があり、それらの相違点は権利行使／株式売却時での課税有無・課税対象の所得種類（給与、譲渡、退職等）等、税制優遇メリットが中心となる。

　2021年11月に政府の「スタートアップ育成5か年計画」が発表されるなど、より多くの優秀な人材が成長企業の支援の「誘因」を高める動きは強まっている。ストックオプションの取扱いについては、純資産方式による企

第 **5** 章　資本政策

業評価が選択肢に加わったことで低廉な行使価格の設定が可能になる、条件付きであるが行使期間の延長がされる、株式保管要件が撤廃される、年間のストックオプションの行使額上限が引きあげられる、社外高度人材への付与対象が広がるなど、利便性を高める大幅な改訂がなされている。

　一方、信託型ストックオプションに対する課税の取扱いを巡っては、税務当局が示した見解が当時の世間一般の想定と大きく違いがあることが判明し、利用者側に混乱が生じた事例もあり、単なる制度見直しだけではなく、運用要領・実例の慎重な確認が重要である。ストックオプションの費用計上を巡る、会計処理上の扱いもあり、監査法人、税理士、証券会社等に的確な最新情報を確認することが大切である。

④　ストックオプションの留意事項等

◆社内配布における主な留意事項

　ストックオプション付与という「誘因」の狙いは、従業員の「貢献」を最大限に引き出すことである。したがって、ストックオプション配分を考える際には、従業員にどのような「貢献」を求めるかを考える必要がある。主な留意事項をあげたい。

①　創業メンバー

　研究開発や商品開発等、極めて高い専門性をもつ人材が事業発展のキーとなる場合、こうした希少な人材は創業メンバーとして主要なポジションにつき、相当の株式配分を受けるケースが多い。成長戦略上の役割に変更がなければ、ストックオプション発行でも従来の株式保有比率が意識される。会社の成長ステージでメンバー間の役割の比重が変わることもあるが、ストックオプションは数回にわたって発行されることも多く、新規発行は役割比重変更の有無を認識する機会にもなりうる。IPO準備に入れば、創業者メンバー間の比率は動かさないことが多いが、関係者間のすれ違いが大きくなった場合等には、オプション行使で取得した株式を含め、創業者メンバーがその保有株式を第三者に譲渡する可能性もあるので、注意が必要である。

241

② 組織風土

　プロ経営人材の手腕を期待して、CEOをはじめとするさまざまなCXO職を外部から招聘するケースが増えている。こうした人材に高い成果を求めてストックオプションを手厚く配分することは多く、成果主義が強い組織風土であれば、古参社員からの抵抗も小さいかもしれない。

　ストックオプションの配布先は、ライン統制が強い組織風土であれば経営幹部、部門責任者を中心に、高い専門性を尊重する組織であれば高度専門人材を中心に、仲間意識の高い風土であれば広く役職員に、といったようにさまざまである。IPO企業の実例ではストックオプションの設定を何度も行っている会社は多く、そのたびに付与対象者が異なり、また、さまざまな傾斜配分が行われている。対象者が多いほど、ストックオプションを付与される「誘因」に個人としての特別感・ありがたみが薄れ、特別な「貢献」への意識高揚につながらないケースがある。また、付与する者と付与しない者の線引きが不明瞭な場合、付与されたかどうかだけでなく、自分に付与された株式数に不満をもつ者が生じるケースもある。権利なので与えれば誰でも喜ぶだろうと考えがちであるが、開示するかどうかは別にして、なぜ、その内容の権利を与えるか、考え方や基準を明確に整理しておく必要がある。ストックオプションだけではなく、給与・賞与のほか、さまざまな報酬の与え方があるため、人的資産、人的投資をどのように考えるかという視点も加味した整理が有効なケースが多い。

③　既存株主との事前合意

　ストックオプションの付与は、将来の資本の希釈化を意味し、業務提携先、ファンド・VC等、既存投資家との投資契約書上で制約が課せられる場合もあることから、第三者株主の事前の了解を取りつけておくことが有用である。あらかじめ、資本の一定比率をストックオプションのプールとして設定し、第三者株主との投資契約の際にあらかじめ織り込むなどの手当てをしておくケースが多いようである。

　ストックオプションは役職員への動機づけの性格が強いので、ストックオプションのプールは限られた比率に抑えるケースがほとんどであり、関係者

第 **5** 章　資本政策

間の事前合意で一定の規律を保つと同時に、経営側の裁量を担保することになる。

④　設定条件

権利行使価格・権利行使期間をどのように設定するかには留意が必要である。有償として権利付与時に一定の金額負担を求めることで対象者の忠誠心を「絵踏み」のように試すか、自社役職員として雇用下にある場合に限るなどの制約条件を付与するかなど、役職者の「貢献」を最大限引き出す「誘因」としてストックオプションの価値の活用を考える必要がある。

⑤　タイミング

誰にどのような「貢献」を期待するかで、ストックオプション付与の最適な時期には相違が出てくる。優秀な創業メンバーを集める場合、将来への原動力となりうる早い時期からストックオプションを検討することもある。また、高度専門人材に対する「誘因」として、採用条件にストックオプションを加えることも多い。多くの役職員に対するIPO実現の動機づけであれば早い時期、恩賞であれば遅い時期に付与されることもある。公開価格等を想定しながら行使価格の妥当性を確認できるかなど、IPO直前期のストックオプション付与は準備作業を複雑化する懸念もあり、実施時期については幹事証券等との意見交換が有用である。

重要な人事の異動、事業戦略の変更等を背景に、相当な回数のストックオプション発行を行っている企業もあり、状況変化に応じて機動的な対応を行うケースは少なくない。ただし、重要な役職員の相次ぐ退職等、ストックオプションの権利放棄者が多い場合、IPOが本当にできるかなど、ストックオプションの経済的価値に関する疑問が社内役職員に広がる可能性もあり、配布対象者のエンゲージメントに留意する必要がある。

◆役職員に関する懸念事項

ストップオプションの懸念事項としては、株式取得の権利行使・売却で経済利益を獲得後、インセンティブ低下による役職員の退職リスクが高まるこ

243

とがあげられる。また、ストックオプションを多く設定すれば、権利行使に伴う株式売却で株価低迷を招くリスクがある。

原因が何であれ、企業価値向上がみえにくい状態が続く場合、会社の将来成長への期待の減退によりストックオプションの魅力は減少する懸念がある。「組織運営力」の面で期待が高い役職員であれば腕のみせ所であるが、「自主性・積極性」による期待が高い役職員が、「自分一人でがんばっても限界がある」と感じると、自主性・積極性を発揮する士気は低下してしまう。

ストックオプションの魅力は、業績推移、IPO準備進捗と連動する面もあり、心理的な影響にドライブがかかる面もある。多くの従業員にストックオプションを与える場合、IPO準備のスケジュールをできるだけ遅らせないように経営の舵取りを強く意識することが必要である。業績低迷等でIPOスケジュールが遅延する場合、ストックオプションの魅力は減退して、重要な従業員の士気低下、退職リスクの高まりに連鎖する懸念がある。将来ビジョン実現への鼓舞、業績改善への新たな打ち手等、悪循環を断ち切る舵取りを経営者は示す必要がある。

5 従業員持株会

◆持株会のメリット

従業員持株会は上場企業の福利厚生のイメージがあり、規則の制定、持株会の運営等の手間がかかるが、従業員の資産形成の一部にもなり、IPO準備企業でも設定するケースは少なくない。理論的には社内での運用も可能であるが、幹事証券から具体的な運営サービスを受けるケースがほとんどである。

持株会を設定するメリットは、①持株会が安定株主となってくれること、②従業員自身も株主としての視点をもって企業運営に関わり、企業価値の向上に向けて従業員と会社の一体感が高まること、③会社が持株取得の奨励金を出すことが多く、従業員の資産形成を支援する福利厚生の役割を果たすこと、があげられる。また、ストックオプションと異なり、通常、従業員全員が入会資格をもったうえでの任意参加であり、従業員にとって平等感の高い制度であることを評価する人もいる。給与から天引きでの毎月一定額の自動

第**5**章　資本政策

積立となる形式は、個人の資産形成につながりやすい、また、取得時期の分散で株価変動のリスクが相対的に抑えられるといったところも評価される。

◆持株会運営における留意事項

　未公開企業の段階での持株会設立は、上場前に株式取得の機会を得ることで、通常は比較的低い価格で株式を取得できる期待がある。一方、IPO準備スケジュールの遅れ、業績の伸び悩み等から株価上昇期待が薄れた場合、従業員の士気低下への懸念が大きくなる可能性がある。そのため、上場前における持株会の株式取得方法（時期、価格）をどのように設定するかは留意すべき事項である。

　また、従業員持株会に限る話ではないが、上場後の従業員による自社株の売却の際には、インサイダー情報の観点で問題がない状態を確保する必要がある。幹事証券の助言、支援を受け、労務管理部門（福利厚生担当）をはじめとする社内関係部門の連携による、円滑な立ちあげ・運営が重要である。

COLUMN

100年企業と資本政策

　筆者は、2017年にロンドンを十数年ぶりに訪れたとき、ロンドン東部の大規模な都市開発だけでなく、市内中心部も大きく変容した姿に驚愕した。歴史的建造物はそのままだが、その周辺部は新しい建物による美観が形成されていた。ニューヨークの街中を30年ぶりに散策したときには、以前の大規模ビルがそのまま威容を誇っている印象をもったが、それとは対照的であった。

　ロンドンでは、中東、アジア等のグローバル資本の動きを反映する「ウィンブルドン現象」(外国の企業に市場が占有されている状況)が都市開発でも如実にあらわれている。ニューヨークの都市開発も相当に活発だが、エスタブリッシュされたアメリカ資本の裏づけが大前提なのではないか、という印象を抱いた。

　これも昔の話で恐縮だが、2010年代後半、中国の主要都市は世界トップクラスの高層ビル建築を競っていた。国家資本と地方政府の運営方針が、当時の都市開発の大きな裏づけにあったと筆者は理解する。グローバルビジネスにおけるアジアのハブである香港、シンガポールは外国資本の積極的な受入れ政策でその隆盛を築いてきたが、数百年に及ぶ西洋文明とアジアとの交流で栄えた都市として、マカオ、スリランカは大航海時代の16世紀からヨーロッパとの交流をもち、当時の都市開発の景観を歴史的な文化遺産として現代でも感じとることができる。

　都市開発は、世界最大級の資本が動く象徴であり、その裏づけとなる資本の性格を物語る。多くは国家レベルでの取組みが動いた結果であり、現在に至る数百年単位の視点で捉えれば、さまざまな環境変化を受けながら都市開発の歴史が続いていることがわかる。

　都市開発では、不動産という資産価値の増大が、その歴史を支える大きな源流にある。民間企業の永続性を支える源流は、優良な人的資本の保持にあると筆者は考える。

第**5**章　資本政策

　日本企業には江戸時代以前からの歴史を有する企業も多いといわれる。島国で政治的独立性が保たれた歴史的背景も大きいだろうが、企業経営の観点でみれば、アジアの財閥・企業集団では直系血縁を最重視する一方、日本企業は婿養子や大番頭等、外部の優秀な経営者を取り込む気風が、長寿企業をもたらす結果を導いたという見解が一般的である。

　ヨーロッパの大富豪の資本も長らく命脈を保っているが、やはり創業家の帝王学だけではなく、優良な企業集団を支える人材を長年抱えている点を重視する向きもある。

　巨額の資産・資金を自ら有していれば、外部から資本調達を行う必要はなく、内部の人的資本を充実、良質なものにすることが、企業の命脈を長らく保つことにつながる。外部投資家に内部利益を流出するよりも、内部資産・資本の充実を図るほうが、創業家等の既存のステークホルダーにとってメリットが大きく、大規模な資産を有する未公開企業は多い。

　長寿企業となる取組みとして、相続税対策を乗り越える資産継承、不動産等の資産運用をうたうセミナーやコンサルティングがよく行われている。それらは確かに数十年に及ぶ収益安定効果をもたらす取組みであるかもしれないが、どちらかというとサイドメニューであり、企業の命脈を保つ本質は違うところにあると感じる人が多いのではないだろうか。

　企業の命脈は、環境変化を嗅ぎ分け、したたかに対応できるサバイバル能力にある。永続的な存在となるためには、清新さを保つ、成長の機会を取り込む、立ち直れない大きな誤りは避ける、といった点が基本だが、これは裏を返せば、安逸をむさぼることはしない、内輪の論理に陥らない、ということでもある。そのためには、外部との接点、外部からの刺激で緊張感を保ち、同一組織集団のなかでも健全な新陳代謝を生み出すことが求められる。強力なライバル同士が同一組織内で競い合う状態のほうが、組織全体としては大きく成長する。組織内の最終勝利者が確定した後に、組織が衰弱しはじめるケースは多い。

247

古今東西の栄枯盛衰の歴史は、多くの示唆を物語る。能力をもった者を適切に組織のなかに取り込み、成長へのエネルギーを保持することで、その寿命は長いものとなる。非常に大きな規模の組織・集団であれば、当主が組織・集団を束ねる「象徴」、精神的な存在として君臨し続ける知恵もあるが、組織規模の大きさによらず本質は変わらない。長らく伝統を守り続けている企業は、「やらなければならないこと」「やりたいこと」で組織の求心力を保ち、健全な新陳代謝を続けた結果として長年の命脈が保たれている。

　資本政策の観点でも事業継承とセットのIPO準備でどのような取組みがなされているかは、組織の永続を考えるうえで、特にオーナー経営者にとって貴重な示唆が多いのではないだろうか。

　なお、組織は本来、存続自体を目的とするものではない。その存在意義を保ち続けることが本質であることを忘れてはならない。

第 **6** 章

上場審査と株式公開

幹事証券の引受審査と証券取引所の上場審査の相違は何か。また、公開価格の設定ではどのような点に注意すべきか。そして、上場後の投資家との関係構築ではどのような点に留意すべきなのか。「上場ゴール」ではなく、上場後を見据えた視点の重要性を本章で説明する。

第 1 節

引受審査と公開審査

① 幹事証券審査

◆幹事証券との緊密な関係構築

　証券会社では引受推進業務と引受審査業務は明確に区分され、審査には他部門から侵害を受けない独立部門としての運営が厳格に求められている。IPO準備企業が証券会社の審査部門と接するのは引受審査を受けるときのみであり、適切な引受審査に備えるためにIPO準備企業への上場指導、助言を行うのが、引受推進部門である。したがって、IPO準備企業は引受推進部門との緊密な関係のもと、資本政策の策定、公開資料の準備等、必要な事前対応を十分に進めておくことが引受審査を円滑にする重要なポイントである。

◆証券会社各社による審査ノウハウの蓄積

　本審査の前に中間審査を設ける証券会社があるなど、審査の方法は証券会社によって相違がある。上場後の不祥事や、業績の急激な悪化等、一般投資家のみならず、世間の耳目を集めるような問題事例が発生しないよう、証券会社の審査品質が問われる。審査体制が十分機能しているかどうかは、社内監査のみならず、監督官庁の検査もあり、また、証券取引所からの信認もあることから、証券会社は規律の高い審査を求められる。審査品質の標準化のため、規則、マニュアルをはじめとするノウハウが社内で共有され、規制の変化、新たな案件審査での情報等が蓄積されており、証券会社各社の審査方法・内容に相違が生じているとみられる。

◆引受審査の基本項目

　証券会社各社による個別会社審査には相違があるものの、募集・売出が資本市場の資金調達としてふさわしいか否かの観点で、新規公開の引受審査において確認が必須とされる基本項目は次のとおりである。

250

第6章 上場審査と株式公開

① 公開適格性

　事業内容が現行法令下で認められている。公序良俗に反する疑義を生まない事業である。反社会的勢力との関係排除において問題がない。

② 企業経営の健全性および独立性

　関係会社や関連当事者との取引等で、会社運営が歪められる疑義がない。独立した会社としての組織運営上の健全性に問題がない。

③ 事業継続体制

　法令・業法遵守が徹底されている。コンプライアンス体制が整備され、問題事案の未然防止への配慮、問題事案発生の際の適切な対応等、実効性の高い運用が行われている。

④ コーポレートガバナンスおよび内部管理体制の状況

　妥当な機関設計であり、取締役会等重要な意思決定機関の運営、役員の職務責任の遂行に問題がない。組織運営において重要な情報が適切に報告される体制、内部管理を含めた適切な組織統制ができている。

⑤ 財政状態および経営成績

　監査人の確認を含め、財務報告の信頼性に問題がない。新規公開企業として問題のない経営成績をあげている。

⑥ 業績の見通し

　利益計画の策定が、妥当な算定根拠に基づいている。計画と実績の乖離が定期的にモニタリングされるなど、計画実現に向けて信頼性の高い取組みが行われている。成長性、安定性等について、上場企業として問題がない業績見通しとなっている。

⑦ 調達する資金の使途とその適切な開示

　資金繰り状況の確認。設備投資、借入金返済、具体的な投融資計画等につ

251

いて金額、支払時期、収益に関する影響が適切に把握されている。

⑧　企業内容等の適正な開示

事業計画変更、重要な事実の発生等、上場企業にとって開示対象となる事象を掌握する体制ができており、上場後の情報開示体制においても問題がない。

⑨　その他、証券会社が必要と認める事項

事業環境や業種・業態、個別企業の特性にそった特定リスク要因に関する課題認識と適切な対応策がとられている。法令改正への対応など、社会経済情勢の変化を理解し、必要とされる関連対応に問題がない。

以上の主要項目を中心として、証券会社フォーマットにそって、IPO準備企業は自社資料を提出し、証券会社審査部門による確認を受けることとなる。証券会社審査部門は、確認進捗に応じてIPO準備企業に追加質問・補足説明を求め、IPO準備企業は1〜2週間で関連情報・資料の提出が求められる。証券会社による引受審査はおおよそ半年間、中間審査を行う証券会社の場合は数カ月を2回に分けて行われる。

証券会社審査部門の資料確認がおおむね完了した節目で、証券会社審査部門は経営者、監査役、監査人と面談をし、提出資料と運営実態の整合性の確認が行われる。この時点で経営者は提出資料の重要な基本内容について網羅的に理解していることが求められる。

審査における懸念材料の内容によるが、形式的な質疑のみでは審査を通らないケースもある。たとえば、退職者が多い企業の審査において、コンプライアンス、労務管理上に関する課題認識を問われた場合に、経営者が「当社ではまったく問題ありません」との答弁を行った場合、審査側が「不都合な何かを隠しているのか」「問題意識が低いのか」などの印象を抱くことは自然である。企業運営実態を踏まえたうえで、どのような説明が適切であるのかを考え、証券会社引受推進部門の助言等も参考に、無用な疑念、追加作業を減らすことが有用であり、経営者のみならず、IPO準備スタッフの働きが重

252

第**6**章　上場審査と株式公開

要である。

２　証券取引所審査

◆審査風景への考察

　証券取引所審査における提出資料や面談時の想定質疑等については、証券会社引受推進部門の支援等を受けるが、実質審査基準、『新規上場ガイドブック』の記載にそった適切な対応が求められる。

　証券取引所による公開審査も、証券会社の引受審査とほぼ同様の流れであり、資料提出、追加・補足説明資料の提出、経営者・監査役面談が行われ、証券取引所審査手続の最終段階として、経営者による会社説明会が行われる。基本的な説明項目は証券取引所から示されるが、経営者面談や資料確認時に報告未了であった内容に適正に対応できているかの確認とともに、重点確認が必要と思われる事項の念押し確認等が行われるとみられている。実際の経営者・監査役の面談、説明会の印象は各社さまざまのようであるが、柔和な会話に終始した印象をもつ企業は、総じて丁寧な事前準備がなされていたケースが多いようである。申請企業の資料は数多くの他社と横並びで証券取引所の目に映っており、用意周到、かつ簡潔で要点を捉えた資料準備、説明が行われる企業に好印象がもたれることは当然である。説明内容が要領を得なければ、経営品質、内部統制をはじめとする業務品質に不安が残り、「不都合な点をはぐらかそうとしているのではないか」「問題意識が低いのではないか」といった疑義、懸念が生じかねず、内容確認の質疑応答が厳しくなっていくことは仕方ない面もある。

　上場申請企業における取引不正、ハラスメント等についてさまざまな密告が証券取引所に直接寄せられる場合も少なくないといわれる。嫌がらせ、一方的な悪意等もありうるため真偽は不明としても、複数の告発が重なる場合には、取引所も対象企業に対する疑義を抱いたうえでの審査となり、結果的に上場申請の取下げに至るケースは少なくないといわれている。

　IPO準備企業が株式市場の動向、株価水準を理由に上場時期を見直すと説明されることは多いが、上場申請を取り下げた場合、その真因は不明であ

253

る。いずれにしても資本市場の信認を損ねる懸念を感じさせる企業に対し、証券取引所は厳格な姿勢をもって臨んでいる。

◆ 証券取引所による上場支援

　証券取引所は、上場申請企業の公開審査だけでなく、優良な未公開企業の上場促進に向けた支援活動も推進している。証券会社の引受推進業務とは切り口がまったく異なり、個別企業が上場できるかどうかを断じる窓口ではないが、東京証券取引所は上場準備に必要な内容等、新規上場に関する照会に直接答える体制をとっている。新規上場企業の情報紹介、関連セミナー等のサービスを行っており、ディープテック・バイオビジネスに関する情報相談窓口も設定している。

　IPO準備企業から証券取引所への直接照会を証券会社引受推進部門があまり推奨しないということはよく聞かれる。証券会社担当者が、上場指導の内容・背景として証券取引所の見解を理由とする説明は多いといわれるが、引受審査（証券会社）と公開審査（証券取引所）では審査の立ち位置に相違があり、証券会社と証券取引所の確認するポイントにも違いがある。IPO準備企業が、そうした相違を理解しないまま、誤解を生むことを証券会社は懸念しているとみる向きもある。ただ、いずれにしても、公開企業、つまり、一般投資家が投資できる企業になるという意味をよく理解したうえで、証券会社の上場指導の理由に納得がいかない場合には、証券取引所に真意、見解を確認できる。

③ 上場審査に関わる主な論点

　上場審査における主な論点として、①赤字上場、②経営者の上場後の規律維持、③小粒上場について、公開審査と引受審査の観点で捉えてみよう。

① 赤字上場

　証券取引所の公開審査においては、グロース市場での高い成長を期待されている会社に対し、IPO準備期間における予算と実績の乖離、重要なM＆A

の実施、先行投資による赤字の状態をもって上場審査を難しくするものではない、とされている。

　一方、公開会社の適格性として予算達成、事業計画の精度を求める幹事証券は多い。IPO準備以前に事業計画の策定・運用に慣れておらず、予算達成の重要性について認識が低いIPO準備企業が多いことも事実である。当初事業計画が下ブレとなり赤字決算に陥った場合、その原因分析、今後の対策と数値見込みの修正ができる企業であれば問題ない。しかし、事業計画に基づく実績管理の重要性について意識が緩い企業は、上場後も業績変動への認識の低いままである状況が懸念され、そうした観点で証券会社引受推進部門から上場指導が行われるケースは多いようである。IPO準備企業側からみれば「赤字上場はダメ」と短絡的に捉えたケースもあるかもしれないが、仮に証券会社の担当者から「証券取引所の指導により、赤字企業は難しい」と説明されるようであれば、証券会社担当者の支援・説明には不安があり、証券会社の責任者、証券取引所への相談等を検討する必要がある。

②　経営者の上場後の規律維持

　IPO準備では上場審査基準を満たす体制を構築したものの、上場後、経営者自身が関連当事者取引、反社チェック、交際費乱用等、規律を緩めてしまい、せっかく築いた内部統制を無効化してしまうリスクをどのように対処すべきか、という論点がある。

　経営者の適性確認は引受審査、公開審査においてともに重要項目であり、経営者、監査役へのヒアリング面談の主要テーマでもある。過去事例の教訓、監査役監査を含む多面的な確認が行われ、経営者、監査役の回答次第では引受審査、公開審査を通過できない。

　上場後に、重大な不祥事等の問題事例が発生した場合には、その内容によって経営者交代、取引先、従業員への対応が必要であるが、株価の暴落は、株主の資産価値も毀損させる。重大な不祥事の発生の際には迅速で適切な情報開示が必要であり、いったん問題企業のレッテルが貼られると、その信用回復には相当の時間と労力を要する。

　重大な信用失墜は、企業ブランディング、取引先の信用管理、役職員の士

気、金融機関の審査、増資の際の調達条件等、さまざまな悪影響を与える可能性がある。証券取引所は過去の問題事案を紹介するセミナー等で、経営者の規律の緩みがいかに重大な問題、損失を引き起こすかについて、新規上場企業の経営者を対象に啓蒙活動を行い、問題発生の予防に努めている。

③　小粒上場

　小さい時価総額で上場し、上場後も時価総額が大きく伸びないケースは「小粒上場」と呼ばれ問題視されている。グロース市場上場企業の上場時時価総額の平均は107億円（2022年）である。グロース市場は高い成長が期待される企業であることから、上場後数年経っても時価総額100億円を超える見通しが立たないとすれば、資本市場の資金調達機能を活用する成長を本当に目指しているのだろうか、という疑問を投げかける向きも多い。この疑問の背景には根深い問題がある。

　時価総額が小さいまま、上場後も業績に勢いある伸びがみられず、市場の流動性が限られた状態では、機関投資家の投資対象にはならず、増資検討の市場マーケティングも難しい。起爆剤となるような積極的な新規材料がなければ、資本市場で浮遊する存在に陥る可能性が高い。新規上場企業のすべてが大きく成長するわけではなく、大きな成功を遂げる企業の数がそもそも限られるかもしれないが、上場直後から成長の失速が続く企業が多い場合、浮遊する企業の数が増大し、魅力ある成長企業を見いだすことに手間がかかる市場となってしまい、資本市場の公共インフラ機能を低下させかねない。

　小粒上場を減らすために、上場時の時価総額の基準をたとえば100億円に引きあげるなどの意見もあるが、上場時の基準を高くすれば資本市場を介して大きく成長する間口を非常に狭める。日本では未公開企業株式を売買できる機会が現時点で非常に限定的であり、グロース市場では上場後に上場維持基準を引きあげる方向で関連検討が進められているとみられる。グロース市場上場企業の維持基準は、上場後10年経過後で時価総額40億円以上であるが、これを50億円、100億円と引きあげる、あるいは、上場後の経過期間を10年から5年へと短縮した場合、上場廃止となる企業が続出するか、それとも、合併等の動きが活発化するだろうか。いずれにしても、市場制度の規制

変更への対応が資本市場における動きを活発化させる可能性がある。

　小粒上場とならないように、上場後も高い成長を目指す意欲は、経営者の姿勢に依存する面が大きく、やはり上場企業としての経営者の資質を問われることになる。

　幹事証券にとっても、その主な収益源は引受手数料、販売手数料であり、時価総額の大きい企業、特に売出金額の大きい企業が魅力的である。証券会社の営業、引受推進部門は事業成長において目指す水準の設定等、将来成長の目線をもって助言、指導する面があるが、上場後のエクイティストーリーを実行できる面をフォローする体制の充実も必要であろう。

　証券取引所の公開審査でも、上場後の成長を求める経営姿勢、事業モデルにおける成長の蓋然性を確認されるが、基本的に実績数値等の裏づけがあれば、IPO申請企業の主張を大きく否定することは難しい側面がある。したがって、上場後数年間の実績推移による事後結果をもって、上場継続に資する経営状況かを再度確認する考えは自然であろう。

　こうした証券会社、証券取引所の取組みは、上場がゴールでその後の成長失速に甘んじる企業に対して大きな牽制効果を生むことが予想される。

第 **2** 節

公開価格設定と株式募集・売出

1 株価算定と投資家需要

◆株価の見積りプロセス

　自社の企業評価、株価はどのように算出されるかは、オーナーをはじめとする大口株主、ストックオプションの権利保有者にとって非常に関心が高い事項であろう。幹事証券の指導による部分が大きいところであり、幹事証券選定の際の重要な要素の1つでもある。ただ、IPO準備企業の特性、魅力をどう数値化するかについて、算出する計算式は基本的に同一である。

　株価は、IPO準備企業と類似する事業を行う上場企業の市場評価（PER：株価収益率）を参考にIPO準備企業の時価総額／株価を算定する方法が一般的である。業種・業態、IPO市場の動向にもよるが、上場時の当期利益見込額、類似業種のPER、さらに新規上場企業がもつさまざまな不確実性、リスク要因を背景にディスカウントとして20％前後が割り引かれ、上場時の売出価格、公開株価が見積もられる。

　IPO準備企業／発行体側は、できるだけ高い評価を得るため、比較する対象企業として市場評価（PER）が高い企業が選定されることを望み、また、自社の独自性、競争優位性等を材料にディスカウント幅が小さくなることを望む。

　一方、幹事証券／引受推進部門は、売出初値が公開価格割れとなることを警戒する。IPOの売出は個人投資家等による上場直後の値あがり益の期待から抽選になるケースが多いが、幹事証券は顧客に損失を負わせたくない思惑もあり、初値が公開価格割れとなってしまうような値づけは極力避けたいと考える。また、新規株式売出時の株式市場動向が軟調な場合、類似業種の株価評価が低下するなかで新規上場企業の株価も低い水準となる可能性もあり、価格設定は保守的になりがちである。株式公開価格として当初設定する株価イメージにIPO準備企業の期待値は引きずられがちである。想定価格が

258

第**6**章　上場審査と株式公開

上昇していく場合は寛容であろうが、想定価格を下がっていく場合はIPO準備企業側の心理的抵抗が高まる懸念もある。こうした理由から、証券会社はこれまでの上場指導の経験も踏まえ、公開価格設定には慎重な姿勢を示すとみられている。

　一方、初値が公開価格を大幅に上回ったケースでは、幹事証券が優位な立場からIPO準備企業側の主張を下回る価格で一方的な値決めをしたとして、公正取引委員会が独占禁止法違反（優越的な地位の乱用）につながるおそれがあると判断し、証券会社に「注意」を行った事例もある。株式市場の動きによる影響や、売出株数が少ない場合に株価が不安定になるなど、テクニカルに難しい面もあるが、幹事証券とIPO準備企業の十分な協議が求められる。日本証券業協会の「有価証券の引受等に関する規則」の改正（2022年7月施行）により、幹事証券は価格設定が妥当である根拠をIPO準備企業に説明することが、規則上でも明示されている。

◆投資家需要の公開株価への反映
　公開価格の決定方法には、「一般入札」と「ブックビルディング方式」がある。

①　一般入札
　一般投資家の入札を募り、入札結果で公募価格を決定する方式である。既に人気企業としての社会的認知が高く、多額の入札金額が期待される場合、公開価格は強い入札希望を反映して高値が形成され、上場時の資金調達が多く期待できる。一方、高値で取得された株式は、上場直後に売却の動きが集中し、株価急落を招くケースが多いことも指摘される。

②　ブックビルディング方式
　機関投資家等の専門家の意見聴取に基づいて仮条件を定め、その仮条件での投資家の需要申告（希望価格、希望口数）を把握したうえで、公開価格を決定する方式である。一般入札に比べて価格設定は保守的とみられる一方、資金調達面の安定性（売れ残りリスクが少ないなど）、急激な株価変動のリ

スクが相対的に低いなど、株価形成面での安定性が高い方式とみられている。特殊な事情がなく知名度が低い未公開企業の新規株式売出にあたっては、一定のディスカウント等、ある程度保守的な公開株価設定となることが通常であり、資金調達面の安定性への期待を生む。仮条件では一定の価格幅が示されるが、保守的な価格提示を反映して、実際の公開株価は仮条件の上限価格となることが多く、仮条件の範囲外に公開価格等が決まる柔軟性の許容も認められるなど、規制緩和も進んでいる。上限価格に至らない公開株価となる上場企業事例は散見されるが、それは投資家需要の低さを反映しているものである。低調な需給状態を察知した投資家の多くは上場と同時に株式を売却し、初値が公開株価を下回るケースを生み出している。

② 公開価格の設定プロセスを より柔軟性をもたせた価格設定プロセスへ

IPOの公開価格設定プロセスについては、「上場日程の期間短縮・柔軟化」「仮条件の範囲外での公開価格設定」「売出株式数の柔軟な変更」について日本証券業協会が見直しを図り、2023年10月より改善策が実施されている。

IPOにおける公開価格設定の基本的流れは、「有価証券届出書提出・目論見書の交付→投資家候補向け説明会（ロードショー）実施→公開価格の仮条件設定→投資家需要の積みあげ確認（ブックビルディング）→条件決定→投資家申込→上場」となる。

前述の改善策を受け、上場承認前に有価証券届出書を提出することで、上場承認前に機関投資家の需要に関する調査が認められ、上場承認日から上場日までの期間を21日程度に短縮できる「承認前提出方式」が認められることとなった（図表6-1）。上場承認日に有価証券届出書を提出する「承認時提出方式」（上場承認から上場日まで1カ月程度）と「承認前提出方式」のいずれかを新規上場（予定）企業は選択でき、募集期間中の期間を短縮することで、この間の株式市場の変動リスクを減少できるようになった。

また、より需要を踏まえた公開価格を設定できるようにする観点から、仮条件から「一定の範囲」内であれば、ブックビルディングをやり直すことな

260

く、「仮条件の範囲外」での「公開価格の設定」および「公開価格の設定と同時に売出株式数の変更」ができるようになった。

図表 6-1　IPOにおける公開価格の設定プロセス

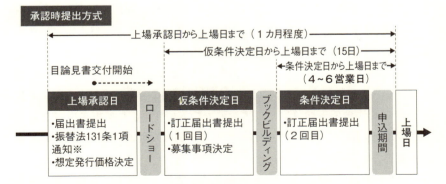

※発行会社が既存株主に対して行う口座通知取次請求に係る通知
（出所）　日本証券業協会「IPOにおける公開価格の設定プロセスの変更点・留意点等について」より作成

第3節

株式上場

1 新株主の登場・個人投資家

◆最適な株主構成とするためには

　最適な株主構成とするには、IPO準備に入るかなり前から対応が必要であるが、ブックビルディング等を通じた新規株主の現状を踏まえたうえで、成長戦略、エクイティ戦略の実効性を高める株主構成について改めて再確認する必要がある。

　株式公開で加わる新規株主の主な属性は、個人投資家、投資ファンド、内外機関投資家である。上場企業の規模感に応じて主対象となる株主の属性は異なる。成長戦略、エクイティストーリーの進捗に応じて、投資家対応について触れていくこととしたい。

◆IPO投資は「宝くじ」？

　まずは、個人投資家である。多くの個人投資家は、IPOへの投資について「宝くじ」のような印象を抱いているようにみられている。適正価格からディスカウントを反映した公開価格での新規株式取得は、初値売却でも利益があがる可能性の高い株式とみなされることが多く、オンライン等を通じた個人投資家によるIPO株式購入は抽選となる（IPO銘柄を積極的に扱っているオンライン証券会社は多い）。また、新規株式売出は、販売証券会社にとって手数料収入の獲得機会であることから、幹事証券の営業員は自身がもつ優良顧客層のなかの優先順位にそって、魅力の高いIPO企業の需要申告を集める。売却利益の見込みが高い投資であれば、個人投資家から一定の関心を集める蓋然性は高い。

　IPO取引銘柄の取扱い数が多い証券会社のランキングや、当選確率（申込者ごとに抽選権が1つ与えられる「平等抽選」か、資金力がある人は申込口数に応じて抽選権が与えられる「完全抽選」か）などに関心をもつ個人投資

262

第 **6** 章　上場審査と株式公開

家は多い。IPO各企業は、成長戦略・事業モデルの特徴等を開示しており、類似業種・業態における相対評価（割安・割高）、成長性の期待等、株価分析の参考情報は豊富にあるものの、短期トレーディングであれば公開価格で取得した株式の売却の好機をうかがう動きが中心となることは否めない。

　より多くの個人投資家を獲得できるかは、証券会社の営業基盤、ネット証券会社のネットワーク基盤に依存する面が大きく、初値形成に大きな影響を及ぼすが、上場後の株価水準の形成に向けては大口投資家の発掘等、投資家基盤の継続的な拡充が重要である。

2 　大口投資家

◆外部株主の手がかり、ロードショー

　時価総額もオファリングサイズ（公募と売出の合計）も小さい新規上場銘柄では新規大口株主が限られ、幹事証券がアレンジする大口投資家候補への説明機会であるロードショー等を通じて機関投資家、ヘッジファンド、富裕投資家層等とつながる機会は非常に重要な意味をもつ。

　事業モデル、差別化要因、業種業態、企業理念、ESG等、新規上場企業がもつさまざまな要素のなかで、投資家はどの点に着目、共感するであろうか。投資家によって関心事はさまざまであり、発行会社の説明をはじめて聞き、理解を深めるなかで、発行会社に対して関心を抱く対象も変化していくこともよくある。発行会社自体が強みや魅力と考える内容と、投資家が価値を見いだすポイントは必ずしも一致しないことは多い。結果的に投資を得られない場合でも、投資家候補との直接会話を通じて、上場企業のなかでも自社は何を期待される存在なのかを、経営者はつかみとっていくことが重要である。

　上場時のディスカウントの存在は、株価下落リスクへのバッファーという側面もあるが、事業・企業の認知が低く、将来の成長可能性が高いことが理由であれば、投資家にとって魅力的な潜在利益、投資価値をもつ可能性がある。こうした点に着目した機関投資家との質疑は発行企業側にとって今後、磨きをかけていく部分について大きなヒントを与えてくれる。

263

上場時の株式売出完了後、幹事証券による発行会社支援はひと区切りとなり、その後の支援は弱まる可能性が高い。また、ロックアップ明け後に大口株主が売却する株式の受け皿となる投資家の発掘はますます重要となる。株式公開は、上場企業としてのはじまりにすぎない。自社に関心を抱く投資家の属性を知り、投資家層の訴求するポイントをつかむなど、上場企業として資本市場の機能を活かした成長に向けて、経営者はヒントをつかまなければならない。

◆初期の大口投資家

　オファリングサイズが大きい企業であれば、上場直後から機関投資家が新規株主に加わる可能性もある。機関投資家はロングオンリー（長期保有）のイメージがあるが、上場直後の値あがり益期待で投資するケースもあるので、必ずしもすべての機関投資家が安定株主とは限らない点に留意が必要である。ヘッジファンド、個人富裕層は割安な株価に着目した投資家が多いが、豊富な投資経験・ノウハウに基づいて上場直後の短期間で全株売却してしまうか、株価動向を見極めて様子をみるか、全株売却とせずに一部は中長期的に保有してみるか、企業価値の値踏みに応える材料を提供することになる。

　通常、上場直後の株価は激しい値動きを示すことが多いが、その後の株式売買の積み重ねを通じて、徐々に値ごろ感ともみられる株価水準が形成されるのが通常である。大量売買で激しい値動きが続く間は適正な株価水準を見定めにくく、中長期保有を前提とする投資家は手を出しにくい面がある。

　自社株式に関心をもつ一般投資家が存在することで、それぞれの値ごろ感での株式売買、日々の売買高が一定水準生まれる。そして公開価格設定におけるディスカウントの存在や業績伸長で株価が本当に割安であれば株価は徐々に上昇するであろう。業績発表等の説明と事前予想との比較が株価の変動要因となるなど、投資家の関心対象も洗練されていく。

　短期トレーディングでの売買の動きも、いったんの値ごろ感をつくり、流動性を生む意味がある。投資家が関心を抱いていれば、値ごろ感での買いや、企業業績向上に期待する買いを生む可能性があるからである。特に事業

第**6**章　上場審査と株式公開

内容に興味、理解を示す大口投資家の存在は、自社株式の流動性を厚くする潜在的価値が大きい。したがって、短期売買目的であっても関心を寄せてくれる投資家に、発行企業は必要な情報提供等の丁寧な対応を心がけ、投資検討に値する企業としての認知を高めていく視点が重要である。

③ オファリングサイズと株価動向

◆ 需給の歪み

　株式の新規公開で想定時価総額、上場時のオファリングサイズがともに小さいにもかかわらず、幹事証券等による一般投資家の需要発掘が強力であれば、上場直後に需給の歪みが大きくなる状態が想起される。上場直後に株価が高騰するものの、その後は株価が下落することを想像し、多くの個人投資家は上場後早いタイミングで株式を売り抜ける動きが多いとみられている。実際の株価の動きはどうなのだろうか。オファリングサイズの観点で実際の動きを捉えてみたい。

◆ オファリングサイズが小さい企業の株価動向

　2023年の新規上場企業96社（TOKYO PRO Marketを除く）のうち、オファリングサイズが5億円以下の企業数は10社ある。この10社の時価総額は各社20億～100億円前後（2024年5月時点）である。

　この10社の上場後の株価動向（2024年5月時点）を追ってみると、10社のうち3社が、公開価格を2倍以上、上回る初値がついている。特別な好材料の追加等がなければ、上場直後の高値から徐々に株価が下がる動きとなっている。10社のうち4社は、株式相場全体の影響もあったかもしれないが、初値が公開価格を下回っている。

　個別銘柄の動きを追うと、ご祝儀相場のような上場直後の株価高騰後に株価下落傾向が続く、株主構成の大きな変更はないまま株価上昇傾向が続く、上場から約半年後に大手企業との資本・業務提携の公表と大口株主の株式売却のため上場時に匹敵する売買出来高があった銘柄等、各社まちまちの動きとなっている。各社とも、時価総額の規模感から流動性が限られ、株価の安

定性は脆弱でありながら、上場後の１年程度の期間を経て、結果的に株価は公開価格に近い水準に向けて動いた銘柄が多い。幹事証券が発行企業の実力値を客観的に捉えた適切な公開価格を設定しているとの見方もあり、流動性が限られるなかで公開価格に近い水準に需給が収斂していったとの見方もある。

◆オファリングサイズが大きい企業の株価動向

　2023年の新規上場企業のうち、オファリングサイズが大きい上位10社のオファリングサイズは121億～1,245億円であり、この10社の時価総額は各社200億円～9,000億円弱（2024年５月時点）である。レンジが広いため、一様な比較が難しい面もあるが、下位10社と比べると、初値と公開価格の乖離は相対的に小さい。初値が公開価格を下回った銘柄が２社、初値と公開価格が同額であった銘柄が２社であり、需要の絶対額が大きいことで、上場直後の価格水準見積りの精度が高まっている状況を確認できる。

　時価総額1,000億円を超える銘柄では、上場直後からその銘柄が属する業界セクター全体の株価動向とほぼ似た動きとなっている。一方、時価総額に比べてオファリングサイズ比率が高い銘柄では、公開価格の半値近くまで下落している銘柄もある。上場時のオファリングで100億円超の資金を調達したものの、その後の株価需給バランスの維持は容易ではなかったケースであり、上場時にまとまった資金調達ができるとしても、その後の株式需給を保てるかという認識が重要であることを示している。

◆公開価格とオファリングサイズを定める経営判断

　新規上場企業の株価動向から、公開株価の適切な設定、時価総額とオファリングサイズのバランスの設定が重要であることがわかる。

　IPO銘柄への投資需要を図る観点で初値と公開価格の比較に焦点があたることが多いが、上場直後の乱高下を経て適切な株価水準に株価が収斂していくと考えれば、個別企業にとって初値と公開株価の乖離は一時的なノイズにすぎず、中長期的な株価安定の視点では公開価格の適切な見立てが重要であり、初値に一喜一憂する必要はない。むしろ、需給の乱れで上場直後に高す

ぎる株価がついてしまった場合、この企業の株価天井圏を形成してしまい、その高値を更新するためには強力な新規材料等が必要となるケースも多い。高値で買ってしまった投資家のしこり、損切りできない恨み節が根深く残ってしまうことはよくある。

オファリングサイズの適正金額について、事業戦略実行のために新規資本調達の相当額が必要となる背景があれば、時価総額に比べて高い金額比率であっても断行する経営者の意思決定の強さが重要である。ディープテック等、関心を集める分野、事業であれば、大規模な資金調達は可能であり、事業の収益化に長い時間と巨額な資金を要することが通常である。新規事業・新たな技術の魅力を広く辛抱強く発信し続ける、進捗実績を示しながら取組みの一貫性を保つなど、経営者・経営陣による資本市場への持続的対応が必要である。

大規模資金を必要とする新規事業では、事業発展とともにさらに継続的に資金調達を重ねるケースが多く、将来の増資を有利に行える状態として株価維持を強く意識する必要がある。

具体的な新規資金ニーズは弱いものの、新規上場時にできるだけ多くの調達資金を確保したいという考え方もあるが、調達資金の資本コスト、将来投資の収益性の正確な見通しが明確でなく、手元に不要な現預金をため込んでしまうような事態では、経営の質を問われ、中長期的に株式需給の悪化、株価低迷を招くリスクが大きいであろう。

なお、証券会社の引受手数料は引受証券金額に比例する契約が通例であり、オファリングサイズが大きければ、証券会社の収入も大きくなる利害関係がある。この利害関係も十分認識したうえで、適切な公開価格、オファリングサイズの設定について、幹事証券等、経験豊富な専門家の知見を十分に活用する必要がある。中長期的な事業戦略の実現に向けて、いま何をすべきなのかという経営者判断が重要であり、経営者が自ら企業価値の値決めを行う意識が重要である。

4 株価を動かすもの

◆ケインズの美人投票論

著名なイギリスの経済学者 J.M.ケインズによる「株式投資は美人投票のようなものだ」というたとえは、本質を鋭く突いている。株価を決めるものは「需要」と「供給」である。上場時の公開価格設定は基本的に需給見積りに基づいて定められたものであり、上場後の株価動向、株式の「需要」は株式価値向上への期待、「供給」は大口株主の売却を含め期待の達成もしくは企業価値向上への見切りである。

企業活動の実態は短期間で大きく変わることはないが、株価は時に何倍にも上昇し、また、何分の1にも下落する。株価上昇は投資家の期待の膨張であり、投資家の熱狂は時に高騰を生む。そして、期待への見直しで株価上昇は止まり、過剰な期待への気づき、熱狂の冷却は高騰の反動として時に株価急落をもたらす。

企業経営者にとって、株価の乱高下は投資家の身勝手な動きにみえるかもしれないが、外部から企業価値がどうみえるのかという観点で経営者として考察すべき点は多い。特に新規上場の企業にとって、株価を動かす主要因を意識することは重要である。

◆情報の非対称性

多くの新規上場企業は、社会的認知が総じてまだ低い。上場企業として必要な体制・条件を整えて株式市場に登場するとき、その企業の実績、中長期的な可能性を説明する資料は準備されるが、多くの企業が同じように洗練した資料を並べているなかで、一般投資家にとって、自社に対する適切な理解への手がかりは限られている。

経営者は、企業が本当に事業計画どおりに事業を拡大できるかどうか、企業の事業環境、組織人事等、計画の実現性や将来展開の可能性につながる圧倒的な情報量をもっている。一般投資家と企業との情報の非対称性の存在は、公開株価設定におけるディスカウントの背景であり、株価の適正水準を巡って上場後の株価変動を激しくする大きな要因でもある。企業価値の魅

力・実力の適切な評価を一般投資家が見定めるには時間を要する。

　投資家の企業評価を形成する大事な要素は、まず、経営者自身による将来見通しである。必要情報を最ももっているはずの経営者が、将来見通しを正しく立てられる人物であるかどうかは、重要な投資判断材料である。

　経験豊富な投資家は、経営者の会社説明、その後の実績推移や株価変動等について、これまで多くの事例を目にしている。経営者が責任を担う企業は１社だが、投資家にとっては日本の上場企業約4,000社（新規上場は年間100社程度）のなかの１社である。前述の「美人投票」のたとえのとおり、企業の成長を目指す姿に、自分だけでなく他の多くの投資家の共感を呼ぶ手応えが感じられなければ、経験豊富な投資家にとって魅力的な銘柄ではない。

◆経営者の本心

　株式投資の知識や経験に乏しく、上場時に自社株価動向のイメージを抱いておらず、ただ高ければよいと漫然と受け止めている経営者は多い。上場後の自社株価動向を実際に目にすることをきっかけとして株価を意識した経営に取り組むのか、それとも、株価への感度が鈍いままかは経営者次第だが、上場前には詳しくなかった株式投資の動きに触れることで、経営者の意識、本心が変化していくケースもある。いずれの上場企業も株主尊重の姿勢を示しているが、経営者の本心として時価総額の維持・増大にどこまでの優先度を置くかは、重要な経営判断である。

　上場直後の株価高騰が見込まれれば、美人投票のたとえのとおり、短期売買の儲けを狙う投資家が存在する。強気の成長計画、足元収益の一時的な底あげ等を考慮した公開価格設定であっても、一般投資家にはディスカウントが大きく割安にみえれば、上場後に株価は上昇する可能性はあるが、定常的な企業収益の実力値への剥落がみえはじめる前に売り抜けることで経験豊富な投資家は売却益の獲得を狙うであろう。新鮮で魅力的な事業モデルの実力値を上場後の事業進捗、将来性の具体的検証を通じて外部投資家は確認しはじめる。

　経営者が本心で上場後の大きな成長を目指していれば、保有株式を手放さないであろうが、自社を評価してくれる新たな買い手があらわれなければ、

外部投資家の当初の期待が徐々に弱まり、株価の低迷が続く懸念は大きい。こうした状態を克服するために、自社株式の適正評価はどのような水準が合理的なのかを考え、それについて投資家の理解を得るための活動に経営者は力を込めていく。投資家とのかけ合いがはじまることによって経営者の株価動向に対する意識が覚醒され、上場企業の責任者としての意思がつくられていくケースは多い。

　IPO準備の資料は、上場承認のためだけではなく、開示資料として上場後の活動・実績との整合性が重要であることを、後日、改めて再認識する経営者は少なくないであろう。上場の前と後ではさまざまな相違が発生するが、その相違について合理的で納得性の高い理由・背景が説明できるか、経営の判断能力や信頼性を感じられるかどうかが評価される。

　将来について完全な予見ができる者は存在しない。だからこそ商機が生まれるのであり、将来に向けた経営の舵取りには強い意思が求められる。投資家の期待を充足させる視点・意識があるかどうか、経営者の本心は、継続的な開示情報から読みとられ、中長期的な株価形成を定める重要な要因となる。

◆ロックアップ期間とその対応

　上場時には、創業者利益の確保、ファンドや親会社が保有する株式の売却等、株主構成の大きな変更が実行される。適切な公開株価、オファリングサイズが設定され、上場直後の混乱ができるだけ小さいことが望ましい。形式要件である流通株式の条件を満たすために上場前の株主として参加したファンド等の大口投資家による保有株式売却は、株価に大きな影響を与える。そのため、上場後一定期間の売却が制限されるロックアップ期間を制約条件として課されていることが通常である。新規上場株式の流動性は限られることが多く、ロックアップ条件による制約は株価安定に一定の効果をもたらすが、ロックアップ期間後の売却は確実視されるため、ロックアップの期間中に流動性の厚みを増すことが重要である。自社株式の現行株価が適正評価水準であるとの認識が広がれば、大口株主の売却時は安値で買える機会であり、健全な市場機能を介した新旧株主交代が進んでいく。ロックアップ期間中にいかに新規投資家の需要を掘り起こせるかが重要である。

第**6**章　上場審査と株式公開

　ファンドの売却は、テクニカルな時間の問題であるが、経営者・経営陣、事業法人等の大口株主の売却が株価に与える影響は大きい。資本提携先等の大手企業との取組みの変更は、事業モデル、事業収益そのものに大きな影響を与える懸念がある。上場以前から新たな有力提携先、取引先の発掘・関係構築は、定常的な活動の一貫として行われており、既存大口株主の株式売却の時期を踏まえ、新たな大口株主の獲得、新たな大手企業との業務提携等の好材料公表・実行の時期を配慮する経営者は多いであろう。既に好材料を出し尽くして企業評価の底あげは難しいのか、上場後の株主異動等も見据えたうえで成長策に取り組んでいるのかなど、経営者の先見性、実行力を測る判断材料は、上場後まもない時期の行動に多くの示唆が含まれている。

◆業績実績等、時価開示

　上場企業には、信頼性の高い財務報告・収益実績を迅速で的確に情報開示することが求められる。開示数値のもつ意味についての説明は、経営者としての資質を世間に広く示すことになる。実績と計画の乖離要因、計画未達を引き起こした不足要素・材料の補充・強化にどのように手を打っていくのかなどをわかりやすく、投資家側に立った視点で説明すればよい。説明に納得する投資家が残りあるいは集まり、納得しない投資家は去っていく。

　好業績でも株が売られる状況は、投資家が既に好業績期待を織り込んでいたからである。リストラで株価があがるのは、足かせがなくなることで将来の収益強化が期待されるからである。投資家は、事前予想との比較により株価を判断する。経営者は、過剰な期待は避け、悪材料の膿を出すときは将来への期待を示すなど、外部投資家の期待値をコントロールすることが重要である。期待の上昇修正は一時的な株価上昇をもたらすが、投資家の期待を維持する収益実績・事業基盤がなければ、期待の継続に無理が生じ、結局、企業の首を絞めることになる。膿を出した傷で苦しんでいるときには、株価は企業の将来を示唆するものであることを意識し、株価の底打ちと従業員の士気等、組織活力のけん引との連動を意識しなければならない。投資家の予想を上回って増収増益を続ける事業モデルがあればすばらしいが、成長の巡航速度と市場参加者の期待値は、株価という市場調整機能を通して落ち着いて

271

くる。

　上場後まもない時期にさまざまな不祥事が起こる企業は、驚くほど多い。それまで上場企業の土台づくりに取り組んできたにもかかわらず、経営者の気が緩み、不祥事が起これば、失うものは実に大きい。重要事実を開示する組織体制はできていても、重大事案への対応ノウハウが不足している企業がほとんどであり、経験豊富な外部弁護士等の支援・指導のもとで調査委員会の設立等の対応を進め、関連事実を迅速に開示することが必要である。

　不祥事を起こした企業には、ほかにもリスクが潜んでいるのではないかなどといった不安感が一気に高まる。事案の深刻度によるが、業績や株価の回復だけでなく、信頼回復も含めて「全治何年」のダメージに相当するのかを考えなければならない。

　経営者は、常に自らを戒め、率先して社内の規律強化を意識した言動をすることが必要である。社員数増加等の組織拡大、取引増加に伴い、社会との接点が増えるなか、経営者自身の言動が企業全体の信頼水準を定めていく。企業の拡大・成長とともに、経営者が暗黙の指導を示さなければならないと感じる場面は自然に増えるであろう。

第4節

IR体制の戦略的構築

1 IR活動のはじまり

◆IR業務とは

　IRは、投資家に対して投資判断に必要な企業情報を適時、公平、継続して提供する活動である。投資家の関心を引きつけるためには、投資家の思考の枠組みを知り、企業の特徴・特性をわかりやすく示し、関心の高いポイントを中心に要領よく説明する必要がある。IRの実践は、「量」「質」の両面で捉える必要がある。

　「量」の面は、投資家との接点を増やすことである。決算説明会のような必須の対応にとどまらず、さまざまなIRセミナーの開催に積極的に参加することで、IRに積極的な企業イメージがつくれる。なお、同一内容の説明の機会を重ねることにより、1回当たりのIR準備コストは減少し、IRの業務効率は高まる。また、IR説明の動画配信、ウェブサイト上でのIR情報の充実等、デジタル情報の活用も有効である。

　「質」の面は、自社業種・業務に一定の知見と高い関心をもつ有力投資家との直接対話（IR説明会での質疑応答や、機関投資家との1on1面談等）で、自社の強み・差別化について理解を深めてもらい、関係を強化することである。特定分野に注力する投資家は、その分野の最新情報等の収集・分析に基づき、投資家としての目利き、優位性を示すパフォーマンスを目指している。したがって、有意な情報が得られる企業との関係は投資家にとってもメリットが大きく、企業側にとっても投資家の思考を掘り下げて知ることができる面談は、より効果の高いIRにつなげる有用な機会である。

◆上場時のIR体制

　上場前に十分なIR経験をもつ専門人材を配置する企業は限られ、経営企画部門等の担当者が時価開示等の他業務と兼務するケースは多い。IPO準備企

273

業が上場確定前に一般投資家と直接の接点をもつ機会は限られており、IR活動とはどのようなものかについてイメージをもつのは難しい。上場時のオファリングサイズが限られ、個人投資家と若干のファンドが主な投資家対象であれば、幹事証券グループのIR支援会社、独立系IR支援専門会社等を起用し、その助言に基づいて実質的なIR活動を始動させるケースが多い。

　IPO準備の段階は上場審査が通るかどうか不透明な状況でもあり、担当者の業務負荷、人件費等、管理コストをできるだけ抑えたいという現実もある。上場前、IRにどこまでの準備、費用をかけるのが妥当と考えるかは、上場時の新規投資家からの資金取込み規模によるであろう。

◆エクイティストーリーの肉づけ

　オファリングサイズに一定の規模があり、ロードショーで機関投資家、ファンド等に本格的な説明を行う場合、限られた時間で投資家に訴求する内容を整えるためには、具体的な投資家候補の姿をイメージしたエクイティストーリーづくりが重要である。人気投資家への投資候補案件の持込みは非常に多いことから、事前に説明動画、資料等に目を通して関心をもつかどうかで、1 on 1面談の時間をとるかが判断される。投資スタイルはさまざまだが、業界内他社との差別化、収益性、経営者の信頼性といった点は共通の既定項目として、それ以外に企業独自の魅力的なエクイティストーリーがどのように描き出されているかが重要である。新たな製品・サービスで成長を目指す企業であれば、その市場はなぜ有望なのか、自社はどのような強みや裏づけをもって将来展開をけん引できるのか、未来への先読みが投資家への訴求力となる。成長性、割安、リスク分散、知見を活かせる分野等、投資家の関心はさまざまだが、興味を抱けば有価証券報告書等で企業主要事項を総点検のうえ、投資可否を判断する。上場審査の観点からIPO準備段階での事業モデルの説明は、企業理念の実現等、無難で抽象的な内容となりがちだが、企業理念等の上位概念と取引実績等の客観的な情報のボトム部分の並列だけでは、トップとボトムがどのようにつながるのか、外部投資家にはわかりにくい内容に陥りがちなため、注意が必要である。

　これまで外部投資家との直接の接点が少ない新規上場企業では、投資家に

第**6**章　上場審査と株式公開

訴求できる自社の特徴は何か、その特徴をどう打ち出していくかなど、IRの方向性を探るところからはじめる企業がほとんどであろう。もちろん、プライム市場上場等、上場時に相応の時価総額が見込まれる企業であれば、IPO準備の段階で十分なIR体制を事前に構築する必要がある。

　投資家の実際の動きをみてから、IR活動を徐々に本格化させていきたいという意向をもつ企業は多いが、経営者は上場直後から説明者としての重要な役割を担うことを覚悟する必要がある。

2　経営者とIR

◆経営者はIRがお嫌い?

　IRは自社の企業価値を投資家に適切に伝える興味深い業務であり、社内異動によって偶然IR業務を経験したことを契機に、IR業務のプロを目指す人も近頃は増えてきているようである。一方、経営者でIR業務の担当を経験している者は限られる。広報とIRの相違等、IR業務の本質をよく理解していない経営者は多い。IR関係者の転職理由として「経営者がIRに熱心でないため、他社で本格的なIRに取り組みたい」といった説明はよく聞かれる。

　IRでは経営者がメインスピーカーとなるが、「自社業務をまったく知らないくせに、投資家であるという尊大な態度」を漂わせる質問を浴び、「説明してあげても積極的に理解しようとしない」と感じれば、経営者は投資家との直接対話に「価値を見いだしにくい」と感じるかもしれない。

　しかし、会社説明に対する投資家の態度がどうであろうと、自社の理解者、共感者となる投資家の存在は、上場企業にとって非常に重要であり、投資家の数を増やすことは、自社の社会的認知を高めていくことでもある。経営者が直接どこまでを説明すべきかについては議論の余地があるが、上場直後等で、企業価値を投資家に適切に伝えられるIR部門をもちあわせていない場合、経営者自身がIRの先頭に立たざるをえない状況はよく生じている。

　一般投資家からの素朴で新鮮な質問は、自社が外部からどのようにみられている存在なのか、経営者に大きなヒントを与えることもある。特に、忖度する役職員が多く、社内役職員の同質化が進んでいる企業では、外部の素直

な声を聞く機会を経営者が得ることには価値があり、むしろ、良質な外部意見に接する機会をつくれるという意識が必要である。

株主総会だけでなく、四半期・半期の決算説明、投資家・アナリストとの質疑応答に経営者自身が対応する企業は多く、その内容は動画でもよく開示されている。参加者数、動画視聴回数はそれほど多くないかもしれないが、IR専門家等のアドバイスも踏まえ、投資家対応の効果を高めるプロセスには、経営者・経営陣の意識を一段と洗練させる面もある。IR業務の体制整備とともに、さまざまな投資家へ適切に説明できるIR部門の人材育成は重要である。経営者の属人的対応だけでなく、組織的対応となっていくことは社内の理解者・共感者を増やす意味もあり、中長期的な社内基盤強化の好循環を生み出す側面をもつ。

◆IRから得る手触りとは

経営者自身のIRへの積極的な関わりは、IRの陣頭指揮以外にも重要な側面をもっている。特に新規上場企業で重要だが、企業に関心をもつ投資家層、投資家属性は、企業の成長、時価総額の増加とともに変化する。IR業務を実務担当者に任せれば、パターン化、マニュアル化等により業務が定常化され、効率化が進む面がある一方、新たな投資家への対応が鈍くなってしまう懸念もある。企業の成長速度、時価総額水準をどのように描くか、機関投資家をはじめとする大口投資家の取込みをどのタイミングでどのように仕掛けるかなど、資金調達方針は重要な経営判断である。資金調達、IRをCFOに委ねる場合もあるが、企業を代表する経営者自身が投資家と直接の接点をもち続けることには多面的な考察を深める意味がある。

企業の成長フェーズに応じた、IR活動の相違とはどのような内容であろうか。

3 投資家と対話のフェーズ

◆企業規模に応じたIRの操舵

「大きな船が進む向きを変えるには時間がかかるが、時間がかかっても、

第**6**章　上場審査と株式公開

しっかり舵取りをしていきたい」といった趣旨の大会社の社長就任演説がよく聞かれたのは、ひと昔前であろうか。現在は、数多くの案件で複数局面を同時に進めるアジャイル開発等、事業環境・技術変化に機敏に反応する組織運営が求められている。しかし、IR活動には、船の舵取りという感覚がしっくりくる面がある。企業の時価総額という「船の大きさ」によって、市場動向等の外部要因という「波」に揺さぶられる影響の程度、安定性は大きく変わる。企業規模に応じたIRの操舵の相違とはどのようなものか、規模別で説明したい。

① **初期・小規模フェーズ**
　――時価総額が小さく、上場後まもない時期の企業

　時価総額が小さく、上場後まもない時期は、流動性が乏しいうえに、株式市場動向の荒波をもろに被ることになる。オーナー経営者の株式保有比率が圧倒的に高く、流通株式の比率が低い状態では、流通株式の売買により株価が大きく変動する。値動きの激しい銘柄はハイリスクハイリターンであり、相応の知識・情報がなければ外部投資家は手を出しにくい。

　IRでは新規株主を地道に増やすことが重要であり、自社の属する業界に関心、知見をもつ投資家を中心に、さまざまな機会を見つけて企業の独自性・特徴の説明を重ねていかなければならない。自社の強みについて、身内の論理だけでなく、外部の目を意識してIR資料の充実を図り、自社を評価、共感してくれるファンを安定株主に迎え入れるイメージで投資家を増やしていく。特に、中長期保有の機関投資家の獲得は極めて重要である。

　高い成長への期待であれば将来数値の裏づけ、割安感であれば同業他社との比較、社会的意義であれば事業の社会貢献等、投資家期待に応える中身を具体的に示し、信認を得る投資家を増やしていく。信認を損なう活動は投資家の失望を招く裏切り行為であり、やるべきこと、やってはいけないことを、経営者だけでなく役職員も共有のうえ、実績、投資家の信認を積みあげていくことが重要である。なお、経営資源の制約から取り組める内容に限界があるにもかかわらず、八方美人で何でもできますというアプローチは逆に胡散臭く受け止められる可能性も高い。企業が本当にやりたいことと投資家

277

のニーズが合致することが重要であり、自社と相性の合う投資家に出会うことが重要である。

企業価値を適正に反映する株価水準を明確に認識してもらうことができれば、株式市場全体の動向等で自社株価が大きく下落した局面では値ごろ感で買ってくれる投資家がファンのように増える。また、裏切り行為（これまで投資家に説明してきた内容と相反する行為）による投売りが生じない銘柄になることが重要である。

②　中規模フェーズ——所属業界のなかで一定の存在感をもつ企業

業界の準大手・中堅企業として一定の認知があれば、業界内における自社の競争優位性の認知を広げることを意識する。業界の母集団のなかで１歩前に出る存在となるために、自社が業界ナンバーワンの商品・サービスをもつ背景・理由は何か、同業他社による模倣が難しいのはなぜか、自社の強みの発展可能性はあるか、といった差別化内容を明確にしていく。将来への大きな成長発展は、既存業界の枠組みを超えることで可能になることも多いため、どういった視点で具体的な取組みを行っているか、なぜ、それが自社だからこそできるのか、といった差別化された事業活動を明示する。シナジー効果を期待できる相手先との資本・業務提携の実現が好例である。

ただし、強みとする説明内容が浅薄で、計画を打ち出したままで具体的な活動や結果を伴わない、といった状態であれば、投資家からの信認は失われていく。特に実績を伴わないまま、基本方針を安易にドリフトさせる経営は、経営手腕への疑念を深めていく。数年にわたって一貫性を保って説明できる内容かどうかは、経営能力の重要な尺度である。

業界後発の企業の場合、認知度の低さが割安なバリュエーションを生み出している場合も多い。PER、PBR（株価純資産倍率）等の株式評価数値、投資計画におけるROIC管理、WACC（株式調達コストと負債コストの加重平均）に基づくDCF評価等、割安な定量面があれば、そういった数値分析を積極的に発信することも１つの方策である。業界首位企業、有名企業の株式を投資ポートフォリオに組み入れている機関投資家において、業界後発企業が投資検討のユニバースから外れているケースは多い。中長期保有の株主とな

る期待が高い機関投資家は、分析・調査をしっかり行うプロ投資家である。新たな企業の調査・分析には手間がかかる面があるため、企業の定量情報の開示を充実させることで、機関投資家が検討しやすい銘柄としての条件を整える意味は大きい。

機関投資家からは、財務計数のみならず、人的資本、ESG等の非財務情報についても情報を求められる可能性があり、そうした対応のための追加コストの適否を検討する局面もありうる。安定株主の厚みを増すことは、株式水準の底あげ、業界企業としての認知度向上、社内機能強化につながる可能性がある。社会貢献や人的資産の重視は、より優良な母集団形成につながるなどのプラス効果が期待できる一方、業務インフラ等の社内コストの増大を招く側面もある。非財務情報の改善に向けた動きは、事業戦略との関連性、費用対効果の観点で全社方針のなかでの位置づけを整理し、適切なタイミングでの実施等の経営判断が必要となる。

機関投資家の対象銘柄としてモニタリングされる存在となることで流動性は厚みを増し、収益実績等、企業の実力評価の更新で適正な株価水準が探られる銘柄となっていく。

③　大規模フェーズ——日本を代表する銘柄へ

業界リーディング企業としては、死角をなくし、グローバル企業との競合を意識するIRの舵取りが必要である。グローバルポートフォリオから外せない銘柄として、グローバル機関投資家からの自社への認知を一層高める活動である。日経225等、さまざまなインデックスの構成銘柄となることで、グローバル機関投資家の投資企業のなかに自然と加わるアプローチもある。

日経225の構成銘柄の主な選定基準は「市場流動性」と「業種間のバランス」とされるが、日経225やTOPIXといったインデックス投資の構成銘柄になるのは、大手資産運用会社が行うパッシブ投資運用において売買され、日本を代表する銘柄としての流動性が供給されることを意味する。さらに、ESG投資インデックス等、より多くのインデックス構成銘柄への組入れにより、株価水準の若干の底あげと、流動性の一段の厚みを得ることができる。

世界が関心を高める投資テーマでのインデックス銘柄への組入れは、その

投資テーマに関連して進んだ取組みがなされ、将来展開の期待も大きい企業という認知であり、役職員が自社の企業理念、ブランドに誇りをもって、世界最先端の課題に率先して取り組む期待をもたれている企業ということでもある。

このフェーズでは、自社の比較的弱い部分をいかに補うか、改善できるかが重要になる。たとえば、地球環境に悪影響を与える懸念の高いビジネスからの撤退、不採算事業の見直し等による事業ポートフォリオの改善と収益率改善、意思決定機関の活動内容の透明性向上等、他の企業に比べて劣後する部分があれば、その部分を遜色ない水準に引きあげる取組みが重要である。一方、さまざまな目線をもつグローバル投資家の要望にすべて応えるには、民間企業として現実的な限界もある。事業戦略のさまざまな切り口、危機管理能力、先端分野への取組み等、多種多様な質問がありうる一方で、多数の子会社・関連会社、世界各地の拠点等、企業集団全体を束ねる本社IRとしての対応は、日頃からの社内データ基盤整備の状況にもよるが、IR担当者の洗練された説明能力に依存する部分が大きい。グローバル投資家からの照会が多い項目に納得性の高い対応を示すことができれば、世界の競合他社と比べて優位性があるリーディングカンパニーとなる可能性もある。卓越した投資家の関心には重要な含意が含まれることもあり、短期的な対応にとどまらず、中長期的な関連対応を経営目線で捉えるのが大事でもある。

グローバルポートフォリオから外しにくい銘柄となれば、金融市場の混乱や地政学リスクの高まり等、大きな外的ショックが生じたときに慌てて外されることがなくなる。むしろ、市場全体の動きに連なって株安となる機会には、積極的に仕込みたい優良銘柄となる。安定したパフォーマンスを期待できる銘柄となることが、IRの目指す姿であろう。

◆フェーズ認識の重要性

フェーズ分類は、東京証券取引所のプライム・スタンダード・グロースの市場区分の概念と類似した切り口かもしれない。グロース上場に取り組む企業にとって、大規模フェーズは別のものという印象を抱くかもしれないが、上場企業となる最大のメリットを活かすには上場後も増資による資金調達を

通じて高い成長を実現させていくことが求められ、上場から中長期的に目指す姿をイメージするうえで参考になるだろう。

時価総額の増大によって小規模から中規模へ、中規模から大規模へと変化していくなかで、M&A等によって短期間でも投資家の期待値が大きく変わり、企業を取り巻く環境の変化と同様に、IRが対応する投資家の属性も様変わりする。

生成AI等のデジタル技術の進化の急速な加速により、アメリカでは設立後数年で数名によるユニコーン企業の登場も現実化しそうな時代といわれている。自社の実力値を適切に説明できない上場企業は、急成長する巨大資本に買収され、非上場化されるケースも日常化するかもしれない。さまざまな業種でGAFAMのような急成長モデルを応用、再現する動きが広がることが予想される。

4 IR体制の戦略的構築

◆投資家の前でNGの行動とは

新規上場企業では経営者が先頭に立って投資家に直接説明することが重要であるが、外部投資家向けに企業を代表して行う発言には十分な注意が必要である。インサイダー情報の厳密な管理は当然として、重要な非開示情報を安易に話題にはできず、特に具体的な第三者の名前を相手の同意なしで公開してしまうことは厳禁である。

また、株主平等の原則に基づき、基本的にどの投資家にも同じ説明をしなければならない。営業出身の経営者の場合、聞き手の関心が高い情報をサービス精神で出してしまう傾向があるといわれるが、内容次第では情報管理の甘い経営者との烙印を投資家から押されかねない。また、将来方針のアイデアは面白そうであればあるほど、他人に話したくなる心情は自然かもしれないが、世間一般の話ではなく、自社の取組みであれば、その後の結果詳細を追求され続ける覚悟をもつ必要がある。IRのプロトコルについては外部専門家の指導を受け、重要な説明会の場でもサポートしてもらうなどの対応が安心である。投資家は、取引先やパートナーとは異なる存在であることを特に

経営者は肝に銘じておかなければならない。

投資家向け説明の経験を積み重ねれば、投資家の関心を的確に捉え、継続的な関係を構築するコツを得られるかもしれないが、投資家等の説明相手はさまざまな属性をもち、面談相手の個人差もある。まずは経営者やIR部門関係者が自らの経験、関連情報を蓄積し、客観的な事実を揺るがずに捉え、多面的な説明ができる体制を整えていくべきである。

◆IR体制の構築

外部投資家（候補）の状況によるものの、外部専門家・専門会社の一時的な支援では不足を感じ、IR経験が豊富なアドバイザーを数年契約で起用するケースもある。企業の成長フェーズ、時価総額の規模に応じて、適切なIR体制の構築をけん引してもらい、順調な時価総額の伸びやIR戦略実行の貢献が確認できれば、アドバイザーからIR部門責任者に就任してもらうこともある。経営戦略とIR業務は密接に関連するため、経営者・経営陣とIR部門責任者の相性は重要である。

企業が上場している限り、IR活動は永続的な活動でもあり、IR業務実務を習得し、将来のIR部門責任者となる人材を社内育成する視点は重要である。上場まもない時期は、外部専門家の起用で十分かもしれないが、企業価値を対外的に説明するには、事業戦略だけでなく企業文化をよく知り、社内情報のみならず、社内関係者との良質なネットワークをもつ人材が望ましい。また、企業の成長フェーズ、時価総額の規模に合わせて適切なIR体制を連動させる観点でも、中長期的な取組みが必要である。

大手企業では主要社内部門とIR部門間の定期的な人事ローテーションを実行している。これは、IR部門内の社内情報蓄積だけでなく、各部門にIR経験者が存在することで企業全体の活動を知る人材を増やすという全社施策の一貫でもある。

中長期的なIR体制構築も見据えて、早いタイミングでIR専門家のアドバイスを得て、IR取組みの基本方針を策定し、IR体制構築を戦略的に実行することが重要である。

第**6**章　上場審査と株式公開

◆資本政策、財務戦略とIR

　時価総額規模の変化とIR体制構築には、資本政策、財務戦略と密接に関連する側面がある。たとえば、中堅機関投資家の運用総額300億円のファンドからその10％である30億円の投資を受け入れる場合と、大手機関投資家の運用総額1兆円のファンドからその0.5％である50億円の投資を受け入れる場合を考えると、投資家の目線の違いを想像しやすい。典型的なパターンでは、株価上昇で割安感が薄れたと捉える中堅機関投資家は株式を売却し、今後の相対的に高い絶対成長率を期待する大手機関投資家が株式を購入するという投資家の変更の構図が生じる。現実には複数タイプの投資家が共存するため複雑な対応が求められるが、株主構成の変更後、企業価値の成長を安定的なものとしていくためには、今後の期待が一層高まる投資家、投資額が大きい投資家が求める姿を企業は自然に意識するようになる。

　大手機関投資家は、投資先企業のIR・財務部門が投資の目線で話ができ、両者の会話にノイズが少ない状況を望んでおり、企業のIR部門は資本政策・財務戦略を担う部門と緊密に連携した対応が求められる。

　企業価値は、原則として、将来キャッシュフローを適正な割引率（通常はWACC）で割り引いた現在価値として算出される。すなわち、期待リターンの伸びが低くても大手機関投資家が投資してくれる企業となれば、資本コストが下がり、企業評価額、時価総額は増加する。機関投資家にとって、自らの関心について的確に説明できる企業対応は投資のための必須条件であり、IR担当者や財務、経営企画部等の関連部局には機関投資家との会話能力が重要となる。

◆幹事証券との連携

　時価総額の規模フェーズを変更させる成長を実現するには、オーガニックな成長、内部蓄積した資本の活用だけでなく、追加資本が必要となることが多い。設備投資による生産能力拡大、国内外企業のM&Aを通じた市場獲得・拡大やバリューチェーンの取込みによる事業基盤の拡大等、期待効果の大きな投資・取組みには相応の資金投入が必要となる。その際には、事業規模拡大に伴う営業キャッシュフロー・事業収益の増大と、株主資本増大に伴

283

う1株当たり収益の希薄化のバランスを意識する資本政策が求められる。既存投資家は、自分の保有する株式の価値が下がらない限り、事業収益の拡大策を支持するが、既存保有株式の価値が希薄化する投資・資本政策であれば、そのような政策をとる企業の株式を保有し続ける意味と、経営者の資本政策の理解を問い直すことになる。

　通常のIR活動であれば問題ないとしても、増資に求められる新規投資家開拓においては社内IR部門の力だけでは限界があり、証券会社による販売力が必須である。新規上場の際と同じく、投資家需要と自社収益力から最適な資本調達条件について、幹事証券の助言も参考に、経営企画・財務部門の分析をもとに増資適否について経営判断が行われる。

　こうした成長フェーズのステップアップは、IPO準備の段階から幹事証券と良好な関係を構築し、IR部門の投資家対応の積みあげとエクイティストーリーの掘下げ、資本政策を支える管理機能の強化によって導かれるものである。

気持ちよいIRのポイント

　IR業務は、企業全体の状況、投資家の関心を的確に把握し、適切な企業情報を適切に投資家に紹介する業務である。企業経営に極めて近い部分もあり、IR業務経験者の増加とともにIRスキルの専門性を活かしたい転職希望者も増えているようである。IR、投資家対応は、通常のビジネス感覚と異なるところが多い。「気持ちよいIR」を進めるうえで注意を要するポイントをいくつか説明したい。

① 　株主平等原則

　株主は対等の権利をもっており、平等に扱われなければならない。企業は多くの情報を開示しており、それを丁寧に説明するだけで投資家の関心に十分に応える対話ができる。プロ投資家は1 on 1面談で特殊な情報を求めることはない。逆に、聞いて困るような情報を提示されても、真偽は不明であり、投資家は困惑する。

　顧客との関係構築を得意とする経営者が、相手の関心を引く特殊な情報や耳触りのよい情報を示そうとするケースは多いかもしれない。しかし、それを聞いた投資家の表情が好意的にみえても、本音は異なるかもしれない。情報管理が甘い企業と捉えられ、特に企業を代表する者の脇が甘いと判断されれば、企業のマイナスイメージにもつながりかねない。いうまでもないが、企業業績に重要な影響を与える情報はインサイダー情報にもなりうるものであり、万全の注意が必要である。「壁に耳あり」と銘じ、密室の会議でも油断してはならない。

② 　専門家アドバイスと優秀なIRスタッフ

　日本ではパブリックスピーチの経験は限られているが、デジタル技術のサポートは大きい。決算説明会と質疑、投資家向け説明会等の動画は誰でも何度も繰り返してみることができ、インターネット上で気軽にアクセスできる情報である。説明者は、原稿を用意し、

1ページ何分で、何枚のスピーチであれば時間どおりにポイントをもらさず説明できるかを考慮したうえで、強調ポイントに対して十分な理解を得られるスピーチを行わなければならない。才能のある人なら本番の一発勝負で如才なくこなす場合もあるだろうが、多くの人は事前練習を繰り返し、自然なスピーチと受け止められるように準備をする。

株主総会の議事進行での言動だけでなく、話し方、表情、ジェスチャーについても専門家がおり、経験豊富な専門家からのアドバイスは貴重である。総会、説明会等の裏側では相応の準備が必要であり、軽視してはいけない。

グロース市場への新規上場企業では当初からの手当ては難しいことが多いが、優秀な社内IRスタッフの存在は貴重である。投資家の本音を聞き出し、自社を印象づけるのは経営者の責任であるが、投資家プロフィールの定型情報、自社への評価スタンス、投資家訪問の優先順位、手元IR資料の準備等、経営者が投資家との面談に集中できる環境づくりは、優秀な社内IRスタッフによる貢献によるものである。自社事情に精通した社内IRスタッフの育成は重要な競争優位性を生み出してくれる。

③　口先よりも賢慮

交渉、営業で相手を説得する会話術は通常は強力な武器であるが、IRに限らず、多くの経験者が、言葉巧みな人は信用の置けないことを経験している。契約締結の際には、その契約期間のなかで関係強化を図っていくことができるが、一般投資家による上場株式の売買は原則、いつでも自由である。

難しい課題の克服策を求められた場合、具体的な打ち手ができていれば説明できるが、対応策を模索中であれば正直な悩みや健全な問題意識を示す程度にとどめるほうが好感や信頼性をもたれることもある。投資家の期待を上回る回答であれば、問題意識の高い企業と評価されるが、おざなりの説明で終始すれば、はぐらかしている、問題意識が低いと受け止められる。重要な課題であるほど、曖昧な回答は企業全般のイメージの揺らぎにもつながりかねず、日頃

第**6**章 上場審査と株式公開

からの問題意識が重要である。

④ 投資家は知恵・情報の宝庫

グローバル機関投資家等は、海外を含めた競合他社の投資分析を行っている。どのような観点で各社の特性・差別化が比較されるのか、自社の属する業界は他のどの業界・業種と比較されるのか、日本市場、自社製品のどのような特徴に魅力をどのように感じているかなど、経営者にとって興味深い関心を抱いていることが多い。そうした投資家との面談には、企業価値向上のための重要なヒント、示唆が含まれていることがある。

訪問面談に厳しいといわれる企業による鋭い指摘、コメントには、参考となるものが多い。きちんとした対応をすることで投資開始や投資増額につながることもあり、IRの成果がみえやすい相手先ともいえる。ただし、投資開始後、定期的な海外IR（継続的な訪問）を求められることも多く、それなりの覚悟をする必要がある。

社長就任時に「トップIRが必要である」と前社長から引継ぎを受ければ、通常は否応なくIR経験をはじめることとなる。投資家からの厳しい洗礼もあるかもしれないが、組織の代表者としての自覚とノウハウを高めていくうえでは大きな効果がある。

IRを苦手とする社長は多いため、社長がIRに積極的に励むだけで競争優位性の１つとなる。海外機関投資家との良好な関係構築、海外での投資家向けセミナーでの登壇等を通じて、日本の業界を代表する経営者としての存在感を構築していくこともできる。

社長IRを妨げる最大の理由は多忙なスケジュールとされるが、現在は海外出張先から国内会議にリモート参加もできる。身体的な負担が高まる面もあるが、場所を変え、さまざまな人に対して自分の企業について語る機会は、定常的な会議体から離れ、社長業のなかでも思い出に残る業務の１つとなるだろう。IRのプロトコルを厳守したうえで、自分の考えを存分に述べる機会は、社長業における「気持ちのよい」経験として記憶にとどまることになるであろう。

第 **7** 章

成長戦略の実行、
そして未来へ

IPO準備では、会社がどのように成長していくのか、「エクイティストーリー」を投資家に説明する。本当に成長を実現できるのか、どのように取り組むのか、また、中長期的な成長力をつけるにはどうしたらよいのか——。
エクイティストーリーは、成長への「呪文」であると同時に、「呪縛」ともなる。本章では、成長戦略実現にあたって重要となる視点を説明する。また、長期的展望を踏まえたうえで、企業成長におけるIPO準備の位置づけをさらに深く考えてみたい。

第1節

エクイティストーリー

1 エクイティストーリーと資金使途

◆スタートダッシュ?

上場達成は、「経営者の旅」のどこに位置づけられるのであろうか。

IPO準備には通常、相応の苦労、苦難が伴うが、多くの企業は、上場達成で大きな「成功」の達成感を味わうことであろう。他方、上場がゴールとなりその後の発展への見通しが心もとない企業は、存続の大きな危険を迎えることになるかもしれない。いずれにしても、IPO準備を通じて説明してきた「成長戦略」が、上場後、正式にはじまることとなる。

上場達成によって、経営者は高揚感を得て、社会的認知度は上昇し、役職員の士気は向上する。営業活動の拡充、優秀な社員の獲得等、上場企業としての事業活動の拡大・強化に向けた経営の舵取りには一段と力が入るであろう。

企業の個別状況はさまざまだが、たとえば、宇宙、医療等の最先端分野では、営業キャッシュフローの黒字化はかなり先となる前提で、非常に魅力的な挑戦に取り組む企業のケースもある。新規投資家は、事業化実現に向けた可能性を高める取組みへの資金使途（新規プロジェクト、実証化実験等）が明確にイメージされていることを投資判断の根拠とし、成功の期待を抱いて株主として加わる。

新規上場企業には売上、収益等の大きな伸びが期待されるが、資金調達の観点でリアルを捉えると、経営の舵取りに慎重であるケースは多い。第6章で新規上場企業のオファリングサイズについて触れたが、新規上場時に大規模な公募を行う企業は限られており、手元運転資金をベースとしたまま事業拡大に取り組む企業は多い。開示情報によると、新規調達資金の使途の多くは、人材採用、マーケティングの先行投資等、定常活動の厚みを増す設備投資、研究開発等である。

290

第**7**章　成長戦略の実行、そして未来へ

◆エクイティストーリーの策定時期

　企業理念があって事業戦略がつくられ、それが事業計画として数値化される、というのが一般的なイメージであろうし、多くの上場企業では、そのようにエクイティストーリーが語られる。投資家をはじめとする外部関係者にわかりやすく、頭に入りやすいからである。

　一方、多くのIPO準備企業の取組みのステップは、儲かるビジネスに取り組み、収益を積み重ねつつ、企業の存在意義・企業理念を問い直しながらもさらに儲かる事業戦略を検討し、数値目標としての事業計画を策定するプロセスを繰り返している。大手上場企業の場合は既に事業基盤が確立されており、その強みのうえで事業戦略を立てていく順番だが、新興企業ではビジネス機会を機動的に取り込むことで、高い成長可能性を実現しようとする試行錯誤を繰り返す。この試行錯誤は、対外説明にはあらわれない。後づけでの結果説明はできるが、将来について保証することは誰もできないためであり、企業、経営者自身が検証中の取組みだからである。試行錯誤を脱し、ある程度の将来を見通せる状態となれば、事業計画に織り込んで外部投資家にも説明を行う。「実際にやること」と「目指していること」をつなげるエクイティストーリーは、IPO準備の後期に幹事証券の助言等を得て練りあげられていく。幹事証券は予算・実績管理に厳しい先が多いといわれるが、上場前後に何か特殊な要因が追加で発生しない限り、計画どおりの実績を出せる蓋然性が高いことはエクイティストーリーの実現性、誠意ある取組みとほぼ同義であり、エクイティストーリーの策定はIPO準備後期に行われることが多い。もちろん、エクイティストーリーは創業者理念と大きく乖離したものであってはならず、当面の収益を重視してつくられたエクイティストーリーは経営者が示す中長期的なビジョンと本当に一致しているのかという確認は重要である。

　経営者の中長期的な視点を揺らがずに示し、その位置づけで直近数年間の取組み方針を示すといった仕立てが必要である。経営者は専門家や経験者の助言に耳を傾けながら、自身のイメージどおりのエクイティストーリーを練りあげるが、その関連資料にも自身で目を光らせる必要がある。

② どこまで先を見通せるのか

◆増資という切り札

　上場時の公募金額は限られていても、上場企業として市場の資金調達手段を得ることで、必要（M&A、海外展開、大規模設備投資等）に応じて増資による事業規模拡大を可能とする切り札を手に入れられる。この切り札の価値を高めることは、より多くの投資家から高い成長期待を集められる企業として、より有利な増資条件を得られる企業として成長していくことでもある。

　具体的には、新規株式の発行により既存株式の価値を希薄化すること（株価下落の懸念）なく増資できる状態を整えることが大きなポイントである。高い成長を積みあげた企業は株価が上昇し、資本コストが低下していく。増資を通じて、これまでと同等以上の成長を実現させる評価の見込みを得られれば、資本コストが低い状態で増資を実行できる。

　結果として、早くから着目して投資した株主は、既に先行者利得、株式の含み益を得ているが、中長期的な成長が維持されれば、株式の含み益はさらに増大する。GAFAMに早期から投資し、中長期に保有する投資家は周囲から羨望の眼でみられるであろう。株価が高騰すれば売却して利益を確定したくなるのは自然な心情だが、まだ上昇余地があると思えば、将来成長への様子見をすることになる。過去の実績と将来ストーリーを組み合わせた機会提供の積み重ねが、増資の切り札の価値をより高めていくことになる。

◆足元の当面収益

　上場企業としてスタートを切り、収益実績を計画どおりに実現できるかどうかは、投資家に与える心象に大きく影響する。外部投資家との信頼構築の初期段階において、漠然とした理由（事業環境の変化等）で収益計画が大きく下ブレした場合、企業の事業計画遂行能力への信頼性は大きく損なわれ、その後の信用回復のハードルはあがってしまう。したがって、多くの新規上場企業の資金使途が物語るように、営業キャッシュフローを着実に伸ばす戦略は、投資家の信認を尊重するという観点でも賢明な判断である。

292

第**7**章　成長戦略の実行、そして未来へ

◆どこまでの将来を捉えるか

　投資家の期待を損なわない収益実績は重要だが、企業の将来性、潜在性、社会的価値を示すことも、投資家、従業員をはじめとするステークホルダーの期待、関心を高めるため、エクイティストーリーでは重要である。

　では、実際にどのように将来像を示すべきであろうか。翌年の取組みは現在の事業計画の一部と捉えられる。事業分野にもよるが、一般的には3年、5年、10年といった実際の期限を区切って、企業の状態をどのようにしたいのかを捉えて整理するとわかりやすい。

　3年後であれば、現在取組み中の目先の課題をすべて克服した後に何をしたいか、何に取り組むべきかを主体的にイメージするとよい。日常業務の延長として考えると、他社との差別化、競争優位性の強化があげられるが、明確化される強み、コアをどのような形でさらに進化、応用していくのかを考える。3年後に取り組みたい姿は、現在の活動と循環して考える部分があり、日常業務における重要な判断材料となることも多い。

　5年後であれば、自社の属する業界がどのように変化、変質していくのか、それに対して自社はどのように応じていくアイデアを考案できるかを考えるとよい。自社の強みの技術、機能が業界の枠を飛び越え、どのように成長発展ができるか、イメージを描く。

　社内リソースだけでなく、社外のリソースとの融合・連携による新たな価値創出への取組みを示すといったアイデアも考えられるし、M&Aによる事業基盤の統合・拡大、生産性の向上、現行の自社製品・サービスのグローバル展開といったアイデアもあるだろう。これらのアイデアの具体的な検討を既に開始しており、実現時期のメドがあれば、5年後ではなく、3年後のほうが説得力、求心力を一層高めるストーリーとなるかもしれない。他方、具体像への模索を続ける状態であれば、中期的な展望として5年後のイメージのほうがよいのかもしれない。

　10年超であれば、その企業が社会に存在する意義、理由を示すとよい。事業環境の変化により市場の需給、得意先ニーズ、役職員構成だけでなく、業界によっては事業モデル自体も大きく変化しうる。そのときに企業が絶対に譲らないものは何かという決意表明である。

決意表明は、企業理念、ミッション、ビジョン、パーパスといった形であらわれるが、将来を見据えて揺るがない視座をもつのであれば、抽象度の高い表現にならざるをえない。企業、事業活動の急速な進化が予想されるなか、抽象概念を現実に活かす基調をもち、受け止め方・理解の微細な変化を飲み込むメッセージであれば秀逸である。たとえば、三菱グループの三綱領（1920年の三菱第4代社長岩崎小彌太の訓諭をもとに、1934年に旧三菱商事の行動指針として制定された）の1つである「所期奉公」（期するところは社会への貢献）は、英文では"Corporate Social Responsibility"（CSR）であり、100年近く前の訓諭ではあるものの、現代においても重要な観念である。

　もし、企業理念の見直しを図るときには、正当な理由の裏づけが大事である。たとえば、共同創業者メンバーの転出、買収・被買収、取組み分野の変更、基幹技術の陳腐化等で、企業の存在意義、目指す姿を変更するときには、柔軟な見直しは自然である。一方、流行の後追いのような見直しであれば、外部環境に左右される企業とみなされ、長年の独自性・専門性で差別化される長期的投資対象というよりも、短期的な収益実績、機動的な柔軟性重視での投資対象と位置づけられる可能性が高い。企業譲渡等で経営者が変われば企業評価の見直しが入るかもしれないが、経営支配構造が変わらない限り、長期的な事業活動の裏側にある信頼性、取組みの一貫性に対する評価は徐々に固まっていくこととなる。

　なお、デジタル技術の進歩、消費者の価値観の急速な変化もあるため、3年、5年といった区切りは目安でしかない。変化が激しい業界・ビジネスであれば、より短期の将来性の設定、状況に応じた見直しも適切であるかもしれない。重要なのは、将来像の明確化とその実現のための課題克服に経営者・経営陣が真摯に取り組み、日々の活動を適切にモニタリングし、必要に応じた軌道修正を行い、内外から信頼される言動、実績を積みあげていくことである。

第**7**章　成長戦略の実行、そして未来へ

③ 成長の種類

◆数値の進捗管理

　企業の成長は、収益数値をもって具体的に示される。収益数値は明確で揺るがない情報であり、また、他社との比較検討、時系列推移の検証ができる情報でもある。事業計画における部門目標設定、外部専門家による投資分析でも定量情報が基本である。通常、3年間の中期事業計画が策定され、この計画における数値設定とその進捗管理が重要となる。

◆内部成長と外部成長

　経営者、経営陣の観点では、売上や数値が何％増加したかという数値達成の管理だけでなく、この数値がもつ意味への考察が重要である。成長を捉える切り口には、内部留保等、現状経営資源に基づく「内部成長」と、Ｍ＆Ａ等の特別な行動で外部資源を取り込む「外部成長」がある。

　収益実績には、将来成長を意識した研究開発・マーケティング・営業等に関わる取組みに向けた人件費、研究開発費、広告宣伝費が含まれている。これらの費用は、現状事業の推進強化、内部成長との兼ね合いも強いが、人材採用、広告宣伝費等の戦略的な先行投資もあり、将来の外部成長に向けた下地ならしとなる面もある。

　外部成長の成功は、Ｍ＆Ａにおける相乗効果、設備投資による生産性上昇に求められるが、それは、外部資源をうまく受け入れて融合効果を生み出せるか、生産性向上の要となる要素を新設備に取り込めるか、といった社内の動きと密接に絡む。

　内部成長と外部成長では必要な視点も大きく異なる。企業の成長戦略の実効性を高めるためには、内部成長と外部成長のそれぞれの視点を意識することが有用である。

295

第2節

内部成長

1 着実な半歩先の未来

◆事業計画の実績管理

　事業モデルのコアとなる型は、複数の大型案件の請負、法人・消費者向けの売上確保、独自開発技術の品質確保等、さまざまである。新規上場企業に限られるものではないが、企業は、適切な目標設定とその実現、継続的な伸長の情報開示を強く意識する必要がある。

　中期計画として策定される3カ年の計画数値は、企業によって見込み精度のバラツキが大きいが、今年度実績、来年度の収益予測は高い精度が期待される対象であり、足元の徹底確認による実績の確保が上場企業の前提となる。

　計画数値の実現に不安がある場合、その不安要素を徹底的につぶす必要がある。通常はIPO準備の段階で一次的な対応が済んでいることが期待されるが、業績好調等を背景に翌期の数値予測が甘いことが後日判明し、上場後まもないタイミングに業績予想を下方修正する企業は実際に存在する。

　収益管理能力が低い企業と烙印を押され、まだ時価総額、純利益が小さい段階で外部投資家の信認を損なえば、そのまま市場から放置される存在となってしまう懸念は大きい。上場審査前のIPO準備期間だけでなく、上場後数年間の収益実績は、IPO準備期間と同様に重要な意味をもつが、この重要性を十分に認識していないIPO準備企業は多い。IPO準備作業で開始した事業計画の進捗管理は、上場後にむしろ精度を高めていく必要がある。事業モデルはさまざまであっても、売上は、基本的に誰に／何を／いくら売るか、である。また、仕入、販管費も、主な要因は、少なくとも現在時点のものは明らかである。

　この主要な要因の状況を徹底確認する取組みを強化することが必要である。売上は、顧客ごとの「商品・サービス×単価」の集計値をベースに、各要因の状況を精査する。

第**7**章　成長戦略の実行、そして未来へ

◆顧客／営業状況

　顧客は、既存と新規に分かれるが、基本的に、それぞれの営業アプローチは異なる。

　既存顧客に対しては、期待内容を提供できているか、そのフィードバックを可視化できているか、時系列の顧客満足度・取引高の変化を確認できているか、既存顧客向けの販売予想数値の根拠は何かなど、きめ細やかなフォロー、モニタリングが必要である。

　新規顧客に対しては、どのように自社製品・サービスを紹介しているか、営業・マーケティング活動の結果が蓄積・共有され顧客開拓の営業活動に活かされているか、新規顧客向けの販売の予想数値の根拠は何かなどを確認する必要がある。

　中小・中堅企業で行われる典型的な数値作成アプローチは、「過去実績からの伸び」と「対象市場の将来成長の伸び」から売上目標を算出して事業計画の数値とするものである。対外説明では公開できる内容には制限・制約があるが、実際にその裏側で、どの程度、精緻な積みあげがなされているかが重要である。最終消費者である個人向けの直接販売・サービス等、業種・業態によっては積みあげ予測が難しいものもあるが、その場合は、計画と実績の乖離理由として、後述するマーケティング分析等、業界専門家の知見の高さを示す説明が求められる。

◆商品／商品価値向上

　多くの企業は、自社製品・サービスの独自性・特徴を、自社の競争優位性、差別化要因にあげている。提供商品・サービスの付加価値づけが収益性向上の主因であり、定量的な結果として売上高の増大や粗利益率の上昇をもたらす。

　収益数値は結果であり、収益拡大をもたらす商品・サービスの付加価値づけの増大に向けた機能改善や新開発の課題の洗出しと絞込み、課題克服の対象と対策、取組み結果検証の一連の流れを可視化し、定期的なモニタリング、重要課題に迅速に対処できるプロセスを回し続けることが重要である。

　自社商品・サービスの強みが専門技術、商品開発といいながら、対応の詳

297

細は現場任せとして経営のグリップが効いていない企業は多い。経営者自身が知るべき詳細情報は限られるかもしれないが、自社技術の実力が収益性の根源であるとすれば、定期的モニタリング等を通じて技術課題の的確な理解、現場の技術力・対応力改善・強化の状況を把握したうえで経営が効果的な後押しをすることで、他社との差別化を生み出す実力水準の習得・底あげにつながるケースは多い。

◆数量／マーケティング

市場動向、顧客動向、業界内動向と自社の業界内ポジション等、マーケティングのフレームワークには多くの切り口がある。自社製品・サービスの販売に与える要因と課題を分析し、事業計画における前提数値の精度を高め、計画と実績に差異が生じたときにはその原因を把握し、将来予測の見直し・修正につなげることが重要である。顧客動向を先取りした生産・販売は同業他社との優位性を生み出す。

2 できることは何か

◆資金使途との整合

事業活動の地道な強化は、上場時の資金使途の説明内容とおおむね一致する。適任人材の採用、広告宣伝費の先行投資、業務自動化・システム化等のオペレーション基盤改善等は、収益効果を持続的に生み出すことが期待される。これらの強化策をベースに、内部人材育成、市場認知の向上、生産性の上昇等の好循環に結びつけることで、内部成長による収益基盤の底あげにつながっていく。

◆目の前の成果の背景

計画どおりの成長を実現させる取組みは、IPO準備の段階で仕込まれたものがほとんどである。たとえば、適任人材の採用・確保は、単に人材募集をかければよいというものではない。人材補充を求める事業部門の人材要件を明確にする、有力な採用ルートを確保する、採用候補者への訴求力を高める

第**7**章 成長戦略の実行、そして未来へ

工夫を重ねるなど、社内外関係者が実際に手足を動かして経験を積み重ねることで、適任人材の採用につなげることができる。広告宣伝についても、自社製品・サービスのブランディング戦略、有効な市場候補、手法、媒体、時期を見定めることで、広告宣伝費を効果的に投入・活用できる。業務システム導入は、自社業務の要件整理、候補システムの比較、社内関係者が連携する導入プロセスを経て稼働を開始できる。

　いずれも、費用支出の前に相当な準備がなされたうえで、有効な投資、所期の目的達成を実現できるのである。事前準備が整っていなければ、それだけ時期が遅れ、収益向上や生産性改善も遅れる。日常事業活動の延長として、できるだけ早い時期から事前準備をはじめ、IPO準備の段階から上場後を見通した取組みを進めることで、計画どおりに収益を増加させ、エクイティストーリーの実現につながることになる。

③ 実績、信頼の積みあげ

◆上場前後におけるM&A等のイベント

　十分に事前検討がなされ、企業の中長期的な成長に重要な意味をもつM&A等であれば、上場前後といった時期に関係なく、実行が優先されるべきであろう。ただし、新規銘柄としての認知がはじまる上場前後の時期に、大型M&A等のビッグイベントがあれば、今後もそのようなビッグイベントの成功を頻繁に積みあげる企業であるとの期待が株価高騰を引き起こす可能性がある。一方、ビッグイベントの失敗が明らかになれば、会計損失だけではなく、経営者の判断力、将来性への疑念から一転して株価急落となる。上場前後の大きなイベントは、企業成長の巡航速度の見定めを難しくする側面があるといえるだろう。

　大きなイベントをどのタイミングで実施するかは、経営者の経営哲学があらわれる面もあり、実行時期の適否は経営判断によるが、優れた判断能力をもつ経営者であるかどうか、外部投資家が企業を理解する大きな要素の1つとなる。

◆資本コストと大型投資

　IPO準備の段階で大型投資案件・相手先の候補はあっても、市場による株価評価を待つ状態は資本コストが不確定な状況である。プライム上場検討や外部大口投資家から既に多額の投資を受けている企業であれば、大型投資の実行準備ができているケースもあるが、多くのグロース上場申請の企業の場合、上場後の株価、資本コストを把握したうえで、投資適否を判断しなければならない。優良な投資計画を連続して打ち出せるような強気の経営であれば別であるが、通常は、まず、上場後の外部投資家からの信頼獲得に注力し、その後の株価の維持・向上を通じて、対応準備を整えたうえで増資を重ねていく経営の舵取りが、上場後の成長を着実なものとするケースが多い。

◆エクイティストーリーの着実な実行

　上場後、エクイティストーリーからブレがない事業活動への取組みを端的に示す証左は、企業業績である。エクイティストーリーはさまざまな可能性に備えて抽象的な説明とならざるをえないが、収益向上に向けて実際にどのような取組みをしているのか、上場後の実例、実績の積み重ねが漠然としたイメージを具体的な形に落とし込んでいく。また、説明内容の着実な実行が投資家からの信頼を積みあげていく。投資家向け説明だけでなく、従業員に対しても企業が成長軌道に乗っていることを示すことで、企業に帰属する安心感と期待を高め、従業員の士気向上にもつながっていく。

◆上場時期の遅れを取り返す

　第1章でIPOスケジュールは3年をモデルケースに設定されることに触れたが、現実にはIPO準備期間中における事業収益の計画未達等で上場時期を見直すケースがほとんどである。自社の収益力および今後の見通しの精度が低いことは、上場企業として致命的な問題となる。上場後に事業計画の脆弱性が露呈するよりは、IPO準備期間中に問題意識が高まることはむしろ幸運であるかもしれない。上場後に実績の伸び悩み・低迷が続き、株式市場参加者の評価対象から外れてしまった場合、株価の低迷、売買高も細っていき、「小粒上場」のまま放置される企業に陥る懸念が大きいためである。

第**7**章 成長戦略の実行、そして未来へ

　IPO準備では短期間で膨大な対応を整えるため、上場に必要な条件、状態を満たすことが最優先されがちであるが、新規銘柄の他社事例等を参考として、特に経営者は上場後数年の自社の姿について具体的な数値の見通しとその前提、前提変更を行う場合には対外説明として納得性の高い内容かどうか、IPO準備の段階から冷静に考える必要がある。

第 3 節

外部成長

1 自社の強みの再確認

◆内部成長の徹底

　事業計画の精度をあげ、その実行を徹底することで、数年にわたって計画どおりの収益実績をあげられるようになる。魅力が高く、競争優位性が高い商品・サービスであれば、潜在的な市場の掘起し等でオーガニックな売上拡大が続く可能性もあるが、さまざまな原因（新規参入者との顧客争奪、価格競争による収益性低下、市場の飽和や商品の陳腐化等）によって、ほとんどの企業で売上成長率は鈍化していく。厳しい事業環境のなか、収益計画の実現に向けて新規顧客開拓、既存顧客との関係強化、コスト見直し、新規商品・サービス開発等に同時進行で取り組むことで、自社の強み・特性を支えるポイントが自然と浮かびあがる。その的確な把握と適切な対応が、中長期的な成長を支えるコア戦略となる。同業他社との比較で自社が優る部分とその理由を掌握することで自社の強みを明確にし、その強みを伸ばすことが、成長力の源である。

◆エクイティストーリーとの整合性

　経営戦略、事業戦略における自社の優位性をIPOと絡め、「エクイティストーリーとの整合性」「IPO準備経験の応用」の２つの視点で捉えることが有用である。

　エクイティストーリーの背景としては、企業理念、発想力、技術力、営業力等、創業者が元来もっていた強みがコアとなることが多い。強みを徹底すれば、企業の際立った特徴となってあらわれる。企業理念であれば役職員への浸透とその自発的行動の促進、発想力であれば新規商品・サービス開発の積極的な推進、技術力であれば先端情報・業界情報の活用・実用化、営業力であれば市場／顧客ニーズに応える提案力等である。

302

第**7**章　成長戦略の実行、そして未来へ

　問題となるのは、エクイティストーリーが形式的に整えられ、コア部分が存在しない場合である。この場合、事業活動の目標が収益数値を追うだけとなっており、企業の中長期的な成長となる足がかりがみえず、「自社の強みを伸ばすか」以前に、「自社の強みは何か」が漠然としたまま、中長期的な成長の基本軸をもっていないという懸念がある。毎年の収益確保に懸命な企業は多いが、エクイティストーリーの実態が乏しく、中長期的な成長の足がかり、視座がなければ、場当たり的な対応、一貫性の乏しい説明の積み重ねとなってしまう。そうなれば、中長期的投資を考える投資家との距離感が大きくなり、市場に浮遊する企業に陥っていく懸念がある。

◆IPO準備経験の応用

　新規上場企業は、IPO準備という、全社の大きなプロジェクトに成功した企業である。内部統制システムの整備は、管理部門にとどまらず、経営トップの舵取り、ガバナンス、事業活動の組織化に広く関わるプロセスであり、数多くのさまざまな課題を克服した経験によって、企業の中長期的成長に向けた土台づくりとして貴重な経験・ノウハウを蓄積している。

　既存の経営資源による内部成長、オーガニックな成長だけでは、高い成長性の維持は容易ではない。高い成長性の維持を意識し、より大きな企業価値をもつ企業になるためには、IPO準備の経験を活かし、エクイティストーリーにそった外部成長が求められる。

② 外部成長は強みの延長線上に

　各社の強みにパターンはあるが、その内容はさまざまである。自社が「できること」を徹底的に追求し、目前の課題解決に集中した結果、競争優位性をもつ収益力として自ずと浮かびあがってくるものがある。それを、エクイティストーリーに内在する定性的な特徴と合わせて、計画性をもって具体的に可視化することで、自社の独自性・優位性に弾みをつける外部成長につなげられるかどうかが、次フェーズのエッセンスとなる。いくつかの典型的な取組みで捉えてみよう。

303

① **M&A**

　M&Aは「成長の時間を買う」といわれる。業界内シェアを高める水平方向でも、事業のバリューチェーンをつなげる垂直方向でも、外部リソースを手に入れて事業規模・事業範囲を急速に広げる手段とされる。単純な足し算ではなく、合併による「プラスα」、いわゆる「相乗効果」を生み出せることがM&Aに取り組む本質である。そして、典型的に生じる問題は、この「プラスα」の期待に応える収益を生み出せず、評価見直しによる減損のみならず、思い入れが大きいがゆえに無用な業務量の追加負担が膨らんでいくことである。

　エクイティストーリーを反映して、自社の強みを活かす観点では、買収案件の現状価値および相乗効果（プラスα）の適正な評価ができる目利きが養われているかどうかが重要である。買収案件のデューデリジェンスは外部専門家の評価を適正に理解できることを大前提として、対象範囲を広げることによる企業理念の実践、強力な営業基盤に商材・サービスを加える収益効果、異なる顧客層を取り込む営業基盤拡大、専門領域拡大による技術力強化、専門技術を活用できる対象ビジネス・商品対象の拡大等、事業拡大のシナリオはいくらでも描くことができる。ただ、本質は、そのシナリオが本当に自社の強みを活かし、伸ばすことができるかどうかにある。

　M&A案件の仲介者から掘出し案件の紹介があるかもしれないが、値ごろ感でのM&Aは、買収後に対象案件の瑕疵克服の壮絶な苦闘に巻き込まれるケースがほとんどである。内部成長で蓄積した実力・ノウハウを活かし、財務面、営業面、技術面の総合評価を発揮させるために「投融資委員会」を設置するなど、案件精査ができる仕組みづくり、組織体制整備は中長期的な対応策の1つである。たまたまもち込まれた案件に思いつきで投資すれば、減損の山が築かれることはよくみられる光景である。そうした事態を防ぐ仕組みの1つが、多くの案件に接して横並びで優劣を比較し、案件検討、実行、モニタリング、必要施策の指示等、PDCAサイクルで管理できる組織体制である。外部成長としてM&Aを常態化する中長期方針であれば、投融資管理を組織的に行う体制を整える必要がある。

② 新規事業の立ちあげ

　急速な事業環境・技術進化の機会を捉え、大きな収益貢献が期待できる事業分野の立ちあげに取り組む企業は多い。社内人材・技術の活用・応用であれば内部成長の延長であるが、社内に適材がいないため、先端技術の知識・ノウハウをもつ専門人材を外部から責任者として招き入れるパターンも多い。典型的な問題ケースは、専門組織が期待した成果を出せないまま、事業見直し・撤退となり、専門人材も退出し、結局、社内に残ったのは失敗の教訓だけといったものである。費用・時間のロスだけでなく、反動として新規事業に過剰に保守的な姿勢をとってしまうようになることで、将来の成長の芽を摘んでしまう懸念もある。

　「専門性の高い適材の見極め・選考に1年、採用して実行力がない人材に気づくのに1年、退職を説得するのに1年」という海外のジョークを昔、聞いたことがある。人材の流動化が進む日本でも同じような問題が広がりつつあるかもしれない。注目を集める新規流行分野は専門家が少なく、人材エージェントでも適正な人材評価に容易ではない。

　新たな事業分野を創出する取組みでは、具体的にどのような取組みをしたいのか、仮説と検証ができる社内の下地づくりが重要である。客観的な目線で捉える意味で外部コンサルティングを活用し、自社事業として企業全体への付加価値づけでどのような成果を期待できるか、それを社内で評価し続ける仕組みをつくれるかが重要なポイントである。

　内部成長を徹底する過程で、全社横断での営業開発、商品・研究開発の動きと、新規事業分野が相乗効果を生み出す視点で捉えれば、自社の強みを活かす新規事業内容を具体化するヒントは豊富にある。それを実行できる人材であるかという視点で、外部専門人材を登用し、採用後も社内モニタリングシステムで状況を把握、社内関係者の認識共有を図ることで、新規事業分野を全社で取り込む仕組みができる。新規部門の責任者は必ずしも専門人材のトップである必要はなく、既存部門で柔軟な統率力の頭角をあらわした人材を配置することで、経営幹部候補の育成を行う企業もある。いずれにしても、IPO準備や内部成長実現の徹底を図るプロセスのなかに、新規事業を成功させる多くのヒントが含まれている。

③ 海外事業

　自社商品・サービスの国内市場での飽和が気になりはじめたとき、市場規模の大きい海外市場、成長期待の高い海外地域への事業進出を考える企業は多い。海外事業展開の可能性があれば、販売代理店、現地関連企業等とのつながり等、早い時期から情報収集・マーケティング分析を開始するべきである。海外進出は、外部成長の重要戦略として、海外拠点設置、現地企業M&A、資本・業務提携等、具体的実行に踏み切れるかどうかを判断することになる。

　業界大手、同業他社の動きに追随するケースはよくみられるが、地政学リスク、法務・労務を含むビジネス慣行をはじめ、主要関係者が何度も現地に足を運ばないと当地事情は容易につかめるものではない。

　IPO準備、内部成長の徹底等、これまでの取組みに比べると、海外に関する多面的な情報分析には、多様な機会がある。具体的には、海外マーケティングの調査結果を経営会議等で議論する、豊富な海外経験をもつ人物を社外役員や顧問に招く、海外IRで自社説明だけでなく海外投資家から自社事業の興味・関心を聞き出すなどである。事業成長を次の段階に進めることは、新たな視点、切り口が求められる取組みであり、特に海外事業、グローバル事業展開の検討は、自社の強みにさらに磨きをかける重要な示唆を含んでいることが多い。

　外部成長の典型例をいくつかあげたが、これらを成功させるためには、増資を含めた資本政策・財務戦略、契約交渉・知的財産管理等の法務、M&A・新規事業・海外事業を担う人材登用・育成、そして、企業理念を反映して自社優位性を発揮できる取組みとなっているかどうかを経営としてモニタリングする仕組みが必要である。

　これらの仕組みの基本的フレームワークはIPO準備で既に手当てされており、経営者資質、組織体制、ガバナンスの枠組みに、具体的な中身を入れ込んでいくステップに進んだことを意味する。そして、成長は常に葛藤と表裏の関係にある。

第**7**章　成長戦略の実行、そして未来へ

③　新たな障害を乗り越える

◆必要な視点

　グローバル機関投資家を主な投資家として想起する企業であれば、さらなる成長に向け、死角なく盤石な事業基盤を構築することが、重要な経営戦略の１つになりうる。

　新規上場企業の場合は、既存の経営資源に限界があることがほとんどであり、自社の強みを最大限に活かす視点をもって外部成長に取り組む成長戦略が通常である。十分な経験をもたない企業が、新たな外部成長への挑戦ではじめから成功することは容易ではない。新たな経験、学習知を積みあげながら、「成功体験を積みあげていくプロセス」「忍耐力」「長期的な視点」が必要である。それぞれについて詳しく説明したい。

①　成長体験を積みあげていくプロセス

　外部成長は、希望に満ちたはじまりであると同時に、新たな苦闘の経験の積み重ねでもある。外部資源の取込み、活用によって、内部中心の取組みからの見直し、脱却、変革が求められることは多い。それを「成長痛」と受け止めて乗り越えるためには、将来の姿を描き、関係者が成長の実感が湧きはじめる方向にベクトルを合わせるマネジメントが必要である。M&Aの相乗効果を大きく左右するPMI（合併後の統合作業）では何が重要なのか、新規事業の成功のために既存体験の活用と改善をどのように取り込めるかなど、実際にはじめてみないとわからないことが、当初は驚くほど連続して発生する。海外ビジネスにおいては、事前イメージと、現地実態に大きな乖離が発覚することもあるかもしれない。

　実際に自ら考え行動を起こして最適解を探るという、実践知の積みあげが大きな価値を生む。買収案件の事前詳細調査で評価の甘かったポイントは何か、研究開発・商品開発で今後気をつけるべき項目は何か、海外展開がうまく進まない課題の克服策はどのように見いだせるかといったことについて、一般論では見聞きしても、リスクの本当の怖さは経験してみないとわからない。実際に経験する前と後では、理解できる内容の深さに雲泥の差があるで

307

あろう。厳しい状況で事態の打開に取り組んだ経験者は、周囲に潜んでいる関連情報への洞察を深め、多面的な捉え方をもつことで調整力、解決力を高めていく。はじめての取組みで簡単に諦めることなく、挑み続ける人材であるかどうか、さまざまな機会を通じて適性人材を見極め、育成していく仕組みが、人的資源の形成と集積につながる。

外部成長の取組みでは、最初の案件の成否だけでなく、複数の取組みに継続的に挑むことが、自社の強みの強化につながる。実例体験で思考の幅を広げ、積み重ねによって経験価値を高める意識が必要である。

②　忍耐力

目の前にある機会、偶然の出会いは「千載一遇」に映りやすいが、常に経営資源の投入限界を冷徹に判断しなければならない。現場からの報告には、企業の期待に応えたい「がんばり」、厳しい現実を目にした「諦め」などのさまざまな感情が潜み、複雑に絡み合っている。現場実態を、当事者報告だけでなく、客観的に多面的に捉える仕組みが必要である。困った状態に追い込まれれば、重大事実の隠蔽、不祥事の懸念も高まる。経営者は不都合な真実にこそオープンに耳を傾けると同時に、理不尽な状況と訣別し、事態打開に向けた正当な努力を公正に評価する姿勢を明確に示す必要がある。

よくある問題事例は、現場では無理と思われる取組みがトップダウンで命じられ、現場の混迷について適切な報告が行われないまま、経営と現場の乖離が広がるといったものである。企業のためと考えた経営判断が組織実態にそぐわないものであれば、現場の士気の低迷、優秀な従業員の離職等が起こり、かえって組織の弱体化を招いてしまう。

外部成長は内部成長の限界を突破するためのものであり、状況進捗の定期モニタリングを継続し、適切な対応に手が尽くされていることを討議・確認し、現場の実情を捕捉するPDCAサイクルを回し続けなければならない。この仕組みが動くコツは、実情・実態を示す報告が会議等の場に出され、本質的な議論が行われる場となっていることである。大きな不祥事が起こったとき、経営者が事実の深刻な内容を知らなかったと弁明することはめずらしくないが、そもそも、重要事実が経営者にあがってこない組織自体が問題であ

第**7**章 成長戦略の実行、そして未来へ

る。重要な事実が会議で報告・議論されるためには、経営者が聞き役に徹する役回りを意識的に演出することも必要である。外部成長の実践・成功を重ねる経営者は、組織拡大・組織化の進展とともに適切な忍耐力を身につけ、事業収益の拡大と適正なガバナンス発揮を両輪として、企業価値の向上を進展させている。

③ 長期的な視点

外部成長での取組みでは通常、試行錯誤が連続するため、成功実現に向けた強い意思が求められる。大きなリスク、高いハードルへの挑戦を覚悟していれば、致命傷となるリスク、トラブルは避けられることが多いだろう。そもそも、慎重な対応が必要との意識があれば、発生しうるダメージにも想像が及んでいる。

しかし、最初の案件がうまくいき、続く案件でも順調な状態が続いたときに、リスクの暴走が起こる。当初は警戒していたリスクに対する慢心、自社の取組みへの過信が生まれた結果、大胆なリスクをとって巨額損失に至るといった場合である。最初は慎重であった現場、担当ラインに過信が生じる状況もあるが、企業全体、経営からの期待の高まりから「成功の方程式」のような思考の単純化が行われて安易な事業計画を策定し、それをもとにした過大な収益目標設定とそのプレッシャー等を背景として、巨額の損失が発生し、企業存続が危ぶまれる事態を招くことがある。

また、業界全体が「バブル」に浮かれた状態であれば、バブル崩壊が近づいている可能性もある。卓越した実力を備えていれば、長期的視点ではバブル崩壊後の業界再編は大きな好機となるのかもしれない。バブル崩壊時には多くの企業が退出し、業界内の合従連衡が起こり、業界のリーディング企業は大きな生存者利得を得る可能性が高まる。自社にとって撤退すべき事業か、存続すべき事業か、長期的な視点に立った、高度な経営判断が求められる。

外部成長で取り組む個別案件は、さまざまな特殊事情・背景・要因をもつ。そうした個別要因を的確に把握し、企業全体で網羅的に取り組める社内体制の構築が、中長期的な成長を持続できる基盤づくりである。将来の価値

309

につながる要素を洗い出し、適切な権限委譲を与えて幹部候補人材を育成するなどの取組みの連鎖は、IPO準備プロセスが大きな踏み台となる。重要な観点の数々は、第2章で触れた「経営者の旅」における通過儀礼の数々と重なる。IPO準備の体制整備、内部成長の実行徹底、さらなる飛躍の土台づくり、組織の成長とともに経営者の視点・視座は変化する。

◆買うか買われるか

　組織運営能力に磨きをかけてM&Aを行い業界内の合従連衡を推進する主体者となるか、収益実績・株価の低迷が続いて本来の事業価値を認められずに買収されるターゲットとなるか、経営の舵取りによって明暗は分かれる。ただ、買収ターゲットとなるというのは、その事業活動に一定の価値を認められていることでもあり、経営能力の優れた企業・企業グループの傘下に入ることは、事業に直接貢献できる役職員にとって、その能力や手腕を一層発揮できるビジネスチャンスを得る機会となるかもしれない。

　自社が独立して存在する意義は、その裏づけとなる強みにある。そして、その強みを伸ばす経営、組織運営を実行できる者がベストオーナーであり、プロ経営人材である。そのような自負もあり、自社を買収されることに強い抵抗感を抱く経営者は多い。一方、被買収の機会では、創業者、経営支配株主が第二の創業者利益を享受できる可能性も高く、起業家精神が旺盛な創業者個人にとっては、成熟したビジネスから新規ビジネスに乗り換える機会と捉えることもできる。

　上場基準の整備進展とともに業界の合従連衡も予想され、中長期の未来においてビジネス環境、就労環境が大きく変わっていく可能性がある。未来社会はどのような姿をあらわすのか、次節でいくつかの切り口を考察してみたい。

第 4 節

2050年の視点から

1 2050年の視点

◆産業構造転換の1つの断面

　株式市場における新規銘柄の誕生は「経済の新陳代謝」の象徴でもある。そして、上場後の企業成長はIPO準備の取組みの延長線にあることを本章で示してきた。さらに持続的な成長を続けるためには、最終的に企業が目指す姿、「未来」において自社がどのような形でありたいと考えるかが重要なのではないだろうか。

　企業理念は中長期的な変化に対応できる抽象概念であるが、将来の具体的な時期を設定し、未来の事業を具体的に想像してみることがアニマル・スピリットを刺激し続ける方策の1つである。2050年という少し先の時期を想定し、未来の事業環境をいくつかの断面で捉えてみよう。

　2050年にはどのような時代が到来しているであろうか。1つの断面としては、世界規模で地球環境の悪化が懸念されるなか、温室効果ガス排出を全体でゼロとする「カーボンニュートラル」戦略が、日本の新たな成長戦略として唱えられている。経済産業省は「2050年カーボンニュートラルに伴うグリーン成長戦略」において成長が期待される14分野を提示しているが（図表7-1）、伝統的な大手企業に限らず、新興企業、高度の専門性に特化する企業等、多種多様な担い手の活躍が期待され、産業構造転換が5～10年単位で大きく変化していくことが予想される。

　環境ビジネス以外でも、デジタル技術の高度化、最終消費者の価値観の多様化を捉えた商品・サービス等といった、新規事業の豊富な機会が予想される。新規アイデアだけでなく、M&Aの活用、業種・業態を超えた取組み、外部資本の取込み等、短期間で企業価値の向上を実現する多くのツールの組合せが身近となっており、経営者の成長志向、鋭敏な情報感度が、自社の独自性、競争優位性の強化につながる時代となることが予想される。

311

図表7-1　成長が期待される14分野

エネルギー関連産業

- 洋上風力・太陽光・地熱
- 水素・燃料アンモニア
- 次世代熱エネルギー
- 原子力

輸送・製造関連産業

- 自動車・蓄電池
- 半導体・情報通信
- 船舶
- 物流・人流・土木インフラ
- 食料・農林水産業
- 航空機
- カーボンリサイクル・マテリアル

家庭・オフィス関連産業

- 住宅・建築物・次世代電力マネジメント
- 資源循環関連
- ライフスタイル関連

（出所）　経済産業省「2050年カーボンニュートラルに伴う
　　　　　グリーン成長戦略」より作成

◆株式市場から捉えた断面

　過去のデータから将来へのヒントを探ってみよう。図表7-2、図表7-3
は2024年3月末（東証プライム市場）、2015年1月末（東証一部市場）の業
種別構成等の変化を示すデータである。旧東証一部からスタンダード市場移
行による企業数の減少（1,862社→1,650社）等、対象市場の相違があるが、長
期的な構造変化の手がかりとして参考になるだろう。

　市場全体での構成比の増加幅が大きい上位5業種は、「電気製品」「卸売
業」「サービス業」「その他製品」「精密機器」であった。一方、構成比の減少
幅が大きい上位5業種は、「陸運業」「輸送用機器」「食料品」「電気・ガス業」
「銀行業」であった。陸運業、電気・ガス業といった既存事業のメイン・プ
ラットフォームが成熟化した業種の時価総額の伸びは相対的に低く、サービ
ス業などの新規の事業モデル、商品・製品開発に積極的な取組みを行ってい
る業種の伸びは相対的に高い。

　時価総額が既に大きい企業は、一般に事業モデルの成熟化が進んでおり、

312

第**7**章　成長戦略の実行、そして未来へ

成長率は鈍化していくとされ、実際に自動車等を含む「輸送用機器」の構成比率は減少している。しかし、時価総額上位の業種である「電気製品」は、時価総額が10年弱で2.5倍（増加率149％）となっており、業界内の新陳代謝、事業の強みをさらに伸ばす動きが顕著である。「情報・通信業」はデジタル技術進化の恩恵を最も受ける業種の印象があるが、時価総額の増加率（89％）は市場平均（90％）並みにとどまっている。一方で、「サービス業」は139％の伸びを示している。新規上場はグロース市場が多いため前述の分析の直接対象数値ではないが、プライム上場企業においても事業環境に安住せず、イノベーティブな取組みが積み重なることで、産業構造が徐々に変化している状態を物語っている。

　現場の業務オペレーションを強みとして、自前主義で事業範囲を手広く展開してきたものの、経営資源の有効活用、収益性向上等を意識して、事業の

図表７−２　東証プライム市場（2024年３月末）、
　　　　　　東証一部市場（2015年１月末）の上位10業種

東証プライム市場　　（2024年３月末）

順位	業種名	構成比
1	電気製品	15.8%
2	輸送用機器	11.1%
3	情報・通信業	8.8%
4	卸売業	6.6%
5	銀行業	6.5%
6	化学	5.7%
7	小売業	5.6%
8	機械	5.3%
9	サービス業	4.7%
10	医薬品	4.5%
	小計	74.6%

東証一部市場　　（2015年１月末）

順位	業種名	構成比
1	輸送用機器	12.5%
2	電気製品	12.1%
3	情報・通信業	8.8%
4	銀行業	7.1%
5	化学	6.0%
6	小売業	5.3%
7	医薬品	4.9%
8	機械	4.9%
9	食料品	4.2%
10	陸運業	4.1%
	小計	69.9%

（出所）　日本取引所グループウェブサイトより作成

図表 7 - 3　業種別の構成比率・時価総額の変化

構成比率の増加幅が大きい上位 5 業種

順位	業種名	比率増 （ポイント）
1	電気製品	3.72
2	卸売業	2.68
3	サービス業	0.97
4	その他製品	0.78
5	精密機器	0.55

構成比率の減少幅が大きい上位 5 業種

順位	業種名	比率増 （ポイント）
1	陸運業	▲1.62
2	輸送用機器	▲1.41
3	食料品	▲1.06
4	電気・ガス業	▲0.76
5	銀行業	▲0.66

時価総額の増加率が高い上位10業種

順位	業種名	増加率 （%）
1	海運業	238
2	卸売業	222
3	その他製品	201
4	精密機器	167
5	電気製品	149
6	サービス業	139
7	保険業	136
8	機械	105
9	小売業	102
10	水産・農林業	93
全体増加率		90

（注）　東証プライム市場（2024年 3 月末）、東証一部市場（2015年 1 月末）の比較
（出所）　日本取引所グループウェブサイトより作成

　選択と集中、事業ポートフォリオの見直しを図る日本企業が、過去10年、株式市場の時価総額の増加をけん引する一角となっている。こうした例を参考に、事業ポートフォリオの見直しがさらに多くの企業に広まり、自社単独で取り組む事業と外部連携する事業の仕分け、社内業務と委託業務の峻別が、今後ますます広がっていくことが予想される。

　大手企業内部で抱えていた社内業務が外部委託へ移行することによって、小規模でも専門性の高い企業が、大手企業との戦略的提携によって短期間に大きく飛躍する機会は増える。大手企業と連携できるパートナーとなるには、自社がパートナー先として信頼性の高い組織である状態を客観的に整えることが必須であり、その組織体制の整備はIPO準備と同種の側面があるこ

第**7**章　成長戦略の実行、そして未来へ

とにも注意すべきである。

◆労働人口で捉えた断面

　国連によると、世界総人口は2030年に約85億人、2050年に約97億人、2100年に約109億人と予測されており、世界全体でも2050年以降、人口増加による経済成長のボーナスは、鈍化するとみられている。国立社会保障・人口問題研究所によると、日本の総人口は2050年には1億人前後に減少すると推計されており、その後も少子高齢化が進む。一方、健康寿命は延びると予測され、65歳以上の就労比率が上昇することで、総労働人口の減少は緩やかになる可能性はある。グローバルでも日本でも、労働のあり方が「量」より「質」にシフトする動きが予測される。

　若手社員が大半を占め、成長が目まぐるしい新興企業もあるが、ほとんどの日本企業では、社員の年齢分布が「末広がり型」から「釣鐘型」、さらに「尻すぼみ型」に移行している。労働総人口の減少に伴い、労働生産性の向上は必須であり、定型業務の自動化・外注化、自社の強みに専念する業務体制、社員一人ひとりが働きやすく、チームとしてのパフォーマンスを最大化できる就労環境が求められる。

　職務経験で「一定の型」を習得する、作業・職務の均質化は強みを生み出し、人材育成面でのメリットは大きいが、形式的なマニュアルどおりの対応にとどまるのであれば、AIも活用した自動対応のほうが、再現性の精度が高く、労働時間の拘束もない。AI活用に伴う労働価値観の変化は予測が難しいが、100年前、運搬道具の転換が馬から車へ急速に進んだように、完全自動運転が通常と想定される未来では「人間の運転」は危険極まりないとみなされるかもしれない。便利で安価であれば、AIや自動化処理に任せるという価値観の広がりが予測される。コスト競争力の合理性があれば、外部サービスへの委託範囲も広がっていく可能性も高い。その裏側で、社内人材コストの上昇が予想され、人的資源の有効活用の観点でも、生産性の高い業務に人材を重点的に投入する合理性が高まっていくことが想像される。

　現時点でも、顧客ニーズの実例を踏まえた汎用性の高いソフトウェアの提供、顧客の独自ニーズを満足させる専門家コンサルティング等が急速に広が

315

りつつある。各業界内での競争激化と自然淘汰のスピードも速まるが、新たなニーズに応えるサービスも次々と生まれており、幅広い視野と柔軟な視点による変化の捕捉がますます重要となっている。

少子高齢化の進展は、ヘルスケアサービス、若手の早期育成、シニアの戦力化、外部専門サービスの活用等、デジタル技術の進化とともに、経済活動の新陳代謝をますます活発化させることも予想される。産業構造の変化、イノベーション・マインドの広がり、労働人口の変容の流れを取り込み、自社の将来像をどのように描いていくか、経営者・企業のビジョンが自社の差別化・競争優位性に直接つながる時代の到来が予想される。

2 技術革新と労働力の流動化

◆シンギュラリティの到来

シンギュラリティ（技術的特異点）とは、AIが進化を遂げ、人工知能が人類の知能を上回ることが見込まれる瞬間点である。その時期は2045年と見込まれてきたが、近年は生成AIの進展等もあり、到達時点は早まっているとの見方が増えつつある。一般人では理解できない計算速度・ロジックでさまざまな結果が示され、社会の変化スピードはさらに加速する事態が予測される。AIが示す結果への信憑性、現在の仕事がAIに代替される不安がある一方、人間の新たな働き方、就労機会が増えることも予想されており、AIを巡る議論はさまざまである。AIにとどまらず、これまでの数千年にわたる自然科学の進化は、人間の思考・価値観だけでなく、脳の構造自体すらも変化させてきたとの見方もあり、シンギュラリティは人間が変容する通過点の１つでしかないのかもしれない。

◆AIと働き方

仕事でAIとどのような姿勢で向き合うかについては、「受動的」「主体的」の２つの切り口で整理できる。

AIに対して人間が「受動的」なのは、上司が人間であれ、AIであれ、その指示どおりの作業を人間が実施し、労働時間に応じた報酬を獲得する働き方

第**7**章 成長戦略の実行、そして未来へ

である。状況に応じた柔軟な作業、定型化が難しく人間の判断が勝る作業では、人間のほうがAIよりも相対的に低コストであり、収益性が優れている。このような働き方では、労働条件（報酬、勤務時間、周囲の人間関係を含む職場環境）が、労働者による職場選択においてますます重要な判断材料となっていくであろう。

　AIに対して人間が「主体的」なのは、AIの提示結果を1つの参考として試行錯誤を重ね、目指す成果を求める働き方である。生成AIの導入初期段階（本書執筆時点）では人間が「主体的」である姿勢がほとんどであろうが、データの量的拡大、深層学習のレイヤーの積み重ねによって、現在、人が「主体的」にAIに向き合っている業務も、人が「受動的」となる業務へ徐々にシフトすることが予想される。

　しかし、人が「主体的」に取り組む感覚が、より重要となる可能性は高い。機械的・定型的な作業の自動化が進む一方、人は将来不確実性が高い対象に「主体的」な関わりを広げていく可能性があるからである。不確実であるため、過去経験の分析、未来に向けた準備はさまざまとなり、試行錯誤を通じて学びを蓄積し、目標の実現を目指していく。イノベーション、新規事業、未来企業といったキーワードをもとにAIは興味深い提案を多く示せるが、どの取組みにやりがい、魅力を感じるかは、経営者の情熱や関心による。事業環境・価値観・技術が変化するなかで、経営者が抱く企業理念が組織の将来像を描き出す基本構造に変わりはない。

◆人材流動化のエコシステム

　報酬対価を労働時間・職場環境等に求めるか、達成成果に求めるかで、人の働き方は大きく異なってくる。労働者が、求める職場環境・労働環境を提供できる企業・組織に移動することが常態化し、企業はあたかも「労働者の止まり木」のような存在になる可能性は高い。一方、経営者を含め、独自の成果を生み出したい働き手にとって、持続的な価値向上に一貫して取り組める職場は非常に重要な価値をもつ。第5章第7節で役職員の「誘因」と組織への「貢献」について触れたが、役職員が組織にとどまるのは「誘因≧貢献」の状態であるという理論は、今後、一層現実味を増してくるであろう。役職

317

員にとって「誘因」となる自己充足感、スキルアップ・キャリアアップ等の価値観においても、組織の良質なネットワークに属することはますます重要となってくる。

◆企業のアイデンティティ

　個人の多様性の尊重と同時に、企業独自のアイデンティティも重要となるであろう。役職員がともに働く職場として、企業理念や事業目的の価値を明確に実感できる企業は、関係者の充足感を高めるネットワーク自体が有益な価値をもち、その価値を見いだす関係者を引きつける効果を発揮する。

　企業理念は抽象的な概念のようであっても、その理念が深く浸透していれば、判断の優先順位、事業領域の選択、困難な課題への克服策等の具体的な活動の随所にその理念は深く影響し、組織風土形成に大きく関わってくる。人材の流動化が高まるなか、似たような価値観をもつ人が同じ企業に集まることで、職場はともに働くコミュニティの色合いが濃くなっていく可能性もある。企業の成長フェーズが変わり、コミュニティの雰囲気が変われば、従業員が居心地のよい場所を求めて自由に集散する動きも常態化する可能性がある。

　豊富な事業機会、就労先・働き方の選択肢の広がり、個人・企業のアイデンティティの高まりといった未来に向かうなかで、経営者がどのような思いをもち、どのような人を集め、どのような「働く場」を提供するかという点も含め、事業活動の原点、企業のアイデンティティが非常に大事となる時代が予想される。

3　未来組織のデザイン

◆マズローの欲求段階説

　新たなビジネス機会が増え、人材が流動化するなか、経営者は主体的に何を実現したいと思うのか、経営者が目指すものにそって未来の組織は自然にデザインされていく。経営者が求める欲求とは、どのようなものであろうか。

　アメリカの心理学者アブラハム・マズローが唱えた「マズローの欲求段階

説」は、人間の欲求がより高次にシフトしていく心理を分析した理論として有名である。最上位の欲求「自己実現欲求」は際限なく高みを求めるものとされたが、晩年、マズローは「自己実現欲求」のさらに上位に「自己超越欲求」の概念をもっていたといわれる（図表7－4）。

「自己超越欲求」とは自分だけの枠を越え、社会のために広く貢献することに満足を見いだす心理状態とされる。現在、企業活動においてもESG、SDGsといった社会貢献だけでなく、若い世代でも「利他主義」を尊重する考えが増えているともいわれる。経営者に限らず、個人の価値観の多様化が受容される、豊かな社会のなかで「自己超越欲求」は広がりつつある。

企業経営者、経営陣という社会的立場は「尊厳欲求」を既に満たしているとみられ、「自己実現欲求」「自己超越欲求」を活力源として、企業の持続的成長のけん引が求められる立場である。企業理念は「自己超越欲求」の実現に向けた宣言ともいえるだろう。

欲求段階説は、物質的欲求から精神的欲求、外的欲求から内的欲求、欠乏欲求から成長欲求へのシフトであるともいわれ、最上位の「自己超越欲求」は、自身をより成長させ、社会に貢献する存在であることで、モチベーションを高める状態である。社会的成功を収めた経営者が「自己超越欲求」のもと、豊富な事業機会のなかで、企業の成長をさらに強くけん引するモチベー

図表7－4　マズローの欲求段階説

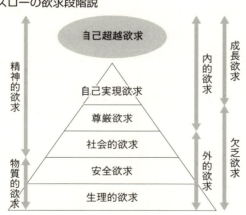

ションを抱き続けている状態であるかどうか、経営者のモチベーションが未来ではますます重要となるであろう。

◆未来の組織デザインとIPO

多様な事業活動が可能となる未来においても、組織の起点は、やはり、経営者であろう。事業活動の進捗に応じて、必要な手当てを行っていくプロセスは、未来も現在と本質的に変わらないが、変化・成長のスピードはより速くなる可能性が高い。早回しで変化が起こることで、企業経営の重要なエッセンスがあぶり出される。

企業ではそれぞれの生い立ちを踏まえ、自然体で適合した組織デザインが形成される。IPO準備のプロセスは、単に内部管理体制を強化するだけではなく、組織デザインを見直す側面ももつ。

また、IPOの本義は、市場からの直接資金調達機能をもち、その機能を最大限活かして企業の強み・競争優位性を伸ばし、企業理念を実現することにある。外部成長と資金調達の成功確率を高めるには、組織運営をリードする者が成長デザインを明確に描けることが重要である。

図表7－5に、組織デザインと成長デザインを合わせた概念を提示した。IPO準備では、経営者の姿勢、社内体制の構築、社外役員が加わるガバナンス等、事業展開・組織運営現状に合致した適切な組合せが必要である。また、IPOで組織デザインが完成するわけではなく、むしろ、今後の成長に向けた重要課題の克服と組織機能の発揮の確認・見直しを継続的に進めるものになっていくであろう。重要決定事項は、情報開示での透明性とともに、従業員、取引先、株主・投資家等の主要関係者にとって適切な内容であり、関係者に一貫性した説明を保つことが求められる。そして、権限委譲、組織体制、ガバナンス、事業戦略等、業務推進を支えるバックボーンには組織デザインがある。

成長デザインについては、中長期的な企業成長ストーリーをイメージさせるものでなくてはならない。そのストーリーの基本軸にそって、資本政策、投資家対応、成長戦略が事業環境変化、関係者動向等を踏まえながら実現さ

図表7-5　組織デザインと成長デザイン

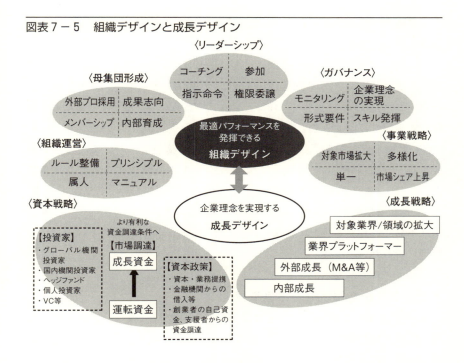

れ、事業環境、市場・投資家動向への柔軟な対応を求められる。また、成長デザインの具体的な落とし込みとセットで組織デザインの見直しがされることも通常である。

　成長デザインの観点では、時価総額等の企業価値や資本収益性、組織デザインの観点では、人的資本経営や人的投資が重要な評価指標となるであろう。優良な投資家、優秀な役職員から高い評価を得る経営力をもつ企業が峻別され、経営力の優劣が重要な差別化要因となって、企業のパフォーマンス格差がますます広がっていく可能性は高い。

4　現在の仕法ーーIPO準備

◆不易と流行

　未来への躍動感は、高いハードルへのチャレンジに取り組む熱意を生み出

す。同時に、成功の確率を高めるには事実・現実を直視し、足元をしっかり固めていく必要がある。

「不易流行」は、松尾芭蕉による「変わらぬもの」と「変わるもの」の有名なたとえであり、「不易を知らざれば基立ちがたく、流行を知らざれば風新たならず」(『去来抄』)と述べられるとおり、変わらない「不易」と最新の「流行」の両面を認識することが重要である。

IPO準備への取組みにおいては、管理体制の構築が「不易」、新たな事業機会を捉えたビジネスが「流行」という組合せと単純に捉えることもできるが、この「不易」の側面は管理体制にとどまるものではないと筆者は考える。

「不易」とは何か。本書の締めくくりとして、過去の教訓から現代に通じる「不易」を捉えることで、未来社会の企業経営に向けて備えるべき視点の整理を行いたい。

◆データ分析を重視した二宮尊徳

江戸時代後期の著名な農政学者である二宮尊徳は、戦前教育の「勤労精神」等、古い封建的な価値規範を彷彿させる印象が強く、その実像に触れる機会は限られている。しかし、事業経営の観点での実践活動は、IPO準備における「不易」を考えるうえでも重要な示唆が多く含まれている。二宮尊徳の人物評伝(『二宮尊徳 財の生命は徳を生かすにあり』小林惟司著、ミネルヴァ書房)を参考にして、IPOを考えてみたい。

二宮尊徳には勤労者の精神主義的なイメージがつきまとうが、その農地開拓・再生の手法は非常に実践的な内容であった。徹底した現地調査と統計分析に基づき、長期収支管理計画の策定とその実行を徹底し、また、取組みの「雛型」となる標準フォーミュラ、フォーマットを考案・策定し、各地農業開拓計画でその実践を行ったと伝えられている。その実践の裏づけは、①技術力、土木技術・用水管理等の経験と知識、②数理力、時に数百年に及ぶ統計データ分析、収支最適バランス(分度)等の計数管理分析と実行、③経営力、多くのケーススタディの体系化と改革実行力、④科学力、原因・結果の分析力、の4つの強みをもち、「仕法」と呼ばれる実践の型をもっていた、とされる。

第**7**章　成長戦略の実行、そして未来へ

　農地開拓は年貢納入等も絡む藩政改革の一部でもあり、持続的な生産力維持のためには藩政における行財政改革も必須として求められ、冗費削減、緊縮財政の規律維持を必要としたため、旧勢力による抵抗、反発は強く、その妨害によって、多くの改革が断念に追い込まれたともいわれる。

◆現代の「仕法」でIPO準備を捉える

　IPO準備は上場承認を得るための対応であるが、上場企業となる下準備として、「健全な事業収益を伸長し、事業推進を支える体制に不安がなく、上場後も企業理念、事業成長に取り組む企業となれるか」の確認でもある。

　特にグロース市場への上場を目指す場合、資金・人材・競争優位性等の経営資源が不足している状況から、優先度・重要度の高い項目を適切に認識し、必要な手当てを順次していくことが求められる。多くのケーススタディから想起される「型」にあてはめ、不足するものを明確にし、必要性の高いものから順次充当していく対応が現実的であり、これは二宮尊徳が唱える「仕法」の考えと相通ずる点がある。また、江戸時代は藩主が絶対君主であったかもしれないが、現代社会では、創業経営者が企業の君主のように振る舞う実態は多く、創業経営者はどうあるべきかという示唆も含んでいる。

　手当てが必要な重要項目は、各社の個別事情によって異なるが、本書では、主に経営者がIPO成功に向けた必要項目を捉えていく目線で、関連項目の説明を試みた。

　現代の「仕法」の視点でIPOに向けた主要項目を捉え直してみよう。

① 経営者

　経営者が、IPOを通じて企業の目指す将来像、ビジョンを実現する狙いを明確にもっているか。法令遵守等倫理観、判断能力等、経営者の資質に問題はないか。企業業績実績・将来予測からIPO準備が適切なタイミングで行われているか。IPOの陣頭指揮を執り、関連当事者取引の見直し等を含めて、期限内でIPO準備をやりきる強い意思をもっているか。

　「仕法」の経営力の観点では、責任者が本気になって取り組んでいるかどうかが最重要の項目である。二宮尊徳のもとには数多くの指導要請が来た

323

が、過去の経験に基づき、責任者が本気でない案件には決して応じようとしなかったとされる。

② 社内体制

　資本政策、証券・監査法人対応、内部統制等のマルチタスクで陣頭指揮を執ることのできる人材が、管理部門責任者の要職として手当てされているか。外部からの経験者採用、中長期的な人材育成等の人員手配と人事計画は適切か。実効性をもつ社内ルール整備・遵守、実現性の高い事業収益計画が立てられているか。社内体制整備とともに社員の意識変革が進んでいるか。

　「仕法」の技術力、数理力、科学力の観点では、徹底的な実態調査に基づくデータが数値化され、全体計画、長期計画は整合性のとれた状態になっているか。内部統制で適切な制御が実施され、内部監査等でもれなく把握されているか。予実管理、過剰労働等に対して適切な実情分析と予防策・改善策が実行されているかなど、個社事情はさまざまとはいえ、IPOを阻む問題事例の典型的なパターンは存在する。将来に大きな禍根を残さないためにも、客観的なデータ分析等による裏づけが重要である。

③ ガバナンス

　重要な経営課題がすべて取締役会に上程されることは大前提であり、社外役員も加わった建設的な議論が取締役会で活発に行われているか。議論の内容は、企業理念の実行、事業計画の実効性向上等、企業価値の向上につながっているか。

　「仕法」の経営力の観点に基づけば、経営者が本気であれば、社外役員を含めた、最適な役員構成が構築されるはずである。旧勢力の頑強な抵抗で改革に挫折した経験から、二宮尊徳は依頼者の本気度を最重要視した。

④ 資本政策

　上場企業の健全な事業計画を支える最適株主構成は常に念頭に置かなければならない。特定株主、既得権益のために事業方針が歪められてはならない。既存株主の整理、事業伸長や業務基盤整備のためのパートナーとの提携

強化、事業戦略と連動した資金調達等、企業の成長フェーズに合わせ、適切な資本政策がとられなければならない。

「仕法」の数理力の観点では、適切な資本コストの意識徹底が重要である。翌年以降の耕作に必要な種籾を備えるように、災害リスク等、将来の成長とリスクに備えてどれだけの資産を手元に残すか、資金借入と返済方法の最適手法等も二宮尊徳は提唱し、その手法は多くの地域に広がった。天候リスク・地域特性に応じた農作物の選定は、リスク分散、最低リターン確保という観点で、事業ポートフォリオ管理につながる概念もある。事業環境の変化から新たな学びを蓄積し、将来に備えることは「不易」である。

⑤ エクイティストーリー

企業が目指す姿をどのように実現していくのか。多くの支援者を得るには、明快なエクイティストーリーが必要である。上場直後の脚光が集まる時期に、どのような企業であるかを印象づけ、その後の着実な成果と取組みで外部投資家からの信認を高めることが、有利な増資条件の獲得等、企業成長の伸びしろをつくる重要な要素となる。

江戸時代に株式投資家は存在しないが、「仕法」実践の支援者という観点では藩政責任者、篤志家、共感者・賛同者としては門下生・同志がある。「仕法」活動に対する支援者・共感者は全国に広がったが、それは実績だけでなく、取組みの合理性・計数分析の裏づけ等、接した者の納得・共感を呼ぶ発信力の高さがあり、二宮尊徳のもつ４つの強み（技術力、数理力、経営力、科学力）が総合的に遺憾なく発揮された。自社のファンとなり支援する投資家づくり、投資家との対話力向上に向けたヒントが豊富に織り込まれている。

⑥ 成長戦略の実行

内部成長、外部成長、プラットフォーマー化等、企業の成長ステージに合わせて中心となる成長戦略は変化していく。収益構造、事業環境変化、組織運営状況等を俯瞰し、経営資源の投入規模・時期の適切な判断が重要である。

「仕法」の数理力、経営力の観点で、定量データの裏づけによる仮説と検証を繰り返しながら一定の「雛型」を考案し、「雛型」を磨きあげながら、長

期計画を策定し実行することが成功の常道であることは、昔から変わりはないようである。

◆IPO準備の真価

　IPOには多くのメリットがあるが、その準備自体にも貴重な真価がある。IPO準備を一時的な対応、一過性のコストと捉える経営者、関係者が多いことが現実であろうが、形式的な体裁にとどめてしまっては費用対効果を考えると実にもったいない。

　IPO準備を中長期的な企業価値向上を実現させる仕組みづくり、適切な企業運営の下地づくりと捉え、成長戦略の着実な取組みを続けることで有望な事業選択を的確に判断でき、組織が自律的に発展できるモードに徐々にシフトしていく。その経営意識の覚醒と実行にIPO準備の最大の真価があると筆者は考える。より多くの優良な成長企業に現代の「仕法」が広がり、経済活動の健全な新陳代謝が日本の経済社会に大きな恩恵をもたらすことを願ってやまない。

第7章 成長戦略の実行、そして未来へ

未来の会社組織とは

　筆者は、1990年代、予決算、税務、与信管理、投融資管理、法務、子会社管理支援等、担当事業部門に関連する一般管理業務を幅広く扱う仕事に携わっていた。企業全体の経理、財務、リスク管理等の機能別専門部署があり、それらは「専門医」と呼ばれ、事業部門の管理部署は「ホームドクター」と呼ばれていた。「ホームドクター」は事業部門と連携し、複雑な案件や専門知識を必要とする作業は「専門医」と相談することで適切な対応、解決策を図る役割分担ができていた。管理部署の担当者は若手であっても複数の営業部・事業部を担当し、営業活動・事業活動の現場に即して、時に営業部門寄り、時に専門医寄りとなって、自分なりの公正さ、バランス感覚を求められる仕事であった。

　当時、その職場の後輩が「私の理想とするチームは、ルパン三世です」という話をしていたことがいまだに耳に残っている。後輩が「ルパン三世」を理想といったのは、個性がまったく異なるメンバーの一人ひとりが、その超一流のプロフェッショナリズムを発揮し、少数で大きなプロジェクトをやり遂げる「理想的なチーム」と捉えていた。当時は、小回りが利く組織の理想像のようなものかな、という印象にとどまっていた。

　2000年代となり、異業種交流の勉強会で「未来の組織」というテーマのテレビ番組を視聴した。当時はインターネット普及率が70％弱の頃だったが、未来では仕事の依頼をインターネットで募集すると、関連ノウハウをもつ専門人材が次々応募し、そのなかから最適メンバーでプロジェクトチームが即座に組成され、プロジェクト完了とともに解散するという仕事の方法が当たり前になると、その番組では解説していた。以前聞いた「ルパン三世」のプロチームの話を思い起こさせる内容であったが、当時はSF小説のような印

327

象を抱いた。

　現在では、タレントシェアリングと呼ばれるプロ人材による支援サービスやクラウドファンディグの資金調達等も身近なものとなっている。テレビ番組で紹介された未来予測どおりとなるかはわからないが、そうなった場合、「人材流動化の高まり」どころの話ではなく、人間の働き方、労働価値観は大きく変容する。

　集団行動で大きな成果をあげるビジネスモデルは、産業革命以降に生産性を発揮する組織運営形態としての経済合理性を有していた。メンバーシップ型の就労モデルは、今後も存続するであろうが、仕事に関するネットワークは必ずしも所属組織に紐づくものに限定されず、一緒に働いて快適だった者同士等、個人間のネットワークは明らかに広がりつつある。専門性をもつ個人が経済活動の主体となる社会経済環境の到来は、もはやSF小説の世界ではなくなっている。

　あるとき、筆者は60年以上前となる、筆者が生まれた日に放送されたテレビ番組欄をみる機会があった。NHK「科学の時代」のその日の番組タイトルは「電子頭脳を解明する」であった。番組説明欄には「実業界はいまやちょっとした電子計算機ブーム」「電子頭脳とはどんなものか、その正しい理解と役割について解説する」といった言葉が並んでいた。

　筆者はこの番組欄を目にしたときに、思わずのけぞった。当時の人々は、現代のAIのようなものをイメージしていたのだろうか。

　電子化／情報化／AI活用、機械化／自動化／ロボット活用といった進化には、技術進歩による「流行」と、利便性の追求という「不易」がある。

　組織の長い発展を考える際には、「不易」と「流行」の２つの切り口で経営を考えることが有用なのではないだろうか。

終わりに

「公開」のもう1つの意味

　株式公開は、企業価値が株価として「公開」されることであるが、「公開」は株価だけでなく、企業の主要な活動が世間に「公開」となることでもある。開示資料・開示記録はIPO準備の成果物であり、その後の事業活動の重要な検証材料、他企業との比較分析材料でもある。こうした「公開」情報のなかに、企業が成長軌道をたどれるか、たどれたのか、たどれなかったのか、を示す材料、成長企業への示唆が豊富に含まれている。

　1つの示唆は、IPOは大変だが、正しい事業に正しく取り組んでいれば難しくない、ということである。正しい取組み姿勢で想定どおりに事業が広がれば、自然にIPOに必要なプロセスを伴ってくる。むしろ、上場後も成長を持続するために、必要な取組みは早くから取り組みはじめることがいかに大切であるかを改めて感じながら本書の執筆を進めてきた。読者の参考となる情報を本書でどこまで提供できたのか、読者の意見を待ちたいが、新規上場企業の世間一般イメージとリアルの違いには多くの本質が含まれているように思われる。

　IPOで一攫千金を得られるイメージを抱く人は多いが、短期的な利益を求めるほど、泥沼にはまり、周囲の疲弊と失望、困惑を広げ、犠牲を拡大してしまうケースが実際には非常に多い。短期的な目線で動くほど、長期的に大きな困惑と混乱に陥っていくリアルは皮肉なようでもあり、本物の成長でなければ生き残れない、自然なエコシステムとの見方もできると思う。

　本書執筆時点で、政府や関係機関の積極的な改革が展開されており、相当に大胆な取組みが実施・実行されている。多くの企業の成長、株式市場を介した健全な新陳代謝のあり方も、社会や技術の変化とともに変化しているが、大変多くの方々が真摯に向き合っていることを知り、頭の下がる思いである。多くの変化が生じるなか、本書の示唆ができるだけ息の長い内容となればよいのだが、と思いながら筆を進めた。

　企業の数だけ、それぞれのリアルがある。しかし、個別の企業独自の課

題、悩みにはいくつかのパターンがあり、自社に参考となるパターン、他社事例もあるのではないか。まだ知らないリアルとともに、これから新たなパターンも出てくるかと思われるため、今後も新たな事例・ケースの情報収集・分析の機会に触れていきたいと考えている。ぜひ、ご意見、ご感想等をお寄せいただければと思う。

　最後までお読みいただき、誠にありがとうございました。

2025年2月

渡邉　豊太

索　引

〈欧文〉

CFO ················· 101, 102, 186, 187, 235
IPOコンサルタント ···················· 119-122
IPO準備スケジュール
　··························· 28, 33, 97, 172, 245
IPO準備責任者 ························· 97, 101
IPOのメリット ································· 3
IR ················ 6, 107, 273-277, 279-284
PEファンド ················ 216-219, 227, 234
PE（プライベートエクイティ）ファンド
　··· 215

〈あ行〉

憧れの経営者 ··························· 149-151
アニマル・スピリット ·········· 2-5, 47, 311
アライアンス戦略 ·············· 205, 206, 213
エクイティストーリー ········ 26, 27, 72, 85,
　108, 117, 257, 274, 291, 293, 300, 302-
　304, 325
オファリングサイズ ······ 14, 108, 263-267

〈か行〉

外部成長 ············· 295, 303, 304, 306-309
外部ソフト ····························· 127-133
外部ベンダー ············· 92, 96, 132, 134
株式事務代行機関 ························ 123
株主構成
　········· 189, 195, 197, 198, 200, 201, 262
監査等委員会設置会社 ·············· 174-176
監査難民 ···················· 110, 112, 120
監査法人 ········· 28, 76, 109, 111, 112, 167
監査役 ··· 163-167, 169-171, 173, 174, 255
監査役会設置会社 ···················· 173, 174
幹事証券 ··· 28, 84, 85, 112, 113, 118, 250,
　257-259, 264, 266, 283, 284, 291
管理部門責任者 ················· 101-104, 107

機関設計 ··············· 30, 172-174, 176, 251
機関投資家 ······· 22, 23, 25, 204, 215, 216,
　235, 256, 262-264, 273, 276-279, 283
企業のライフステージ ············· 68, 70, 71
企業理念 ····· 51, 54, 60, 81, 152, 159, 234,
　263, 274, 280, 291, 294, 304, 317-320,
　324
銀行 ··························· 229, 230, 233-235
銀行系VC ····························· 231, 232
グロース市場
　··············· 14, 17, 20, 21, 24, 256, 323
経営者の旅
　··· 47-49, 50-52, 57, 71, 81, 99, 149, 193
形式要件 ···································· 35
経理業務 ································· 106
権限委譲 ······ 12, 55, 65, 99, 100, 193, 310
公開価格 ························ 258-261, 267
公開株価 ································· 266
公開審査 ················· 116, 253-255, 257
「貢献」と「誘因」 ····················· 236, 237
個人投資家 ··· 114, 258, 262, 263, 265, 274
小粒上場 ··············· 20, 21, 256, 257, 300
コーポレートガバナンス・コード
　···················· 140, 141, 143, 154
コンプライアンス ········ 10, 38, 39, 58, 62,
　65-67, 100, 105, 116, 124, 156, 252

〈さ行〉

時価開示 ···················· 108, 271
時価総額 ············ 4, 5, 20, 21, 81, 83, 117,
　256, 257, 263, 266, 276, 277, 281-283,
　312, 314
資金管理 ···················· 185-187
市場区分 ········· 16, 17, 22, 24, 26, 27, 280
市場再編 ································ 16, 18
実質審査基準 ························ 36, 37, 253

331

仕法 ······························· 322-326
資本・業務提携 ········ 192, 205, 207, 208,
　211, 213, 214, 265, 278
資本政策 ····· 184-187, 189, 190, 192, 193,
　196, 207, 209, 283, 284, 325
指名委員会 ··············· 151, 152, 176, 177
指名委員会等設置会社 ·············· 176, 177
社外監査役
　········ 145, 163, 164, 166, 169, 170, 173
社外監査役等 ·························· 172
社外取締役 ········ 145, 149-152, 154, 155,
　172, 174-176
社会の公器 ································· 2
社会保険労務士 ························ 125
社外役員 ········ 30, 143-149, 151-162, 166,
　174, 179, 180, 324
主幹事証券 ···························· 115
常勤監査役 ··· 145, 164, 165, 169, 171, 173
証券印刷会社 ·························· 124
上場子会社 ···························· 214
上場ゴール ···················· 21, 68, 72, 83
ショートレビュー ···················· 28, 111
シンギュラリティ ······················ 316
人材紹介会社 ·························· 126
スタンダード市場 ··················· 17, 23, 24
ストックオプション ··········· 236, 238-244
成長デザイン ·························· 320
創業者利益
　··········· 5, 6, 26, 117, 190, 198, 201, 310
組織均衡の条件 ····················· 236-238
組織デザイン ········· 97, 102-104, 107, 320
組織風土 ······ 59, 60, 62, 65, 91, 106, 156,
　200, 212, 242, 318
組織文化 ····· 12, 62-65, 67, 80, 82, 95, 96,
　99, 141, 165

〈た行〉
地銀系VC ···························· 232
デッドガバナンス ······················ 235
取締役会議長 ····················· 140, 148

取締役会事務局 ························ 153

〈な行〉
内部監査 ··················· 105, 167, 169, 175
内部成長 ············· 295, 298, 303-306, 310
内部統制システム ······· 9, 76, 91, 94, 102,
　167, 194, 203, 204, 303

〈は行〉
パーパス経営 ······················· 52, 53
引受審査 ··············· 116, 250, 254, 255
非常勤監査役 ························· 166
非上場化 ··············· 6, 18, 19, 21, 202
不易流行 ···························· 322
プライム市場 ··················· 17, 18, 22, 23
プロジェクト組織 ···················· 97, 100
弁護士 ···························· 124, 125

〈や行〉
ユニコーン企業 ····················· 202-204

〈ら行〉
ライフステージ ························ 69
六正六邪 ···························· 171
リソース・マネジメント ············· 90, 121
流通株式 ············· 5, 35, 199, 200, 277
ロックアップ ························ 201, 270

332

IPOのリアル
──上場を目指す経営者が知っておきたいこと

2025年3月31日　第1刷発行

監修者　一般社団法人
　　　　実践コーポレートガバナンス研究会
著　者　渡　邉　豊　太
発行者　加　藤　一　浩

〒160-8519　東京都新宿区南元町19
発　行　所　一般社団法人 金融財政事情研究会
出　版　部　TEL 03(3355)2251　FAX 03(3357)7416
販売受付　TEL 03(3358)2891　FAX 03(3358)0037
URL https://www.kinzai.jp/

DTP：有限会社マーリンクレイン／印刷：株式会社光邦

・本書の内容の一部あるいは全部を無断で複写・複製・転訳載すること、および
　磁気または光記録媒体、コンピュータネットワーク上等へ入力することは、法
　律で認められた場合を除き、著作者および出版社の権利の侵害となります。
・落丁・乱丁本はお取替えいたします。定価はカバーに表示してあります。

ISBN978-4-322-14509-0